CELLINI

el artista maldito

MARCELLO VANNUCCI

CELLINI

el artista maldito

VERGARA
GRUPO ZETA **z**

Barcelona • Bogotá • Buenos Aires • Caracas • Madrid • México D.F. • Montevideo • Quito • Santiago de Chile

Título original: *Benvenutto Cellini*

Traducción: Juan Carlos Gentile Vitale

1.ª edición: octubre 2002

© 1990 Newton & Compton Editori S.r.l.
© Ediciones B, S.A., 2002
  para el sello Javier Vergara Editor
  Bailén, 84 - 08009 Barcelona (España)
  www.edicionesb.com

Impreso en Argentina - Printed in Argentine
ISBN: 84-666-1039-1
Depósito legal: B. 33.815-2002

Supervición de Producción: Carolina Di Bella
Impreso por Printing Books, Av. Coronel Díaz 1344,
Avellaneda, Buenos Aires, en el mes de mayo de 2003.

ÍNDICE

Un rojo ocaso

Era el sonido de una flauta que le llegaba de quién sabe dónde, más allá de los muros que habían sido de San Piero in Scheraggio. La música, una cantilena que no conocía, no era de aquellas que Clemente VII habría querido que se tocaran en las fiestas del Belvedere, pero ya se sabe cómo son los papas: mezclan acción profana y alientos religiosos, consiguen que incluso al mejor de los músicos se le confundan las ideas. Ahora Benvenuto recuerda esta frase, pronunciada por el director de la banda. Entonces le había parecido comprometedora; había pensado qué hubiera sido de micer Martino si el Padre y patrón de Castel Sant'Angelo se hubiera enterado de lo que comentaba de él un subordinado suyo. Benvenuto estaba allí como músico contratado por vía extraordinaria, y quería conservar su puesto. El razonamiento de Martino le había disgustado.

Pero aquello había sucedido medio siglo atrás, cuando Benvenuto, con poco más de veinte años, llevaba una existencia miserable en Roma sin saber si le dirigiría eternamente un maestro de orquesta o se convertiría en un maestro en el arte de la orfebrería. Y también en el de la escultura, confiaba en secreto. Clemente VII había visto sus trabajos y al joven le pareció que le gustaban, pero luego —según su costumbre— había permanecido callado, como a la espera de quién sabe qué voz venida del cielo que le aconsejase decir algo, expresar un juicio al que tanta importancia habría otorgado aquel muchacho, un pobre diablo, que desahogaba con la flauta, y encima de mala gana, su ardor rebelde.

El sol del ocaso parece sangre humana, es de un rojo encendido; sangre noble, quizá, de un Dios que se manifiesta en su grandeza a través de uno de sus infinitos astros. Rojo como la sangre derramada durante siglos por los hombres, en guerra abierta, en disputas sordas, desarrolladas en el interior de casas y palacios, e incluso de iglesias, allí donde parecía que la única opción era la paz, y la plegaria, para que aquélla se produjese. También micer Lorenzo de Médicis, en la Venecia de hacía casi treinta años, había cubierto de sangre el empedrado de San Polo. Los sicarios de un gran duque golpean con precisión. Lorenzaccio —quién sabe el porqué de ese mote despectivo: todos lo llevan como un estigma, ¡salvo quizás aquellos a quienes han llamado santos!—, Lorenzaccio lo había visto trabajar en su taller veneciano. El asesino del duque Alejandro permanecía en silencio, un largo silencio, absorto en quién sabe qué sueños, qué esperanzas para el mañana, qué memorias. Lorenzaccio le había hablado de su amor por la hermosa Elena Centani, pero él no pareció inmutarse. Una dama que tenía un salón en Venecia: era la protegida del cardenal Bembo y la esposa de un rico veneciano cuya principal pasión era coleccionar monedas curiosas. Sansovino: también él estaba en Venecia en aquellos días. Y el duque Cosme enviándole mensajes desde Florencia; y desde París o Roma, reclamándolo de una y cien cortes para que ofreciese su obra de orfebre, de maestro en la realización de objetos bellos. El oro, la plata y las gemas: el milagro de combinar los distintos componentes. De dar vida a una belleza nueva que fuera el compendio de todos los materiales preciosos. La suya había sido una vida que había valido la pena vivir. Luego, otra vez esta luz que le recuerda el rojo de las llamas de la pila que ardía en torno a la colada de su *Perseo*, que lo observa ahora desde su pedestal bajo el Pórtico de los Priores. En este anochecer, un viento gélido, un viento con sabor a invierno penetra en sus huesos; es un viejo orfebre que ha confiado en la gloria, un viejo artista que ha recorrido todos los caminos del mundo. Desfilan por su mente rostros y aspectos de lugares, vuelve a ver calles de ciudades y de pueblos a menudo atravesados a la carrera, a caballo, mientras se dirigía a una de sus infinitas metas. La suya ha sido la existencia de quien siempre está buscando algo. Algo que luego no conseguirá encontrar. Ésta era la condena de la vida, de su vida: buscar inútilmente. Parece como si el *Perseo* le hiciera señales de complicidad, como si quisiera calentarle los huesos que van enfriándose cada vez más a medida que el sol desaparece y el viento de febrero lo hiela todo a su alrededor. A la derecha de la plaza, desde el porche levantado por los prisioneros de Pisa, una bandada de palomas vuela hacia lo alto de una torre. Las piedras del edificio se colorean de un blanco lechoso de plumas, mezclado con una suave pincelada rosa. El *Perseo*, bajo el pórtico,

Benvenuto Cellini: Grabado tomado de un dibujo inspirado en la imagen del artista, tal como aparece en la pintura de Giorgio Vasari (Florencia, Palacio Viejo, Sala Cosme I).

mira hacia un futuro desconocido, hacia un porvenir que no le afectará, que excluye al artífice de la obra. El *Perseo* sin él estará solo y narrará sólo su leyenda. Con el último rayo de sol, le parece hecho de oro y no de bronce. De oro, como una de esas joyas que Benvenuto ha creado para los reyes de Europa, para los príncipes de Europa. Se ha encendido una luz, siempre del lado del porche de los pisanos. No significa nada esa claridad de vela que escapa de un hogar que se dispone para la noche, pero Benvenuto siente que la señal es para él. La luz del faro que aguarda que la barca llegue a puerto; es más, debe llegar, no puede sino arribar. El mar va y viene, las olas se esparcen, mientras en su retroceso dejan sonidos que todavía se escuchan. El *Perseo*, su *Perseo* de oro, desafía a las tinieblas que avanzan y su obra maestra vence, como cada noche. Benvenuto le desea que pueda hacerlo eternamente. Ése es su vínculo con el mañana: es él, el *Perseo*. Su *Perseo* de oro. Pero es hora de volver a casa, dentro de poco los guardias del Bargello* aparecerán en la esquina de San Piero a Scheraggio; reinará la quietud en la noche que se aproxima. Mañana será otro día. Parece una nota reconfortante, pero no le convence pues descubre que tiene el mecanismo estropeado; es como equivocarse en algo que hará que la obra resulte imperfecta. Se levanta, se encamina.

El anochecer del 12 de febrero de 1571 en Florencia es igual a muchos otros. A la espera de otras tardes y otras noches, de albas y ocasos sin fin. Sólo el *Perseo* sabe que su creador está trazando en su carta náutica el último rumbo. El día fijado para la arribada a puerto es el de mañana. Pero son cosas que sólo el *Perseo* puede conocer. Alma misteriosa que vive en la belleza de su bronce inmortal.

---

* En los municipios medievales italianos, nombre del palacio en que residía el magistrado encargado del servicio de policía. Asimismo, la prisión anexa a dicho palacio. *(N. del T.)*

CAPÍTULO DOS

La salamandra

Los Cellini (originarios del valle de Ambra, entre Siena y Arezzo) vivían desde hacía más de un siglo en Florencia, en una casa de Via Santa Chiara, propiedad de la familia desde que el bisabuelo de Benvenuto la había adquirido. De uno de sus hijos, Andrea, nació quien sería el padre de Benvenuto, Giovanni. Personaje —éste último— que debía de ser muy conocido en la Florencia de final del *Quattrocento* (siglo XV) y primeras décadas del *Cinquecento* (siglo XVI). Un tipo extravagante que compaginaba el oficio de la arquitectura (aunque sería mejor recordarlo como una especie de maestro albañil que organizaba trabajos por cuenta propia) con su mayor pasión: la de músico reconocido. Tocaba la viola con discreción, pero parece que era excepcional con la flauta. El pífano era su instrumento preferido. Giovanni formaba parte de la Banda de Pífanos, que participaba en todas las celebraciones florentinas. Los Médicis habían sido sus predilectos, pero tanto era el apego que le tenía a su puesto de músico que también se avino a tocar cuando —expulsados los señores de Via Larga— Florencia se convenció de que ser republicana era la mejor opción: la ciudad había elegido a Piero Soderini *gonfaloniere* vitalicio, lo cual resultaba quizás un poco extraño para un estado gobernado como república, pero los florentinos estaban tan entrenados en el deporte de las fórmulas políticas más extraordinarias que a esta última, con un gonfaloniero que había asumido un poder vitalicio, la incluyeron en la lista con toda naturalidad.

En cuanto al padre de Benvenuto, que, en nombre de las Musas, pudo pensar que tocar para un jefe de estado u otro —que, además, era su adversario— daba lo mismo, debió renunciar a este sueño de artista del pífano, porque en cuanto los Médicis recuperaron Florencia pensaron que quien había tocado los himnos para los republicanos de Piero

Soderini no tenía cabida en una orquesta destinada a interpretar partituras que a ellos les gustasen. Y así fue como Giovanni tuvo que conformarse con tocar la flauta en casa. Para los amigos, para su esposa, Elisabetta Granacci, y para sus hijos. Benvenuto fue el primer varón en llegar a la familia, después de que Elisabetta alumbrase dos gemelos, que murieron apenas nacer, y una niña, Liperata. En cuanto al nombre, Benvenuto, que se dio al hijo varón tan esperado, puede jurarse que se ha hecho un poco de literatura, y de ahí surgió la trama de un relato con sabor a anécdota familiar, con un padre que, presa de una alegría incontenible, alza, sujeta entre las manos al hijo, y expresa su contento, pronunciando una frase muy oportuna: «Señor, te lo agradezco de todo corazón. Estoy muy contento: *benvenuto* [bienvenido] sea.» Y debió de suceder, pues, que Benvenuto, además de Cellini, fue Benvenuto como por una obligación dictada por una unión lexical, que sonaba tan bien al oído como las notas emitidas por el pífano de su padre.

Esto constituye el inicio de una historia que, sin embargo, no presagiaba el hecho de que este Benvenuto, con ese dulce nombre, pensado tras dar las gracias al Señor, sería en vida un diablillo desencadenado. Un Benvenuto que, en muchas ocasiones, la gente con la que tropezaba debió de acoger creyendo en el bien que aquel nombre conllevaba, pero que luego debía de cambiar de idea, al enfrentarse con su innegable voluntad de hacer correr malos vientos por donde pasaba.

La leyenda, la modulación de sonidos con sabor a novela, llega puntualmente también al relato que quiso dejarnos sobre su vida, en una autobiografía que a menudo suena a farsa, en la que sale siempre bien parado, a lo sumo apenas con la sospecha de ser un tipo que ha recibido de la madre naturaleza —y no es culpa suya— una sangre que se enciende con facilidad. Pero, a la vez, un espíritu que no tolera los atropellos ni contra sí mismo ni contra aquellos que no tienen armas para defenderse. El Cellini autobiógrafo miente con frecuencia, pero lo hace con tal desfachatez que casi siempre se corre el riesgo de creerle. No es que oculte acontecimientos y fechas, ni que se esconda tras un telón para decir sus ocurrencias. Le agrada estar siempre a plena luz en el escenario, desde donde cambia de traje: una vez capitán Fracasse,* otra Pantalón,** otras con el aspecto de un Arlequín burlón que sabe ingeniárse-

---

* Protagonista de una novela de Théophile Gautier. *(N. del T.)*

** Personaje del antiguo teatro veneciano, que representa la figura del viejo rico y avaro. *(N. del T.)*

Alessandro Fei: El taller del orfebre *(Florencia, Palacio Viejo).*

las para servir a varios amos y, las más, con la apariencia de uno de esos bribones que constelan las tramas de la *commedia dell'arte* con sus increíbles aventuras.

En cuanto a la leyenda, le gusta hacer gala de ella. La historia del escorpión que, de muy niño, estuvo a punto de envenenarlo (la intervención de su padre le salvó), tiene como contrapunto la detallada descripción de una salamandra que él —todavía un chiquillo— vio retorcerse en el fuego de un hogar. Sueño de mutaciones múltiples que distinguirían su existencia, pero también profecía —y aquí no evita ponerse en la piel de un astrólogo— de su futuro éxito en la corte del rey de Francia, extrayendo el auspicio del hecho de que entre los emblemas de aquel monarca la salamandra jugaba un papel muy particular.

Aún estamos en los episodios iniciales, aún se oyen las notas del pífano, aún falta el sabor de la riña, el del escarnio feroz, el Cellini rebelde, tal como antes de que pasen muchos años se mostrará precisamente entre sus conciudadanos. En una Florencia a la que no resultaban nuevas las bravatas de los jóvenes de un *Cinquecento* que, variadísimo en los gustos y en las opiniones, era como si invitara a tener una lengua punzante y a estar en disposición de recurrir a la espada. Y Cellini en cuestión de armas debió de ser una especie de pequeño coleccionista. Y no porque le gustase reunirlas, sino por la «utilidad» directa que de vez en cuando le ofrecían. Desnudar la espada o el puñal, era, al parecer, una de sus formas preferidas de resolver ciertas cuestiones, que a su juicio no podían zanjarse de otra manera. Tampoco en esto Benvenuto representa una excepción a su tiempo: vive en un siglo en el que la violencia y el uso de la fuerza están muy de «moda». El valor se confunde con el ejercicio de la violencia a toda costa, la bravata sustituye al gesto amable: Benvenuto es un verdadero hijo del *Cinquecento* italiano.

Benvenuto decepciona a su padre. Rechaza el caramillo, no le interesa ser alabado como músico de orquesta y busca otro camino para alcanzar la fama. Porque es la fama la que lo atrae desde niño. Que llegue como sea, con tal de que llegue. No ser famoso es como no haber vivido. Pensamiento, éste, que debe haber estado muchas veces en la mente de Benvenuto. Tampoco esta lección le ha venido de algún texto de historia antigua, del deseo de emular a alguna figura prominente del pasado, de estar a la altura de los grandes hombres que han marcado los momentos culminantes de la aventura del mundo: la gloria que busca es de otra naturaleza, anhela tanto el aplauso como hacerse rico. Descubre que poseer dinero es exaltar la vida. También en esto es hijo de su época: el *Cinquecento* —¡pero esta pasión se adapta a cualquier siglo!— ama el dinero. Ha heredado este deseo del humanismo de Coluccio Salutati y de sus camaradas, que han cantado precisamente las virtudes del dinero, dinero que sirva para construir esa Belleza que indica la grandeza del hombre.

Decepciona, por tanto, a su padre. No tendrá un descendiente músico. El buen hombre sufre lo indecible, intenta convencer a su hijo, pero luego renuncia. En un ataque de ira el muchacho ha destrozado un caramillo pisoteándolo, como si se tratara de un bicho al que hay que aplastar. Un animal que hubiera podido hacerle daño. Pero los dos llegan a un acuerdo: Benvenuto promete a su padre que seguirá estudiando música mientras éste le busca un sitio donde aprender un arte.

Y aquí no es fácil decir cuál. ¿Por qué Benvenuto decidió hacer de orfebre en un taller de orfebres? Se sentía atraído por ello: eso apunta alguien. Así estaba escrito: con cierta dosis de fatalismo, intervendrá otro. Secretamente albergaba esta pasión en su ánimo desde niño: última sugerencia. No es fácil elegir entre las tres respuestas. Dejemos —es mejor— una pizca al azar y otra a una decisión que Cellini, de niño, hubiera expresado abiertamente. Lo interesante es que lo encontramos, con apenas quince años, trabajando con un orfebre que gozaba en Florencia de buen nombre y de una clientela fiel: Antonio di Sandro, llamado Marcone. Es irrelevante, o casi, el hecho de que antes de hacerlo con Marcone, Benvenuto también sirviera en el taller de otro orfebre: Michelangelo de' Brandini. Aunque padre de Baccio Bandinelli, el escultor, este Michelangelo apenas había conseguido sobresalir por encima de la media. Trabajaba lo mejor que podía, pero nada más. No era, desde luego, en su taller donde un jovencito aprendería el arte de la orfebrería. Al contrario que bajo la tutela de Marcone: aquí sí se aprendía en serio. Y no pasó demasiado tiempo hasta que Benvenuto demostró cuánta verdad había en esto. Alguien, en Florencia, se dio cuenta de que estaba saliendo a la palestra un auténtico maestro del arte secular de la orfebrería. Pero aún era pronto para hacer creer al anhelante Benvenuto que ya había alcanzado el éxito, y, además de él, ese dinero que tanto le importaba.

Cellini, sin embargo, está preparando una de sus locuras, en esta ocasión desencadenada por una bravata del hermano de Benvenuto, Cecchino. Un joven que luego estará al servicio de Juan de las Bandas Negras como soldado,* pero que ya ahora no deja pasar ninguna opor-

---

* Juan de Médicis. *(N. del T.)*

*Plano de Roma, trazado
por Pirro Ligorio en 1552,
grabado quizá por
Girolamo L. Agucci (tiene
el anagrama G.L.A.),
editado por Michele
Tramezino.*

tunidad para demostrar cuánto le agrada la pelea, aunque esta vez no tenga nada de heroica: una riña, de las más corrientes, en la que Cecchino se ve envuelto; una refriega que en su autobiografía Benvenuto consigue hacérnosla pasar por duelo. El mismo Benvenuto ayudará a Cecchino a defenderse. Parece que llevan la peor parte y sólo se salvan gracias a la intervención de algunos guardias de la ciudad. De ello resulta una sanción de los Ocho de Bailía.* Las penas más severas serán para quienes habían inducido a Cecchino, apenas mayor que un chico, a desenvainar el puñal, pero también se impondrá un castigo a Benvenuto, a quien —con dieciséis años— las leyes de Florencia consideran mayor de edad: un destierro de pocos meses, que lo mantendrá alejado de Florencia y de ese trabajo al que parece haberse aficionado. A pesar de que el destierro le exige residir a no menos de diez kilómetros de Florencia, Benvenuto elegirá Siena. También aquí surge el nombre de un orfebre que lo acoge en su taller, Francesco Castoro. Y luego un rápido regreso a Florencia, pues un amigo de su padre consigue que sea absuelto de culpa y pena.

Con tal de volver a Florencia, Benvenuto debió de haber prometido a su padre que retomaría la carrera de músico que había abandonado y, así, éste lo envía a Bolonia para perfeccionarse con alguien que parecía haber asumido un nombre que no podía ilustrar mejor su profesión: Hércules del Pífano. Pero este Hércules no fue tan fuerte como para impedir que Benvenuto se le escapase de entre las manos, ya que había conseguido hacerse contratar por alguien que, en Bolonia, era un apreciado miniaturista para aprender un oficio que le sería de gran utilidad como orfebre.

Seis meses, o poco más, en Bolonia y de nuevo hallamos a Benvenuto en Florencia. Tiene apenas diecisiete años y ha pasado por muchos talleres. En casa encuentra a su padre, aún convencido de que no lo decepcionará. La del pífano parece convertirse en una ingeniosa comedia que interpretar entre un padre y un hijo que, pese a sus discrepancias, están muy unidos. El suyo es un afecto tan resistente que en todos esos años Benvenuto —que habitualmente da muestras de su mal carácter— nunca arremete contra su progenitor; es más, trata de no darle el disgusto de oírle decir que considera su idea de convertirlo en ejecutante de pífano, y miembro de una de esas compañías de músicos que van tiran-

---

* En algunos municipios medievales italianos, magistratura de poderes dictatoriales que regía la ciudad en momentos de crisis y por un tiempo determinado. (*N. del T.*)

do sólo si cuentan con la ayuda de algún señor benevolente, como el peor de los oficios que uno pueda elegir. Y hacer de músico, en aquella época, constituía también un oficio. El artista era un artesano que cobraba por su trabajo unos precios estipulados en unas tarifas especiales. Y aunque algunos de ellos escapaban a la regla, se trataba casi siempre de los grandes, de gente de cuyos servicios un comitente que pretendiese lo mejor no podía prescindir.

La buena voluntad, empero, sirve hasta un cierto límite. Puede ser que en casa de los Cellini haya habido algún enfrentamiento. Aunque Benvenuto ha adoptado la apariencia de un buen hijo, afecto a la familia y el trabajo, la historia del pífano, la comedia más bien, en ciertos momentos de la jornada —durante el almuerzo o la cena, quizá— debe de haber sido puesta en discusión. ¿En resumen, qué quería Benvenuto? ¿Fingir con su viejo padre para tenerlo contento y luego obrar a su antojo? Benvenuto, por descontado, no se enfrenta a su padre, pero las palabras a veces causan más víctimas que la espada. La música, que acerca los ánimos, en esta ocasión los separa. Ésta podría ser la razón del traslado de Benvenuto a Pisa, adonde va a trabajar con un orfebre, Ulivieri della Chiostra, con quien permanecerá durante algunos meses. La experiencia debe de haberle servido para enamorarse del espléndido Camposanto pisano, con sus esculturas. Ya se está incubando en el ánimo de Benvenuto la gran pasión, el secreto amor que le acompañará durante toda la vida: ser un gran escultor. Hasta el punto de haber decidido que ser orfebre, incluso el mejor, no es tan valioso como alcanzar la fama de alguien que sea maestro en el arte de la escultura. Y Miguel Ángel ocupa sus sueños, se convierte en la medida de la grandeza, tal como ahora quiere entenderla este joven florentino sediento de arte y de fama.

Pisa es un entreacto, porque la representación vuelve casi de inmediato al escenario florentino. Es una disposición de ánimo que persigue a Cellini durante toda su vida: el mundo lo atrae, y decir mundo significa toda Europa, sentir la atracción de la aventura y el viaje, de los desplazamientos y el encuentro con gente nueva, con nuevas sociedades, con espíritus diversos. Pero he aquí que luego se dispara el mecanismo secreto, con resabios sentimentales, de la ciudad que siente como suya, y Florencia vuelve a centrar por completo sus planes. Es la razón por la cual Florencia vuelve a verle. Él dice que ha regresado porque se lo ha pedido su maestro del taller pisano, para realizar determinado trabajo. Más tarde, encuentra que la mejor excusa es una enfermedad y se declara enfermo. Es más, muy enfermo. Y quizá lo esté, pero apenas vuelve a respirar el aire de Florencia, hete aquí que se cura. De nuevo ha decidido quedarse.

El taller de Marcone, como siempre, y las calles de Florencia vuelven a ver a este despreocupadísimo joven de dieciocho años, que se había hecho famoso por su indecisión a la hora de elegir entre el pífano o el cincel, todavía en vilo entre las notas de una partitura y las de un plato taraceado de plata, como un equilibrista sobre una cuerda. Vive —así se lo ha prometido a su padre— alejado de las tabernas, tratando de hacer olvidar la riña de la plaza San Gallo. En resumen, parecería que Florencia estuviese a punto de hacerse con otro buen ciudadano, sea orfebre o músico, quizás, incluso, las dos cosas: una el trabajo y la otra —tal como hoy la definiríamos— un pasatiempo. Luego aparece en el horizonte de Cellini el escultor Pietro Torrigiani, que representa un papel tentador. El joven Benvenuto lo describía así en un retrato que hizo de él en su *Vita* [Vida]: «Este hombre era de bellísima figura y muy osado; tenía más aires de soldado que de escultor, sobre todo por sus admirables gestos y por su sonora voz; con sólo fruncir las cejas era capaz de espantar a cualquier hombre de cierto valor; y no paraba de hablar de su destreza ante aquellos brutos ingleses.»

¡Retrato de cámara fotográfica! De esos que causarían envidia a un maestro del género. En cuanto a esos «ingleses», ha de apuntarse de inmediato que Torrigiani trabajaba desde hacía tiempo en Inglaterra y de allí había regresado a Florencia, sólo para preparar —material y otras cosas— un plan de trabajo para ultimar la tumba de Enrique VII, obra que le habían confiado por su habilidad. Y de esta habilidad parecía convencido más que de cualquier otra cosa, hasta el punto que Benvenuto no pudo evitar hacérnoslo notar: «... No paraba de hablar de su destreza...»

Torrigiani descubre que también Benvenuto es bueno; tiene olfato y comprende que un ayudante así le servirá de mucho en Inglaterra. Hace su propuesta a Cellini, pero el joven orfebre le pide unos días para pensárselo; quizá le comentara que el viaje le parecía largo y la estancia excesiva, pero es improbable que haya pensado en ello. Ya está listo para recorrer el mundo entero. Es un florentino de dieciocho años al que se le han adherido todas las pieles de los florentinos del *Trecento* (siglo XIV) y el *Quattrocento*; de aquellos que se movían por toda Europa, zarandeados de un puesto a otro, entre Lyon, Brujas, Londres y París. Mercaderes de todo y para todos, junto a escritores, pensadores y artistas, gente que había aprendido el «exilio» en la cosmopolita Florencia. En nombre del comercio, en nombre del arte.

Por lo tanto, Cellini podría haber aceptado, pero le contiene un sentimiento que, como veremos, primará en él a lo largo de toda su vida: Torrigiani le resulta antipático. Animadversión y amor juegan un extraordinario papel en la existencia de Cellini. Instintivamente se sirve de la una y del otro, sin tomarse la molestia de ocultarlo. A menudo procurándose desgracias, porque ambos sentimientos pueden provocarlas. La instintiva aversión hacia Torrigiani nos impide conocer al Cellini «inglés»: habríamos sentido curiosidad por seguir las huellas de su experiencia en aquel país, por conocer qué amores y humores habría podido suscitar en él una tierra tan particular, tan alejada de los gustos y las costumbres que, en cambio, le hará sentir Francia —que conocerá más tarde—, mucho más doméstica, mucho más italiana y, podemos afirmarlo, mucho más florentina.

El rechazo a Torrigiani debe de haber desencadenado las iras del escultor. No habrán faltado las palabrotas. El hombre es de aquellos que no admiten una negativa por respuesta, y menos de un jovencito al que seguramente habrá tildado de presuntuoso y altanero. Pero la decisión de Benvenuto es inamovible: ¡que Torrigiani acabe solo la tumba de Enrique VII! Él trabaja para los italianos, ya tiene encargos en su país sin necesidad de vivir entre la niebla de Londres.

Roma, en cambio, le atrae. Ya una vez había pensado en ir, pero se había detenido en Siena. Ahora de nuevo lo tienta la sirena. Tiene un amigo que se dirige allí, Giovan Battista del Tasso, exquisito ebanista y un tallador muy solicitado. Entretanto, la actividad de Cellini presenta también un cariz más profesional: con apenas diecinueve años lo han admitido en el gremio del Arte de los orfebres.

Roma, la Roma que no podía sino hechizar a un joven como Benvenuto, le parecerá suya por completo. La ciudad está corrompida, tanto como para no dejar de parecer fascinante. Son los últimos meses del reinado del papa León X, todo rezuma elegancia, todo está dirigido por este pontífice que no ha reparado en gastos para cultivar la Belleza. El culto a Rafael domina en la Roma del arte; se recogen los restos del pasado, pero se piensa también en el mañana. El papa —un Médicis—, de ánimo florentino, criado en el palacio de Via Larga, donde el amor por la literatura, la poesía y el arte en general era el pan de cada día, prolonga en Roma la ya dilatada época del magnífico Lorenzo. Benvenuto siente este clima, lo respira como un potrillo que piafa. Se vincula a bandas de amigos, libertinos, gente que experimenta que la vida puede desarrollarse bajo la enseña de la aventura. Benvenuto confunde el bien y el mal, como elementos que ahora estima necesarios para la misma vida; se educa en la dureza de los enfrentamientos, puesto que se ha convencido de que la existencia misma es un enfrentamiento, que sin rebelión, sin lucha, nada merece la pena ser vivido. Permanecerá dos años en Roma: son suficientes para hacer de él un personaje nuevo. Conserva aquel espíritu rebelde que ya había exteriorizado, pero lo complica en un arabesco de rivalidades con sus competidores, en oposiciones que día tras día asumen un carácter cada vez más encendido, similares a aquellas horas transcurridas en la taberna, mezclado con la hez de una Roma donde parecía que habían encontrado hospitalidad y esperanza de fama gentes de todas las calañas. Un mundo que cultiva la anarquía, que se declara en lucha contra los poderosos, que los llama enemigos, para luego arrastrarse en seguida ante ellos, en cuanto huele el perfume de un encargo que acompañe algún dinero. Los días transcurren trabajando en los dos o tres talleres donde encuentra un puesto en este período romano, y luego las noches, las largas noches a menudo insomnes, en las cuales se puede hacer de todo: desde pasarlas en la cama de una prostituta de tres al cuarto o participar en sesiones de nigromancia en el Foro. El culto a lo esotérico y la profesión de mago eran algo similar a una herencia descubierta en determinados aspectos del gran Leonardo. Uno de los aspectos, de las apariencias, que el artista ofrecía a aquella época.

En esta primera etapa en Roma, Cellini debe de haber realizado algunas obras, incluso hermosas, pero nada nos queda de ellas, salvo algún vago rastro. Una cosa es cierta: que estamos ante su momento de mayor perfeccionamiento, aquél en que nace el gran Cellini; el impacto que le produce la Roma del *Cinquecento* es esencial para la formación del Cellini más admirable.

CAPÍTULO TRES

Cellini de nuevo en Florencia

Hijo pródigo. El amor por su ciudad natal le reconduce de vez en cuando al redil. El afecto hacia su viejo padre y su casa. Una ciudad que siente suya por completo. Éstas son las hipótesis que sugiere su nuevo regreso a Florencia. Pero quizá también existe algo ligado a su misma actividad de orfebre. Tal vez Florencia le ofrece, en ese momento, un mejor mercado que Roma, donde —desaparecido León X— se respira un clima que si no destila mojigatería sí, al menos, cicatería. En 1521 Benvenuto está de nuevo en Florencia, como una peonza que hace girar un niño que siempre tiene ganas de jugar. Durante muchos años, hasta que la edad comience a aplacar su brío, no habrá lugar que consiga retenerlo. Tampoco es una exigencia de trabajo lo que lo lleva de ciudad en ciudad, sino el espíritu de gitano que debía de correr por sus venas, heredado de quién sabe qué fuentes. Adriano VI, por entonces Adrian Florensz, el severo holandés que ocupará el trono pontificio tras León X, tiene fama de avaro. Pero no de aquéllos que Dante habría condenado al Infierno, sino un avaro en nombre de una Iglesia a la que, según él, había que retornar a las costumbres austeras. Un papa tan cicatero que no agradó a Roma, habituada como estaba a recrearse en la dadivosidad del pontífice mediceo: de aquel León que había disfrutado del pontificado, tal como se disfruta de un bonito regalo caído del cielo. Y aquí, la discusión sobre la proveniencia difícilmente podría orientar hacia otra solución que no fuera la divina, visto el encargo y el papel que había que desempeñar.

Benvenuto abre su taller en Florencia, trabaja y tiene éxito, tanto que sus competidores empiezan a mirarle con envidia. La acritud con la que se habla de él es muy humana, se le imputan infinidad de defectos, se le acusa de competencia desleal, de darse excesiva publicidad, proclamándose continuamente como el mejor de su ramo en Florencia. Aunque bien podía decirlo, pues en Roma había trabajado para comitentes de importancia, mientras que sus colegas, los orfebres de Florencia, permanecían encerrados en su caparazón, como unos caracoles perezosos que se arrastraran por las paredes, conformándose con dejar una huella apenas perceptible. No era ésta la mejor manera de evitar hacerse enemigos, y Benvenuto consiguió que lo mirasen con el mayor de los recelos. Esperaban pillarlo en falta; alguna tenía que cometer alguien que, como él —lo sabían por gente que vivía en Roma—, en la ciudad de los papas había demostrado que no poseía ningún sentido de la moralidad. Un libertino, en definitiva, dispuesto tanto a irse con mujeres como a dejarse atraer por el *amor puerorum*, que en aquella época despertaba gran entusiasmo. Ariosto insiste en afirmar que en el *Cinquecento* a casi todos los humanistas les fascinaba, aunque sin duda exagera. El número de adeptos a tal afición y profesión no debe de haber sido escaso, pero de ahí a convertirla en una especie de epidemia hay un largo trecho.

Y es del Cellini acusado de sodomía de quien se habla en Florencia a principios de 1523. Son los Ocho de Bailía, la misma magistratura que debió fijarse en él por aquel altercado en la plaza San Gallo, que había considerado como actor principal a su hermano Cecchino, y a Benvenuto dándole apoyo, son otra vez ellos quienes acusan —esta vez es el principal imputado— a Benvenuto de un encuentro, si bien ocasional, con un tal Domenico, un jovencito que no era desconocido para la justicia por cargos similares. La pena impuesta a Benvenuto es leve, pero suficiente para confirmarnos que el hecho ocurrió de verdad, que, en resumen, el *amor puerorum* es uno de los vicios de nuestro hombre. Siempre que no se acepte toda una literatura que justifica el asunto con sorprendente ligereza. En resumen, no como un mal o un vicio, sino como algo inherente a la misma condición humana. Pero también existe una campaña en contra: san Bernardino de Siena se lanzó contra el «abominable pecado de la maldita sodomía». El fraile estaba tan convencido que en su anatema contra la sodomía arremetía contra aquellas madres que, descuidando sus deberes, aflojaban las riendas a sus hijos, alguna muy satisfecha si el suyo —tentado por una inclinación similar— lograba sacar algún provecho de ello. Cárcel, multas y penas aún más severas: Italia, todas las ciudades de Italia, parecen estar alarmadas, pues la sodomía se ha extendido como la peste en el *Cinquecento*, mu-

Nicola Sanesi: El patio del Bargello, *1882.*

cho más que en los siglos anteriores. Así consta: no tenemos estadísticas y debemos creer cuanto afirman por escrito otros autores. Existe toda una crónica y toda una historia que recogen, a veces fingiendo escandalizarse, pero a menudo también para dar de qué hablar (¡todas las épocas tienen los mismos usos y costumbres!), caso tras caso. Los nombres se persiguen, son nombres célebres o a veces desconocidos, pero el grupo es numeroso y los sucesos casi siempre tienen algo de «amarillismo». Scipione Ammirato, por ejemplo, en sus *Storie fiorentine* [Historias florentinas] se refiere a un gonfaloniero de Justicia que inicia una campaña contra el vicio de la sodomía, aumentando las penas vigentes y endureciendo las multas, que ya eran elevadas, para acabar reconociendo que él mismo comete idéntico pecado. Como un médico que hubiera decidido curarse a sí mismo. O quizá sea el caso de alguien que busca una tapadera. Así se expresaría alguno de los protagonistas de una historia de espías de la actualidad. Sea como fuere, extendido o no el pecado, Benvenuto no estaba libre de él. Comprobaremos que en el transcurso de su vida se lo reprochan muchas veces, aunque mejor sería afirmar que usan esa arma de acusación contra él ciertos adversarios que encuentran así un puñal con qué atacarlo, sin caer en manos de la justicia. Esta sanción de los Ocho de Bailía, aunque la pena fuese leve, una multa irrisoria, servirá de fundamento, no obstante, para quien quiera construir sobre ella una forma de hacerle daño.

¡Extraño personaje este Benvenuto! Ese aire depravado que lo permea no podía sino alimentarse también de esta culpa. Como si hubiera querido experimentar todo aquello en que la humanidad se ha distinguido, en lo bueno y en lo malo. Dios, el Dios del Paraíso, que se mezcla con Satanás. Pero aquí el juego de los papeles no tiene esa burlona andadura que descubrimos en algunas páginas de un contemporáneo suyo como Maquiavelo; en Cellini el enfrentamiento entre las dos fuerzas tiene un significado diferente, él padece la disidencia y manifiesta este sufrimiento, en una alternancia de gestos, que parecen opuestos entre sí, como en una batalla en la que los caballeros, repentinamente desquiciados, golpean a los hombres que portan sus propias enseñas. En la *Vita*, su autobiografía, si se lee entre líneas, puede advertirse esta lucha; algo hay en su ánimo que nos descubre que se ha percatado de que está destinado a una existencia sin paz. Y en cuanto a la sodomía, a esta culpa que parece deshonrarlo, no debemos confundirnos creyéndole en el pellejo de un homosexual tal como se entendería hoy: muchas mujeres entran en la vida de Benvenuto, con gran ímpetu, además; se trata de amores que raras veces permanecen suspendidos del hilo del sentimiento y de muchos otros que son, a lo sumo, pura sensualidad. La sierva de la que él disfruta —y largamente, según detalla en la *Vita*— en sus tiempos romanos, o la bella Angelica que ha conquistado su carne, más que su espíritu, la Angelica de su estancia en Nápoles, son el ejemplo de que Benvenuto es un pecador en la ciudad de Sodoma, pero que ha descubierto que el lugar se abre también a otras posibilidades. Y también le atrae el que posee la doble ciudadanía; le permite sentirse complicado, imaginarse como un disoluto, y eso le halaga. Cuando en la *Vita* se vanagloria de hombre que ha cometido todo lo que podría considerarse delito, porque se había visto empujado a ello por circunstancias que no le ofrecían otra solución, es fácil descubrir que miente. Cuando escribe su autobiografía está en la edad en que la llama que se agita dentro de él se ha aplacado un poco; vuelve a ver su pasado con cierto sosiego y, quizá, rechaza aparecer como el aventurero que fue. Quiere que le consideren artista, un gran artista: eso es lo que desea con todas sus fuerzas. Se cuenta a sí mismo en esta clave. Aunque no puede, no sabe, porque no está en su carácter, que conserva intactas sus peculiaridades, renunciar también a contarnos lo «peor» de su existencia. Pero advierte que el lector del futuro podría juzgarlo con severidad, y helo pues matizando los colores, dando retratos en *flou*, como un maestro de la fotografía que percibe arrugas en el rostro de su personaje y quiere esconderlas, aunque sin borrarlas del todo, en nombre de la verdad en la que cree.

Ahora Florencia le resulta de nuevo pequeña. No por aquella acusación y condena ya referida. De hecho, será responsable de un desaguisado aún mayor, pocos meses después de haber estado en la mira de la magistratura. Esta vez se le acusa de haber apuñalado a dos personas. El detonante del hecho es una disputa relacionada con el oficio: en Florencia, Cellini está convenciendo a muchos de que es el mejor. Y efectivamente lo es. Pero sus rivales de profesión, los demás orfebres florentinos, no aceptan que ese joven de apenas veintitrés años, un poco fanfarrón, un poco bravucón, les esté quitando a sus mejores clientes. Salvatore y Michele Guasconti, los orfebres que antes ostentaban el puesto de honor en el vasto escenario de la orfebrería florentina, son los más perjudicados. Imaginémonos cuando Benvenuto insinúa que ellos le han robado y sostiene luego que están copiando sus piezas, aprovechándose de su ingenio, dado que carecen de fantasía creativa. Es suficiente para montar un cisco, y así ocurre. Los Guasconti hacen una visita al taller de Cellini que no

Odoardo Borrani: El claustro de Santa Maria Novella, *1878.*

puede considerarse precisamente de cortesía. Circulan las ofensas y las acusaciones más graves. Benvenuto, a quien no bastan las palabras, abofetea a uno de ellos, pero más que de unas bofetadas debe de haberse tratado de unos puñetazos de los que dejan marca. Los Guasconti se dirigen para pedir justicia a los Ocho de Bailía, que se encuentran otra vez —estamos en noviembre de 1523— con un «caso Cellini» entre manos. En el fondo se ha tratado de una disputa entre rivales de negocios y no es fácil decidir quién tiene razón, pero está de por medio el asunto de las bofetadas, y es preciso que Benvenuto, en alguna medida, pague. Se le impone una multa, y parece que todo acabará aquí. Sin embargo, no han ajustado las cuentas con el mal carácter de Cellini, quien, nada más salir de la sala donde los Ocho de Bailía ejercitan su actividad de jueces, decide que no basta con una bofetada, que es preciso darles a los desvergonzados Guasconti una lección aún más dura. No piensa en las consecuencias —esto de mostrarse irreflexivo le sucede a menudo— y se encamina a toda prisa a casa en busca de su afiladísimo puñal. ¡Debe de tener toda una colección! Quizás equivalente a la de buriles que le sirven para trabajar de orfebre. Luego, se dirige al taller de los Guasconti, en la zona del Mercato Nuovo, ansioso por impartir justicia, algo que, según él, no ha-

bía hecho la magistratura. Dos heridos: un Guasconti y uno de sus trabajadores. Nada grave, pero la sangre siempre produce su efecto. Hay gritos
y gente que corre, y no tardan en llegar los guardias. Cellini escapa a través de callejuelas y callejones, para luego refugiarse —ayudado por un
fraile al que se ha dirigido en su huida, Alejo Strozzi— en Santa Maria
Novella, en unas celdas donde resultaba difícil saber que estaba allí, incluso para los mismos frailes del convento cercano. Y, disfrazado de fraile
dominico, después de haberse reunido con su padre, que, pobre hombre,
ya no sabe cómo actuar con ese hijo que hace las mil y una, y a quien no
puede sino darle —de nuevo— buenos consejos y el poco dinero que ha
podido reunir en casa, Cellini vuelve a partir hacia Roma.

¡A Roma! La ciudad de los papas se presenta otra vez como el refugio ideal para Benvenuto. No existe la extradición; Roma es grande y le
permitirá serenarse en sus numerosos puntos de encuentro, y en ella de
nuevo abrirá un taller. Mejor, y puesto que no dispone de dinero, irá a
trabajar con alguien. Pero que sea afamado: es lo que exige ahora el papel que Benvenuto siente que desempeña entre los orfebres.

CAPÍTULO CUATRO

En Roma, entre el trabajo y los nuevos encuentros

La historia de Florencia y del enfrentamiento con los Guasconti ardía en su pecho. Sabía que esta vez los Ocho de Bailía habían sido muy severos con él: le habían condenado al exilio perpetuo, con la pérdida de todo derecho político. Lo que equivalía a decir que lo habían borrado de la lista de aquellos que estaban en condiciones de considerar a Florencia como su ciudad natal. Benvenuto encuentra la condena superior a cuanto podía estimar que fuera su culpa. Ya ha olvidado —le sucederá muchas otras veces— que cuando pierde la cabeza, tal como le ha ocurrido en el último episodio florentino, no consigue refrenar las palabras y con frecuencia algunas de ellas tienen más peso que el hecho mismo: «¡Oh traidores, ha llegado vuestra hora, os mataré a todos!» ¿Cómo no creer en alguien que hace semejantes amenazas con un puñal en la mano? Él mismo, siempre en la *Vita*, nos describe la escena que ha dado lugar a tal proclama proferida ante la familia Guasconti, que además de ver a su pariente herido y tumbado en el suelo, temió que Benvenuto continuara repartiendo golpes: «Al creer el padre, la madre y las hermanas que aquél era el día del Juicio se arrodillaron en el suelo, clamando misericordia...» En el fondo, al leerlo nos percatamos de que, pasados ya muchos años, cuando escribe en la *Vita* sobre el día del altercado con los Guasconti, Cellini aún encuentra satisfacción en ponerse en la piel del «justiciero», de aquel que venga las afrentas recibidas. Y lo hace sin temor a hallarse ante numerosos adversarios: «... Al llegar a la calle, encontré a los restantes miembros de la familia, que eran más de doce; unos con una pala de hierro, algunos con un tubo de hierro, otros con martillos, yunques, otros con bastones.» Pero nadie puede detener a un «adalid» de la venganza, como debe de haberse sentido: «Me lancé contra ellos, como un toro embravecido, tiré a cuatro o cinco al suelo, y con ellos caí, siempre golpeando con el puñal ora a éste ora a aquél.» Así lo recuerda: tampoco ahora valora que todo podía haber acabado en una matanza. Siempre creyendo que las cosas se desarrollaron de verdad de ese modo y que la resistencia fue tan enconada como nos cuenta. Una vez más hay algo de capitán Fracasse, de *commedia dell'arte*, en el relato. Sospechamos que el asunto se desarrolló en unos términos mucho más limitados. Que el narrador, a través de los años, dio vuelo a su fantasía y que exageró en todo precisamente por el gusto de sentirse protagonista de su propia obra. Los héroes de Homero aparecen descritos como leones entre toros a los que descuartizar. Aquí Benvenuto se conforma con sentirse un toro. Aunque «embravecido», sin temor a que alguien pueda detenerlo. ¡Ni siquiera los famosos leones homéricos!

Pero en Roma aquel episodio debe de haberle parecido mucho más leve de lo que luego relatará en su *Vita*. Se siente injustamente tratado, jura, quizá, que nunca regresará a Florencia. Aunque en el futuro sus conciudadanos se convenzan de que han desterrado a un hijo que alcanzará la fama. Pero si Benvenuto pensó en ello, debió cambiar de opinión: en 1527 Florencia le ve de nuevo, redimido y en paz. No se ha hecho famoso, aunque seguramente alguien ha conseguido que la condena al exilio fuera anulada. Pero ahora está en Roma, donde contará con el aprecio del pontífice, un Médicis, además alguien de Florencia, alguien que pensará que es mejor retener en Roma a un artista de su habilidad que considerarle un delincuente caído bajo el peso de la ley de su ciudad.

Después de Adriano VI, Roma ha vuelto a respirar, de nuevo se puede confiar en vivir haciendo gala de aquel lujo tan amado por León X. El arte de la orfebrería florece otra vez y vuelven los encargos para los artistas que lo ejercen. Cellini obtiene casi de inmediato uno importante. Se trata de dos candelabros para guarnir la capilla del obispo de Salamanca. Los ha diseñado un discípulo de Rafael: Gian Francesco Penni, quien no destaca por sus grandes obras. Hay que pensar, pues, que Benvenuto habrá puesto mucho de su parte en la ejecución del trabajo. Don Francisco de Andrea de Cabresa —tal es el nombre del obispo de Salamanca— no debe de haber puesto el mismo entusiasmo en pagarle sus fatigas, y para obtener el dinero que se le adeuda Benvenuto habrá de recurrir a la pelea. Pelea de otro estilo, distinta de aquella con los Guasconti en Florencia, pero siempre entendida a la manera de Cellini, que como buen florentino sabía usar las palabras como una espada. Y el obispo de Salamanca pagó.

Roma, Galerías de Rafael en el Vaticano *(grabado de M. Catenacci, 1870).*

La publicidad de la época no disponía de carteles o cosas por el estilo, pero los hechos corrieron de boca en boca y así se habló de este joven orfebre florentino —muy bueno, se comentaba— en la corte de Clemente VII. Había tenido el valor, además, de enfrentarse al obispo de Salamanca, que era conocido por ser de trato difícil. Ahora la Roma respetable quería conocer al protagonista del enfrentamiento con Andrea de Cabresa y su trabajo como orfebre ganó en valor. También porque entretanto —pero una vez más había servido de detonante la pelea con el obispo— Cellini tuvo la suerte de conocer a la bella Sulpizia Chigi, una de las mujeres más notables de Roma, esposa de Sigismondo, que era hermano del banquero Agostino Chigi. El nombre nos habla de una de las familias más ricas de Italia, de un linaje que, junto con el de los Strozzi, dominó durante muchos años el panorama de las finanzas europeas. El encuentro entre Cellini y Sulpizia adquiere la coloración de una historia sentimental, incluso da ganas de hablar de una historia de amor. Quizá mejor de un enamoramiento. El de un joven orfebre florentino por esta deliciosa dama romana, que demuestra haber comprendido todo su genio y, adelantándose a todos, su grandeza de artista.

Sulpizia ve por primera vez a Benvenuto en el palacio de la Farnesina, la residencia de los Chigi. Él ha pedido permiso para estudiar los frescos que Rafael ha pintado allí. En aquellos días romanos Cellini está siguiendo una especie de curso de historia del arte, ideado por él mismo, fruto de un razonamiento que lo conduce hacia las cosas concretas: quiere aprender, sabe que nada surge de la nada, que en el mundo del arte hay que conquistarse un espacio con el estudio, que no cabe la improvisación. Tanto la Capilla Sixtina como las antiguas ruinas del Foro romano —también ahora las visitará de noche, ¡por muy distintas razones!— se han convertido en sus modelos. Dibuja y observa, observa y dibuja. Está aprendiendo como un escolar disciplinado. Sulpizia lo descubre en uno de esos momentos de éxtasis y le pide que le deje ver su trabajo, aunque le cuenta que ya sabe algo de él: son las noticias que han trascendido en Roma de su altercado con el obispo de Salamanca. Benvenuto se muestra extático. Nunca había visto a una mujer tan refinada.

¿Un Cellini enamorado? Es probable. Y ella, Sulpizia, la bella dama, ¿lo está también del joven artista florentino? La misma respuesta: cabría la probabilidad. Ella es sensible a cuanto él le propone como artista; lo admira. «La esposa de dicho micer Gismondo —es el propio Cellini quien narra los primeros momentos del afortunado encuentro—, habiéndome visto a menudo en su casa, era una mujer amable y extremadamente bella, se acercó un día a mí, miró mis dibujos y me preguntó si era escultor o pintor. Respondí que orfebre.» Sulpizia le ha hecho el mejor presente que él pudiera haber soñado. Benvenuto desea con todas sus fuerzas convertirse en un escultor famoso, y *madonna* Sulpizia lo hechiza con la pregunta. «Ella dijo que yo dibujaba demasiado bien para ser orfebre —continúa Cellini—, e hizo que una criada me trajese un lirio hecho de bellísimos diamantes engarzados en oro; me pidió que los tasara. Los valoré en ochocientos escudos. Entonces ella dijo que los había tasado muy bien.»

Por una valoración, por una habilidosa tasación, Sulpizia descubre que puede fiarse de este joven orfebre, que dibuja maravillosamente y conoce el precio exacto de las joyas. Entonces le solicita que componga algo que no le parece seguro en el engarce de aquellas piedras, y Cellini acepta. Es un encargo de poca importancia por el que no se requiere una gran maestría, pero tanto él como ella saben que se trata de una excusa para volver a verse. Es entonces cuando Benvenuto le propone un nuevo engarce para aquellos diamantes y en presencia de ella traza un primer esbozo de lo que pretende hacer, para darles el justo relieve. Sulpizia lo mira encantada: «Cómo me complace —Sulpizia se dirige ahora a una de sus damas, que entretanto se ha unido a ellos— ver dibujar a este joven de bien, bueno y bello.» Benvenuto está en éxtasis: una mujer del esplendor de la Chigi lo encuentra «bueno y bello». Incluso se ruboriza, pero advierte que a ella le ocurre otro tanto. Y en estos estremecimientos y confesados estados de admiración mutua nace lo que cada cual decidirá si se trata de amistad, de amor o de las dos cosas, confusamente mezcladas. La Chigi representa mucho para Cellini. Es un peldaño de la escalera que quiere subir. Un certificado de fama. Sulpizia no es una mujer que lance sus cumplidos al viento.

Y es tanto el entusiasmo que lo embarga que, apenas llegado al taller donde trabaja, Cellini coge el engarce de diamantes de la dama y, «en doce días», según él mismo nos informa, «acabé dicha joya en forma de lirio, adornada con pequeñas máscaras, angelitos y animales, bellísimamente esmaltada, de modo que los diamantes que formaban el lirio estaban el doble de bien». Sulpizia le agradece su diligencia y le solicita el precio de su trabajo.

Comienza entonces otra historia, que parece de aquellas que Benvenuto inventa de vez en cuando al referirnos su vida, creada para asombrarnos y asegurar una vez más que siempre se ha sentido el mejor, pero

Benvenuto Cellini: Medalla de Clemente VII (Florencia, Museo Nacional del Bargello).

porque efectivamente lo es. En el caso de Sulpizia la obra se desarrolla en varios actos.

Primer acto: es él quien rechaza toda compensación de la dama. Con ella que, encantada, sonríe y no reprime un comentario jocoso: «Querido Benvenuto, ¿no has oído decir que cuando el pobre da al rico, el diablo se ríe?» En resumen, un Cellini orfebre no puede hacer regalos a una Chigi. Benvenuto comprende que no hay ironía en el discurso, que es una manera refinada de agradecerle la cortesía. Pero él insiste, ha hecho ese trabajo para verla dichosa. Le basta con saber que está satisfecha.

El segundo acto se desarrolla en el taller donde Cellini trabaja. Que es el del hijo de un famoso orfebre, recientemente fallecido: el maestro Santi. El negocio lo dirige ahora un joven orfebre de la misma edad de Benvenuto, Luca Agnolo de Iesi, quien acaba de terminar un gran vaso que irá destinado a la mesa del pontífice Clemente VII. Luca Agnolo,

Kendrik van Cleef: El Belvedere del Vaticano, *1550*
(Roma, Gabinete Nacional de Estampas).

en broma, le dice a Cellini que la Chigi jamás podrá ofrecerle una recompensa igual a la que él ha obtenido del papa. Benvenuto no puede replicar que está satisfecho sólo por haber hecho feliz a una señora tan amable, porque —está seguro— el otro creería que son excusas para no confesar que han pagado poco por su obra. Benvenuto calla y espera.

El tercer acto marca el triunfo de Cellini. Como en un curioso certamen para ver quién muestra el más hermoso tesoro escondido, Luca Agnolo abre ante todos los trabajadores del taller, allí reunidos, la talega que contiene el dinero recibido del pontífice y extrae de ella veinticinco escudos. Los presentes confirman que se trata de una recompensa altísima, pero será ahora cuando Cellini encuentre la ocasión de desquitarse, aunque sin imaginar siquiera que podía ocurrirle algo así. En efecto, acaba de llegar un paquete del palacio Chigi y nadie sabe qué contiene. Quizás un pequeño presente, vete a saber; tal vez un libro, con el que Sulpizia desea manifestar su agradecimiento. Pero él lo abre en presencia de todos, con una seguridad que nos confirma que el papel de jugador le sienta bien y que su osadía merece recompensa. En efecto, de una bolsa sale una cascada de oro reluciente: son cuarenta escudos, una suma mucho mayor que la que Luca Agnolo ha obtenido del papa.

Escena final de doble efecto: por un lado, el pobre Luca Agnolo, que humillado por la decepción jura que ya no quiere tener nada que ver con ese oficio; por el otro, un Cellini triunfante que de vuelta a casa de *madonna* Sulpizia le cuenta que queriendo hacer él «que el diablo se riese, ella había logrado que éste de nuevo renegase de Dios».

Una sonrisa de ella, una sonrisa de él. Así baja el telón de la pareja Benvenuto-Sulpizia. Es cuanto conocemos. El resto corresponde a nuestra fantasía. Sólo se sabe que ella confió otros trabajos a Cellini. Nos lo explica en su autobiografía. Pero no aclara cuáles.

Ahora Cellini abre un taller propio en Roma. Seguramente contaría con la ayuda de la Chigi. Esta repentina posibilidad económica de instalarse por su cuenta, de trabajar solo, desarrollando una actividad sin depender de otros, debe hallar una respuesta semejante. Ella ha descubierto su genialidad: el orfebre Cellini no oculta, al escribir acerca de ello, la gratitud que le debe. Sólo a través de esa mujer ha conseguido «mostrarse ante el mundo como alguien importante». Sulpizia-Pigmalión ha culminado su obra.

El encuentro con el papa es, en cambio, producto del azar. Y entra en danza aquel caramillo que tanto interesaba al padre de Cellini. Esto es, que Benvenuto no conoce al pontífice en calidad de artista de la orfebrería, sino como músico. En efecto, el director de la orquesta de Clemente VII lo reclama, pues debe sustituir a un músico enfermo. Es el 15 de agosto de 1524. En el Belvedere el papa escucha feliz a su orquesta y hace que le presenten a todos y cada uno de los intérpretes. Benvenuto es florentino como él y el papa se detiene a hablarle con benevolencia. Más tarde descubrirá que el joven es orfebre y será entonces cuando le invite a mostrarle en los próximos días sus trabajos.

«¿Ves? —habría podido decirle a Cellini su padre—, ¡el caramillo te ha servido para algo! Cultivar la música ha sido para ti positivo. Con la música se conquista el ánimo de todo el mundo.» Benvenuto debe haberlo pensado, aunque ahora —con Sulpizia de un lado y el pontífice del otro— puede confiar en haber conquistado Roma y el caramillo puede regresar al desván, a esperar quién sabe qué otra ocasión de ser útil a su tan poco enamorado intérprete.

CAPÍTULO CINCO

En Roma, a la espera del azote del saqueo

Desde estos días de 1524 hasta aquéllos trágicos de 1527, cuando las hordas desencadenadas de los lansquenetes saqueen Roma, pasarán casi tres años. Años que pueden considerarse felices para Benvenuto, que los disfruta al máximo, a su manera, con las opciones de vida que prefiere y le hacen dichoso. Roma: menos de cincuenta mil habitantes; calles sucias; un gran trasiego de gente que llegaba y volvía a partir, gente que trataba de hacer negocios o de obtener una recomendación del pontífice ante algún gran señor de otras tierras, gente entre la que había de toda clase de caracteres, de gustos, de elecciones. Benvenuto vivía en el barrio de Ponte y tenía el taller en Via dei Banchi. Lo cual equivalía a decir en la zona más concurrida de una Roma bulliciosa. Una calle que no tenía rivales en el mundo; ninguna calle de París o de Londres, ninguna de Florencia o de Lyon, lugares donde se desarrollaba una vida de negocios y de comercios, podía compararse con la increíble realidad de Via dei Banchi. Sus tiendas eran la meta de todo el mundo; allí se podía comprar de todo. Via dei Banchi Nuovi y Via dei Banchi Vecchi poseían, sin embargo, cierta distinción, incluso podían considerarse el centro de una Roma que pretendía destacar por una elegancia carente de prejuicios. Las zonas cercanas, abarrotadas de talleres de artesanos, no poseían ese mismo tono de variopinta «perdición» que aquí se encontraba a cada paso. Y es aquí donde Benvenuto descubre su escenario ideal, es aquí donde interpreta sus mejores compases. Más aún que en Florencia o París, o en alguna de las otras ciudades donde ha vivido; Roma parece hallar en él a un protagonista convencido. Sus aventuras no son de aquellas que un novelista habría llamado «de capa y espada», sino, la mayor parte de las veces, de las que servirían de argumento a un

La casa de Miguel Ángel en Roma *(dibujo de Granet, grabado de Aubert)*.

relato de Boccaccio. Para Benvenuto vivir equivale a no estar nunca quieto, como si permanecer al fin tranquilo significara ser excluido de una crónica: quiere vivir día tras día. Desea dejar su impronta y que se hable de él. Y obra sin haber aprendido un papel, improvisa, no tiene un guión que seguir. Actúa bajo el signo de lo fortuito, y si alguien espera entenderle, descubrir algo que le deje al desnudo, será mejor que abandone la idea. Benvenuto es un transformista de los que consiguen adoptar miles de apariencias. Y su verdadera grandeza radica en el hecho de que lleva a cabo tales metamorfosis sin prepararlas, este cambio de papeles resulta espontáneo en él. Es, «pirandellianamente», uno y cien mil, pero nunca consigue ser «nadie». No consigue confundirse con el número de todos, en el conjunto anónimo; en él hay un resorte secreto que lo empuja a todas horas a estar siempre en primera línea. Aquella señal de la salamandra, la que de pequeño vio arder en el fuego, es verdaderamente su emblema.

Entre las historias que podríamos calificar de divertidas protagonizadas por nuestro héroe en sus años romanos, se encuentra aquella que primero lo describe como amigo y, más tarde, en acérrima oposición a Luigi Pulci, nieto del Luigi Pulci que había conquistado fama en la historia de las letras con su poema *Morgante*. Benvenuto ha conocido al joven años antes en Florencia, en compañía del gran Miguel Ángel. Ahora lo halla de nuevo en Roma, enfermo y necesitado de ayuda. Y como buen cristiano —¡es así como, de vez en cuando, Benvenuto quiere que se le considere!—, y luego como conciudadano, acoge en su casa a Pulci y hace lo posible para que se le trate como es debido. Luego, apenas restablecido, le busca alojamiento, procurándole un empleo con el obispo Girolamo Balbo. ¡Qué más podía esperar Pulci! Pero en la historia que sigue no parece que haya demostrado, con respecto a Benvenuto, ningún deseo de agradecimiento. Aunque quizás esté entre las reglas ordinarias del mundo olvidarse con facilidad del bien recibido y, en cambio, empeñarse en recordar cuantas afrentas nos han hecho.

En esta historia de ingratitud hay una mujer de por medio. No una santa y virtuosa mujer, hay que reconocerlo. Pantasilea es una prostituta de poca monta, que en aquellos tiempos es la amiga «del alma» de Benvenuto, con quien a menudo pasa las veladas, una vez que éste ha dejado el taller, en compañía de amigos que, como él, tienen ganas de armar algarabía en la taberna y de emborracharse para liar una mejor por las calles, enzarzándose en peleas entre ellos o, mejor aún, con cualquiera que se les ponga a tiro. Rosso Fiorentino, pintor, Giulio Romano, también pintor, y otros más que cada tarde elegían aquella manera de prepararse para la noche, están convencidos de que precisamente en las tinieblas se vive con mayor libertad que a plena luz del día y de que, como los ladrones, quien jaranea de noche tiene forma de eludir la vigilancia de los guardias del Bargello. Pulci se convierte en parte de la brigada alborotadora, de la pandilla de insolentes que se mueven por las calles de Roma en busca siempre de nuevas aventuras. Y cuanto más sensacionales son, cuanto más osadas podrían resultar a ojos de quien ama la moralidad, más parecen, en cambio, entusiasmar a este grupo de compinches unidos por el mismo deseo de parranda.

Benvenuto, desde luego, no ama a Pantasilea, pero no puede tolerar que ésta se deje arrastrar por Pulci. Y es ella quien, para desencadenar aún más su ira, le hace notar que este Luigi es un joven guapo y que cualquier mujer lo desearía entre sus brazos. Para complicar las cosas se había entrometido también un sobrino del obispo Balbo, un tal micer Giovanni, del que Pulci aseguraba estar prendado. El joven florentino, el nieto del creador del gigante Morgante, dividía así sus deseos entre Pantasilea y Giovanni, quien lo mimaba hasta el punto —lo cuenta Cellini— de hacer que «dicho joven se cambiara cada día sus ropas de terciopelo y seda». Y Pulci, que debe de amar la elegancia, no se hace rogar. ¡Cueste lo que cueste! Pero probablemente ya se hubiera adaptado a pagar el precio que semejante relación exigía. En cuanto a Pantasilea, hace lo que sea con tal de despechar a Benvenuto. Cellini vocifera y jura que se vengará de la afrenta que ella, junto a ese Pulci al que ha acogido y protegido cuando estaba en un mal trance, están infiriéndole. El más que protegido joven florentino, aquel Luigi que lo está traicionando vergonzosamente, no repara en medios para hacer un buen papel: «Su micer Giovanni —escribe Cellini en su *Vita*— le había comprado un caballo negruzco bellísimo, en el que había gastado ciento cincuenta escudos. Este caballo se montaba de maravilla, de modo que este Luigi iba cada día a brincar en torno a esa meretriz de Pantasilea.» La conquista no parece de las difíciles, pero Pulci desea exhibirse a toda costa, quiere que Benvenuto sepa que ahora el preferido de Pantasilea es él, con sus «brincos». Hasta que se llega al habitual enredo, que es fácil encontrar en las crónicas de la vida de Cellini.

Todo ocurre en un atardecer. Benvenuto es uno de los invitados a la cena que organiza en su casa un escultor sienés y con él están Bacchiaca (Francesco Ubertini), pintor famoso por sus maravillosos grutescos, y también Pantasilea, que de pronto se levanta y desaparece de la estancia.

Benvenuto, que está sentado junto a la ventana, la ve reaparecer en la calle justo al lado de Pulci, montado a caballo: se están riendo a sus espaldas, pues el joven le cuenta a Pantasilea que el hecho de que haya salido para encontrarse con él es un escarnio para Cellini. Basta esto para desencadenar una escena de tragedia, pero con cierta dosis de comicidad, porque el espectáculo que sigue tiene ribetes humorísticos: Cellini ha saltado por la ventana —que gracias a Dios era baja— sujetando en la mano derecha el afilado cuchillo que le servía para cortar la carne. Con él ataca a la pareja desleal, aferrando a Pulci por la capa y tratando de hacerle caer de su montura. Éste consigue zafarse y espolea a la bestia, que lo pone a salvo. También Pantasilea se ha puesto a salvo, refugiándose en una iglesia cercana. Los compañeros de mesa de Benvenuto han salido de casa —¡ellos por la puerta!— y le imploran que olvide el asunto, que no eche a perder una velada por una puta y un necio como Luigi, aquel joven florentino. Pero es difícil frenar a Benvenuto cuando es presa de la ira. Es casi de noche y se embosca cerca de la casa de Pantasilea, convencido de que, tarde o temprano, aparecerá ella sola, o quizá los dos juntos. Tiene la espada en la mano y está listo para hacer una escabechina. Las estrellas y la luna iluminan la escena; Cellini, furioso, ya no soporta la espera. Luego, un ruido de cascos de caballos llama su atención, y de inmediato entra en escena un grupo de gente. Son muchos; junto a Pulci y Pantasilea hay una decena de personas que parecen guardias de corps. Todos soldados: doce espadas, como descubre Cellini, que aún interpreta el papel del capitán Fracasse. Efectivamente, espada en mano se lanza al asalto, hiere primero a Pulci en un hombro y a continuación a la misma Pantasilea en la nariz y en la boca. La escena se ha desarrollado de manera fulminante, y anticipa la acción al grito de «¡Daos por muertos!», que no deja dudas acerca de cuáles son las verdaderas intenciones del agresor. Reina la confusión, se abren las ventanas, los caballos se encabritan, dos de los que están junto a Pulci caen de las monturas, provocando la caída de otros, se produce un gran vocerío y quien puede se da a la fuga. También Cellini, sin quedarse a contar los heridos, que no debían ser pocos, porque además de Luigi y Pantasilea estaban los que habían caído del caballo. Incluso alguno, en la confusión, se había hecho daño con su propia espada que había desenvainado para combatir y no para encontrarse en una especie de torneo, donde jinetes y caballos eran ajenos a cualquier orden. Benvenuto nos dice que «visto que había salido tan bien parado», y dado que la cosa había ido de la mejor manera posible, «a toda velocidad salí con honor de esta

Juan de las Bandas Negras intenta detener al ejército imperial
(grabado de Giovanni Stradano, 1583).

empresa». Lo que equivale a decir que también él huyó. No era cuestión de «tentar a la suerte». Entre los heridos leves que forman parte del grupo de Pulci se halla Narducci Benvegnato, un caballero de Perugia al servicio del papa. Es él quien, furioso, se afanará en hacer en los días siguientes que Cellini pague la afrenta. Luego algo debe de haber jugado a favor de Benvenuto, porque todo parece acabar bien. Benvegnato le pide a Cellini que haga las paces con Pulci y Pantasilea, y precisamente en su casa se produce el encuentro de reconciliación. Cellini puede estar seguro: no habrá ninguna denuncia en su contra.

Pulci y Pantasilea pueden vivir tranquilos. Es un decir, porque la suerte no lo quiso así. En efecto, pocos días después el caballo de Luigi resbala, se desploma sobre la calzada y éste, en la fatal caída, queda aplastado bajo el peso de la cabalgadura. Morirá pocos días después a consecuencia de las heridas. Cellini comenta en su *Vita* esta noticia en un tono que parece dar respuesta a su esperanza secreta y, a la vez, conceder al episodio una medida de justicia superior: «Así se ve que Dios tiene en cuenta a los buenos y a los malvados, y a cada cual da su merecido.»

Pero en aquellos días Dios se hallaba ocupado en otros menesteres. Roma iba a conocer el mismo fin que el guapo Luigi Pulci. El ejército de los lansquenetes estaba listo para lanzar su ataque. Serían días terribles.

CAPÍTULO SEIS

Roma en manos de los lansquenetes, con Cellini en calidad de semihéroe

Clemente VII no poseía virtudes militares, y quizás esto también se avenía con su trono de pastor de almas. Pero no con los lansquenetes, que avanzaban sobre Roma a marchas forzadas.

Ésta es la razón por la cual despidió al contingente que Juan de las Bandas Negras había mandado en su ayuda, quien, al frente de dos mil soldados suizos, le había servido para defenderse de sus eternos adversarios, los Colonna, que se empeñaban en demostrar que no querían a aquel Médicis en el solio pontificio.

Clemente tomó esa decisión en marzo de 1527. Pensó que aquellos hombres costaban demasiado a las arcas de su estado. Y luego toda Roma tuvo que sufrir, desde la entrada del pequeño ejército en octubre del año anterior, toda clase de vejaciones, incluidos robos y altercados violentos por las calles. Hubo mujeres ultrajadas y familias enteras vivieron días de terror. Pero intentando evitar un mal el desafortunado Clemente VII se buscó otro mucho mayor. En efecto, apenas hubieron partido los hombres de Juan de las Bandas Negras y los demás mercenarios, llegaron los lansquenetes. Y el 6 de mayo, sin encontrar ninguna resistencia, los imperiales, al mando de Carlos de Borbón —el francés que traicionó las esperanzas del católico rey Francisco I, su primo—, entran en Roma. Los habitantes que viven dentro de las murallas se encierran en sus casas: son muy pocos los que se arman y deciden resistir a los invasores.

«La caída de Roma —narra Gregorovius en su *Storia della città di Roma*— fue un acontecimiento sin parangón, puesto que la ciudad quedó en manos de un enemigo que no había asediado sus altas murallas, que no la había sitiado con las armas ni doblegado con el hambre ni aterrorizado con un solo disparo de cañón. Aquella caída fue el oprobio del gobierno pontificio y la ignominia del pueblo mismo. Pero Roma se había convertido en una afeminada ciudad sacerdotal en la que las servidumbres y bacanales de León X habían debilitado al pueblo. Además, los romanos detestaban el gobierno de los papas; muchos deseaban que terminara, no importaba cómo, y confiaban en que el emperador fijaría su residencia en Roma.»

No obstante, cualquiera que fuese la verdadera razón de aquella pasiva, resignada y medrosa aceptación de semejante acontecimiento, nada —¡aunque razonemos con el criterio de hoy!— la justificó. Ninguno de los romanos podía prever, quizá, que el saqueo por parte de las soldadescas imperiales sería de tal proporción y que en aquellos días de tempestad muchos, demasiados ciudadanos, perderían la vida. Tampoco el odio hacia la institución del papado y la forma de gobierno que implicaba podía encontrar una solución favorable, confiando en los arcabuces y las espadas de gente que venía para saquear. En cuanto a la idea de que Carlos V pensaba establecer en Roma la sede de la capital de su vasto imperio, también esto pertenece a lo que hoy denominamos política-ficción.

El terror dominó Roma en aquellos momentos y faltó cualquier espíritu de rebelión ante todas las vejaciones que debieron consentirse. Cada uno pensó en defender, como mejor podía y le concedía su suerte, aquello que poseía; el egoísmo reinó por encima de todo. Sin embargo, en su autobiografía Cellini trata de ofrecernos una escena distinta de la que realmente debió desarrollarse: una vez más, impulsado por su carácter combativo, se niega a quedarse pasivamente a la espera de un enemigo que venga a dictar las leyes y quiere convencerse —y convencernos— de que en la ciudad de los papas todos estuvieron dispuestos a la defensa: «Para esta ocasión toda Roma tomó las armas.» No escribe que quienes podían intentaban alejarse por todos los medios y maneras, abandonando la ciudad a manos de los lansquenetes. Aunque, bien pensado, forma parte de las cosas más naturales. La vida apremiaba, y todos tenían muy claro que Roma carecía de defensa militar. Tampoco habrían bastado para salvarla las cinco «bandas» de soldados de fortuna, a las órdenes de Juan de Médicis (que, por otra parte, había muerto en Governolo), para oponerse a un ejército de desaforados como el del duque de Borbón, que había pasado de servir al rey de Francia, Francisco I, a secundar a su más acérrimo adversario, el emperador Carlos V, unidos a ciertas soldadescas españolas que —indiferentes a su fe católi-

Sebastiano del Piombo: Retrato de Clemente VII, *hacia 1526*
(Nápoles, Galería Nacional de Capodimonte).

La muerte del Condestable de Borbón *en un grabado de Hieronymus Cock, de un dibujo de Marten van Meemskerck, 1556 (Londres, British Museum).*

ca— confiaban más en la recompensa que obtendrían de la Roma saqueada que de la que habrían podido recibir, una vez desaparecidos del mundo, de aquel Dios al que el pontífice representaba sobre la tierra. Y ofender a Roma era también ofender a Dios. Al menos eso era lo que habían intentado enseñarles sus familias. Pero ya se sabe que no siempre la enseñanza de los padres prende en el ánimo de los hijos.

Lansquenetes y españoles pronto tuvieron a Roma en sus manos. Sólo encontraron resistencia en aquellos palacios cuyos propietarios habían dejado, antes de huir, algunos hombres armados para que defendieran sus bienes. Alguno de ellos, al enterarse de que había muerto el temible primer comandante de los lansquenetes —aquel Georg von Frundsberg, animado por un empedernido odio religioso—, confiaba en que el nuevo general, el Borbón, francés y no luterano, mostraría mayor indulgencia; que Roma, sí, caería, pero que las consecuencias no serían tan trágicas como efectivamente fueron. Pero el ejército de Carlos V se hallaba en un estado de anarquía. Ni el Borbón ni el comandante de la caballería, el príncipe de Ora, gozaban de la autoridad necesaria para hacerse obedecer por aquella soldadesca incontrolada.

Cellini deja su taller en Via dei Banchi y decide convertirse de nuevo (tal como había ocurrido cuando los Colonna intentaron una acción de revuelta contra el Médicis Clemente VII) en un hombre de armas. Y en esta tarea sirve —bien remunerado, podemos estar seguros— a Alessandro Del Bene, uno de los más ricos mercaderes romanos, quien creando una milicia propia intenta preservar sus bienes de la furia de los atacantes. Ya ha tenido éxito antes, en aquel ataque de los Colonna, que sabían que estaba de parte del papa, y confía en tener suerte también en esta ocasión. Pero no ha valorado bien la situación. Ahora no se trata de una familia que se enfrenta a otra, de un linaje que se opone a otro; esta vez es el ejército del emperador Carlos V que ataca Roma. Un Carlos V que, desde luego, no quiere perdonar a Clemente VII el haber establecido una alianza con Francia. Del Bene es el cerebro de aquel puñado de hombres que se alza en armas, pero debe de haber confiado mucho en Cellini, que ya le ha dado pruebas —con ocasión del episodio con los Colonna— de que sabe actuar, de que es valeroso y a la vez prudente en sus movimientos. Los hombres a sueldo de Del Bene son unos cincuenta, el ejército del Borbón está fuera de las murallas y llegan noticias de que quien las defiende está a punto de ceder cuando Benvenuto, junto a los demás milicianos —y con ellos también Del Bene—, piensa en hacer un reconocimiento.

Es aquí donde debió de acaecer un hecho del que Cellini se mostraría orgulloso. Mientras están explorando la zona de las murallas, por el lado del Camposanto dei Tedeschi —llueve, y sobre la campiña se ha levantado una neblina que apenas permite entrever las formas de las cosas—, Cellini y sus compañeros perciben algunas siluetas; parecen soldados, y en efecto lo son, de aquellos que están atacando Roma. Las dos partes abren fuego; también Benvenuto dispara, para percatarse de inmediato de que precisamente él ha matado nada menos que al jefe del ejército asaltante: Carlos de Borbón. Ha disparado apuntando hacia la puerta del Torreón, está convencido de que es él quien ha dado en la diana más ambiciosa. Alguno de sus compañeros de aventura de aquel día le cuestiona el hecho, atribuyéndose la gloria, pero se trata de una apuesta alta, y es lógico que haya competidores. Lo cierto es que la confusión era enorme y que los pocos defensores de Roma y de sus murallas estaban en desbandada. Apuntábamos que Cellini «se percata» de que fue él quien disparó el tiro que acabó con el francés, pero esto no se desprende de su autobiografía. Es más, en ella es cauto y se limita a referir el hecho: Benvenuto tiene dos compañeros al lado «a los que les enseñé —escribe— cómo hacer para no recibir un arcabuzazo de los de fuera. Así lo hicimos dos veces cada uno (disparar y luego resguardarse del tiro de respuesta), me asomé por los muros con precaución y vi en-

Benvenuto Cellini en Castel Sant'Angelo, *en una pintura conservada en el Palacio Real de Capodimonte.*

tre ellos un tumulto extraordinario, porque uno de aquellos disparos había matado al Borbón». Cellini, por lo tanto, no quiere atribuirse oficialmente el mérito, pero más tarde, cuando hable de ello con otros, dirá que está convencido de que el disparo fatal fue el suyo. De su arcabuz habría partido la bala que castigó al Borbón de la traición a su rey y a la cristiandad. Esto puede haber favorecido la fama de Cellini cuando fue a Francia, al París del rey Francisco I, precisamente el monarca traicionado por el Borbón.

Cualquiera que fuese quien hirió al Borbón, puede afirmarse que el general que dirigía las tropas de Carlos V era algo imprudente, si es verdad que llevaba un traje blanco sobre la cota de malla y que se le distinguía perfectamente entre los demás asaltantes. En cuanto al hecho de que portase una escalera para ser el primero en escalar los muros, nos parece producto de quién sabe qué fantasía. Es difícil pensar en un comandante, en especial un Borbón, realizando labores de soldado raso.

Era la mañana del 6 de mayo: el cuerpo del Borbón, recogido por sus hombres, recibía sepultura en la iglesia de San Giacomo degli Spagnoli.

Entretanto las cosas se precipitan rápidamente. Benvenuto constata que ya no hay salvación: «Retirémonos a casa lo antes posible», le comenta a Alessandro Del Bene, quien lo había contratado para defender sus bienes. «¡Ojalá no hubiéramos venido!», le responde aquél. Pero es tarde para lamentaciones y volver a casa es una locura. No queda otra salida —por ahora— que refugiarse en la fortaleza de Castel Sant'Angelo. Son muchos los que han tenido la misma idea y se agolpan frente a la única puerta todavía abierta del castillo. Cellini y alguno de su grupo serán de los últimos en entrar. La puerta de hierro se cierra y de pronto todos están en esa trampa para ratones, rodeados por las soldadescas de Carlos V, que llegan después de haber llevado a cabo, una vez tomada la ciudad, los primeros saqueos. Ha dado comienzo el horror que durante días se prolongará sin tregua. El papa ha nombrado jefe de las artillerías del castillo a Antonio Santa Croce, pero los cañones —a causa de la densa neblina— no saben adónde ni a quién disparar. A Cellini le confían el cuidado de las cinco piezas que están en la parte más alta del castillo, la llamada «dell'Agnolo» —como refiere Benvenuto—, seguramente porque allí se erige una estatua que representa a un ángel, obra de Raffaello da Montelupo. Una estatua que no soportó, expuesta como estaba a la intemperie, el paso de las estaciones y que en el *Ottocento* (siglo XIX) fue rehecha en bronce.

Benvenuto artillero. He aquí a nuestro hombre experimentando las virtudes militares. Una tarea que durará todo un mes: del 6 de mayo al 5 de junio, cuando el castillo se rinde. Un ejercicio capaz de agotar incluso a quien estuviese sobrado de fuerzas y que debió de fatigar a Benvenuto, que en aquellos días quizá tuvo que lamentar no haber seguido el consejo de su padre de permanecer en Florencia haciendo de orfebre y tocando el caramillo en los ratos libres. Ahora Castel Sant'Angelo se ha convertido en su taller. Un obrador de muerte. Él mismo —nos lo cuenta en un episodio de su *Vita*— corre el riesgo de desaparecer del mundo: «... Micer Antonio Santa Croce me había hecho descender del Agnolo, para que disparase a unas casas cercanas al castillo donde se había visto entrar a algunos enemigos; mientras lo hacía, un disparo de artillería alcanzó una almena, que cerca estuvo de acabar conmigo, pues parte de ella se desplomó sobre mi pecho, haciéndome mucho daño y dejándome postrado en el suelo como un muerto...» Y muerto lo creen también los demás artilleros, y el mismo Santa Croce, que se lamenta de haber perdido a «su mejor artillero». Pero entra en escena el salvador, que se llama Gianfrancesco —también intérprete de pífano (¡Cellini ya no podrá decir que no lo protegía la musa de la música!)—, el cual enciende una fogata, calienta una teja, la cubre de ajenjo y la pone sobre el pecho de Benvenuto, justo donde se veía, por el color parduzco del hematoma, que había recibido el golpe. Y de este modo Benvenuto vuelve «a vivir» y hubiera querido incluso gritar de alegría, pero no puede hacerlo aún «porque algunos necios soldadillos me habían llenado la boca de tierra, pareciéndoles que así me daban la comunión...». En plena forma, tras escupir la tierra, Benvenuto ocupa de nuevo su puesto tras el cañón. Un incidente que no resta entusiasmo al orfebre artillero y consuela a su comandante, Santa Croce.

Pero no basta un Cellini, por mejor artillero que sea, para cambiar el curso de los acontecimientos. Clemente VII sabe que la rendición está próxima: ha intentado un acuerdo con los imperiales pocos días después de que Castel Sant'Angelo lo haya acogido como última defensa. Se le ha negado cualquier pacto y se le ha exigido una rendición completa e incondicional. Por el momento la ha rechazado. Mientras tanto, Cellini ha conocido al comandante Orazio Baglioni, perusino, que hasta hace pocos días ocupaba una de las celdas del castillo y a quien habían liberado para que defendiese la fortaleza. Baglione ve a este joven florentino que parece no darse tregua, hasta tal punto se muestra incansable con su cañón, y confía en su futuro como soldado.

Piensa —y lo hará— en proponerle que se aliste con él, si consiguen so-brevivir a esta tormenta. Entretanto lo cubre de alabanzas, aún mayores cuando se piensa que precisamente pudo haber sido uno de los disparos del cañón de Benvenuto el que hirió al príncipe de Orange. Esto situa-ría a Cellini en la piel de un superhéroe: primero había dejado fuera de combate al Borbón y luego al de Orange. ¡Un orfebre que decapita, solo, al ejército del emperador Carlos V! Aunque el hecho de que tam-bién se haya herido al de Orange no debe haber entusiasmado a muchos cardenales de la corte papal. Piensan, y quizá con razón, que ahora los asaltantes serán aún más crueles y estarán todavía menos abiertos a cualquier negociación. Pero Benvenuto se muestra satisfecho. El papel de artillero, según parece, se aviene con él.

CAPÍTULO SIETE

¡Salvemos al menos el oro!

También en los días en que Clemente VII está viviendo horas de tragedia, asediado en Castel Sant'Angelo, tiene lugar otro episodio con resabios de comedia. Cellini es el protagonista. La situación iba de mal en peor y Clemente VII piensa que un pontífice, aunque atento a las cosas del cielo, no puede descuidar ciertos detalles que afectan a los asuntos terrenales. Y, por otra parte, su tesoro privado es también uno de los instrumentos que, en el futuro, podrán servirle para afrontar las horas difíciles que, con seguridad, le aguardan. Llama, pues, en secreto a sus estancias a Benvenuto y le muestra reunidas todas las joyas de su propiedad.

Cellini comprende, como buen entendido que es, su altísimo valor y aconseja al papa la manera más segura —no por completo, pero sí la que ofrece mayores garantías de éxito— para tratar de ocultar a los enemigos todas aquellas alhajas. Y es así que delante de Clemente VII (¡es de suponer que el pontífice recordaría que fiarse es bueno, pero no fiarse es mejor!) desengasta las piedras preciosas del oro en que están incustradas y, tras guardarlas en una serie de bolsitas de ligerísimo papel, aconseja al pontífice que se las haga coser entre la tela y el forro —ambos de buen grosor— de la capa que suele llevar encima. ¡A partir de entonces Clemente VII es una verdadera caja fuerte! En cuanto al oro que se ha obtenido una vez desmontadas las joyas, es preciso fundirlo, y Benvenuto improvisa un pequeño horno empleando unos ladrillos que le han conseguido. De la fundición se obtienen unas doscientas libras de oro, que se reparte en pequeños lingotes. Acerca de cómo esconderlos también debió de pedirse opinión a Cellini, pero no se conoce su consejo. Es probable que Clemente VII tuviera algún escondite secre-

V. Faini: Vista de Castel Sant'Angelo.

to en Castel Sant'Angelo, pero ésta es sólo una conjetura nuestra. Cellini, de vuelta en las escarpas con su artillería, está vigilando los movimientos de los enemigos y no toma parte —como en cambio le había sucedido con las piedras preciosas— en la operación de esconder los lingotes.

Pero el asedio acaba. Y de la peor manera que Clemente VII hubiera podido imaginar. Desde el 5 de junio de 1527 hasta principios de diciembre del mismo año, durante seis largos meses, el papa mediceo es mantenido prisionero por las fuerzas de Carlos V. Y aquel diciembre de 1527 no puede decirse que le trajese una feliz Navidad, porque se vio obligado —quizá para evitar un peligro aún mayor— a disfrazarse para escapar de Castel Sant'Angelo, buscando refugio primero en Bracciano, luego en Orvieto y más tarde en Viterbo. El acuerdo, mejor dicho la reconciliación con Carlos V —que se produciría poco después—, le devolvería la tranquilidad por lo que a su permanencia en el trono se refiere.

Se calmó él, pero no los florentinos que en los días de mayo de 1527, después del anuncio del saqueo de Roma, habían echado de la ciudad a los Médicis, desvalijando incluso su palacio de Via Larga. Expulsados con anterioridad en 1443 y en 1494, era pues la tercera vez que la gente de Cosme el Viejo comprendía que había que fiarse poco del aplauso de sus conciudadanos. Ahora, elegido gonfaloniero Niccolò Capponi, toda Florencia parece haber cambiado de repente de rostro: todos gritan que los Médicis fueron, y son, la mayor ruina para la ciudad y que en adelante no se les permitirá regresar. No recuerdan que otras veces, en el pasado, habían hecho esa misma afirmación y que los Médicis habían regresado, incluso recibiendo el aplauso de esa misma multitud que tan duramente los había atacado.

Benvenuto, tras partir de Roma —debe creerse en la piel de un heroico defensor de la ciudad y también en la de alguien que ahora merece el grado de «capitán» que durante el asedio de Castel Sant'Angelo le habían atribuido—, regresa a Florencia, donde seguramente no alardeará mucho de estos méritos, dado que sospecha que no pasará demasiado tiempo antes de que Carlos V haga las paces con el papa y éste le pida, ante todo, que restituya a los Médicis en Florencia, lo cual ocurrirá puntualmente.

Benvenuto acaba de llegar de Perugia, donde ha saludado a Orazio Baglioni y a los compañeros con los que ha combatido en las escarpas de Castel Sant'Angelo. La Florencia republicana que lo acoge vive, sin embargo, días funestos. Es como si la buena suerte se hubiera exiliado de la ciudad junto con los Médicis, algo que más de un filomediceo habrá pensado o repetido en secreto. Desde el momento de su partida todo se ha torcido. El peor de los males, la peste, está causando centenares de víctimas cada día.

CAPÍTULO OCHO

De Florencia a Mantua
y de nuevo a Roma

Cada lugar que pisa parece quemarle los pies, como si se tratara de un infierno personal. Tan inquieto como las almas que pueblan el Infierno de la *Comedia* de Dante, su conciudadano, Benvenuto se mueve por la Florencia a la que acaba de llegar como un animal que no encuentra reposo. Se siente enjaulado. El padre, pobre hombre, lo mima. Quería hacer de él un músico y lo ve convertido en un orfebre famoso. No entiende qué quiere su hijo, piensa que no tiene sentido que esté descontento: lo que ha obtenido le parece un don de Dios. ¡Que se conforme! Pero hablar con él es igual que hacerlo con una pared. Benvenuto le cuenta de cortes, de soberanos, de pontífices, de palacios, de damas, y el viejo no sabe de estas cosas, sino de aquello que hasta ahora le ha otorgado su oficio, una mezcla de notas y de ladrillos. Sabe que Orazio Baglioni ha confiado a su hijo un grado, el de capitán; el mismo Baglioni que había dirigido —el fracaso no era culpa suya— la defensa de Roma en los días del asedio, pero se había olvidado de que Cellini era un artista, que hacer de «caudillo» no entraba en sus planes y que, si bien la fascinación de mandar un destacamento de las famosas Bandas Negras podía atraer un ánimo como el de Benvenuto, luego habrían prevalecido otros intereses.

Y así fue. Florencia era una ciudad «prohibida»: la peste estaba segando muchas vidas. Benvenuto había vuelto para tratar de saldar de alguna manera las deudas que tenía con la justicia de su ciudad, pero el miedo a caer enfermo fue más grande que cualquier otra preocupación y decidió marcharse a Mantua. Allí había trabajo: un comitente como Gonzaga hace ilusión a cualquier artista, y Benvenuto juega sus cartas. De todos modos, antes de partir de Florencia —como escribe en su

Vita— ha encontrado la manera de hacerse «condonar» la antigua pena: ha bastado con pagar una fuerte suma y asunto arreglado. Y en aquel momento Cellini debía de estar bien provisto de dinero: el que había entrado en su faltriquera gracias al oro sustraído al fundir el tesoro pontificio que le había confiado Clemente VII; además de otras fuentes, muy misteriosas, de las cuales poco sabemos. En Florencia, para justificar esta riqueza ante las malas lenguas, explica que es un dinero que ha recibido por haber aceptado su famoso grado de capitán de ventura. Pero son muchos los que entienden que semejante cargo no puede haberlo beneficiado tanto económicamente.

Mantua, la Mantua de los Gonzaga, era una tierra donde un artista podía cosechar fama y dinero. Cellini tuvo la fortuna de que entre sus primeros encuentros estuviera Giulio Romano. Y si, cuando lo había conocido en Roma, el artista era un hombre poderoso, colmado de honores y de atención por parte de sus comitentes, en Mantua su suerte había mejorado aún más. Los Gonzaga lo consideraban una de sus más preciosas posesiones. Él intentaba por todos los medios extraer el mayor provecho posible de esta elección. Había trabajado en Roma en el círculo que se había formado en torno al gran Rafael, es más, quizás había sido el que en mayor medida se había distinguido del grupo. Federico Gonzaga lo había llamado a Mantua, convencido de confiarle, como sucedió, obras no sólo de pintura, sino también de arquitectura. Y Giulio Romano había satisfecho plenamente a su comitente: el palacio del Té (nombre que deriva de la palabra *teijaio*: «lugar de cabañas») todavía es su obra maestra. Isabella Boschetti domina los sentidos de Federico y el palacio del Té se erige en honor a este poder de la sensualidad. Giulio Romano puede dar rienda suelta con total libertad, en los grandes frescos de las salas del palacio, a su exuberancia de artista al que le agrada pintar desnudos. En Roma no le habría sido posible; la Roma del momento era tan corrupta como Mantua, o quizá más, pero una cortina de espesos velos debía mantener escondidas estas pasiones que no se adecuaban a la sede del reino de Dios en la tierra.

Es más, Giulio Romano ya sabía que esta frontera existía, que no podían traspasarse ciertos límites: le habían reprochado algunos dibujos osadísimos, hechos para acompañar los versos de Aretino, y el pintor había comprendido que el aire de la ciudad de los papas podía ser poco respirable para él. Acabar en una prisión era algo que no le habría gustado y, así, renuncia a una Roma a la que ama y parte hacia una Mantua tan beneficiosa como aún no podía imaginar. Cellini señaló la partida

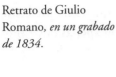

Retrato de Giulio
Romano, *en un grabado
de 1834.*

de Giulio Romano de Roma en una nota de su autobiografía, en la que
sencillamente nos pone sobre aviso: «Giulio Romano, pintor, se fue a
servir al marqués de Mantua.» Nada más. Hemos tenido que conocer el
porqué por otras fuentes. Quizá fuese mejor así también para Benvenuto: tal concisión, quiero decir. Una palabra de más habría podido enfu-
recer al papa, quien a su vez le habría hecho la vida imposible en Roma,
sobre todo porque tenía presente el ejemplo de lo que le había sucedido
al impresor de los dibujos de Giulio Romano, que había sido arrestado
por los guardias del pontífice y encarcelado. Marc'Antonio Raimondi:
así se llamaba el grabador. Ni siquiera ese nombre, que poseía toda la
gloria de la antigua Roma, había bastado para salvarlo. Así pues, Giulio
Romano había hecho bien: escapar de Roma y a toda prisa.

La Mantua que acoge a Cellini es la de Federico Gonzaga. Un *vi-
veur*, así lo habrían definido algunos novelistas en boga en el *Ottocento*,
un «disoluto»: éste era el distintivo que le endilgaban muchos de sus
coetáneos. Gonzaga, a decir verdad, no es peor ni mejor que tantos señores italianos de entonces. Se da una buena vida, le gusta el lujo y tiene una corte que parece no la del soberano de un pequeño estado, sino
la de alguien que gobierna un imperio. Ha nacido en 1500 (tiene la

misma edad de Benvenuto) y ha tenido una madre que lo ha preferido por encima del resto de miembros de la familia. Con apenas once años se entretiene con las criadas de su madre; lo envían a Roma a la corte del papa y entra en la escuela del cardenal Bibbiena, que «completa» aquella educación que en Mantua había recibido profusamente. La madre le hace seguir, a través de sus cartas, los acontecimientos mantuanos. Julio II, el pontífice, mantiene excelentes relaciones con los Gonzaga. Federico ha descubierto que ser hijo de Isabel de Este —una verdadera diva, admirada en toda Italia— tiene sus ventajas. Los salones romanos están abiertos para él, apenas un joven. Conoce a todas las prostitutas de lujo que crecen allí como flores de invernadero, y de ellas hablará más tarde cuando —ahora se encuentra en Lyon y ha cumplido dieciséis años— ruega a su madre que le envíe algunos frasquitos de esos milagrosos perfumes que ella hace destilar de rarísimas flores. Fragancias que invitan, que propician el amor. Son los pequeños regalos que el jovencito hace a sus amantes francesas. Que no deben de haber sido pocas, si se tiene en cuenta que en una carta de marzo de 1516 le pide «una buena cantidad» de presentes, destinados «a estas damiselas».

Pero ahora tiene casi treinta años y gobierna un estado. Se permite algunas favoritas. Una, la Boschetti, es su predilecta. Quiere que su Mantua sea una ciudad donde reine el arte y el buen gusto. Cuando en 1524 llega Giulio Romano, hace cuatro años que Federico ostenta el poder: su padre, Francesco, había fallecido en 1519. Dos años después de la llegada del pintor hará su entrada en Mantua otro protagonista: Aretino. Se forma un grupito de lo más atrevido y despreocupado. Desde Roma llegan quejas y Federico promete que tomará medidas contra este Aretino, que ha ofendido la moral y abierto el camino del vicio en la corte romana, pero luego no hace nada. Es más, cada día crece su amistad con el escritor: parece gustar de sus salidas osadas, de su lengua punzante, de su maledicencia. Cuando en 1527 Aretino deje Mantua para trasladarse a Venecia seguramente habrá recibido de Federico Gonzaga una muy respetable bolsa «de despedida», dinero que le servirá para montar casa en la laguna y prepararse para el nuevo encuentro y enfrentamiento con los venecianos, que, según parece, debe de haberle resultado favorable, si se piensa que Aretino permanecerá en Venecia durante treinta años.

El palacio del Té a buen seguro fascina a Cellini. Para él es el ejemplo de cómo se puede expresar libremente hasta la más secreta pasión ilustrándola abiertamente, sin falsos pudores, sin temor a sentirse reprendi-

Mantua: Entrada del palacio del Té (Té: de «teijaio»:
lugar de cabañas).

Mantua: El gran atrio del palacio del Té, en un grabado del siglo XIX.

do por la osadía. Los sátiros, las muchachas desnudas, las divinidades en busca de amor, los desenfrenos de Baco, la pareja de Psique y Cupido enamorados, toda aquella exaltación de flores y de frutas, de ninfas también desnudas y de un paisaje que convida a la alegría, mientras la descripción de los interiores invita a dulces bacanales: este relato pictórico de Giulio Romano no puede sino avenirse con alguien como Benvenuto. La corte de Gonzaga a buen seguro le agradó. Se había ofrecido a trabajar en el taller de un orfebre de Mantua y bien sabía que también aquí hallaría dificultades. Cuando llega un nuevo artista a la plaza, los que ya viven en ella ofrecen resistencia: Benvenuto es consciente de que tendrá una vida difícil, pero confía en la ayuda de Giulio Romano, que ya se ha ganado a Federico Gonzaga. Aquél lo ayuda de verdad, pues el marqués le encarga un relicario, obra iniciada pero nunca concluida. Entretanto desde Roma el cardenal Hércules Gonzaga, hermano del duque de Mantua, le pide un sello. Recientemente ha sido nombrado cardenal —en 1527— y necesita el sello para su nueva función de eclesiástico de rango. Lo realiza Cellini: diseña a los doce apóstoles en torno a la Virgen. El sello debía de ser de plata y, sin duda, también una de las mejores obras de Cellini, por lo que a sellos se refiere. Lástima que no se haya encontrado. Debemos conformarnos con la información.

En cuanto a Mantua, aunque la encuentra acogedora y recibe en ella un buen trato, la abandona a los pocos meses de su llegada. Benvenuto no encuentra sosiego, es un espíritu que no echa raíces, como una planta marina siempre en busca de nuevos fondos a los que ir a vivir.

En Florencia, donde se detiene en su viaje a Roma, averigua que su padre y otros parientes han muerto. La peste ha exterminado a la familia de Benvenuto; sólo le quedan su hermano Cecchino y su hermana Liperata. Roma vuelve a acogerlo, dispuesto otra vez a asombrarnos con nuevas aventuras.

CAPÍTULO NUEVE

En Roma, poco antes del asedio de Florencia

Florencia seguramente pensó que uno de sus hijos la había traicionado. Que Cellini hubiera vuelto a Roma, precisamente mientras estaba a punto de descargarse la ira de Clemente VII, que quería devolver al poder a su familia, los Médicis, debe de haber parecido una traición. Entretanto, Miguel Ángel, que en cambio se siente totalmente florentino, ha decidido ayudar a Florencia y está trabajando para defenderla de la soldadesca alemana. Son muchos los que saben que se trata de una esperanza insensata, que la fuerza del ejército imperial prevalecerá sobre aquella defensa que Florencia debe improvisar, que el hambre y las enfermedades obligarán a los florentinos a rendirse. Pero aun así se ha decidido combatir. Hasta el final. Es el orgullo de una ciudad que bebe de su pasado, no sólo para resucitar antiguos propósitos republicanos, sino para demostrar que no acepta atropellos, que por lo menos dentro de los límites de sus propias fuerzas hará lo que sea para rechazarlos. Cellini ha defendido Roma en el momento del saqueo, luchando en Castel Sant'Angelo; lo ha hecho mereciéndose incluso las alabanzas de Clemente VII, pero ahora no se siente obligado a hacer lo mismo por Florencia, que es su ciudad. Lo cual nos deja perplejos.

¿Por miedo a que la batalla esté perdida de antemano? ¡Pero también la de Roma, asediada por las fuerzas luteranas, era una partida sin salvación! Sin embargo, Benvenuto se quedó, luchó, quiso demostrar que estaba de parte de aquella Roma a la que defender, del lado de aquel pontífice que hasta ese momento lo había protegido. Y quizás aquí radique la respuesta al porqué de la decisión de Cellini de marcharse de Florencia poco antes del asedio. Se siente ofendido porque no lo han entendido. ¡No recuerda que nadie es profeta en su tierra! De otro modo quizás hubiese encontrado la manera de perdonar a sus conciudadanos. Y nos habría gustado: un Cellini que, tras dejar el cincel, se viste nuevamente de soldado y combate en las murallas florentinas, las mismas que Miguel Ángel había contribuido a reforzar.

En los días que pasó en Florencia Cellini trabajó de nuevo, en su taller de la zona del Mercato Nuovo, en obras que estaban destinadas al comercio de los orfebres de Florencia, piezas de las que se pierde el rastro, pero que debieron de ser poco importantes, apenas trabajos rutinarios de alguien llamado a convertirse una de las más célebres personalidades de la historia del arte. Aunque sí realiza una medalla que pertenece al género de sus maravillas: representa a Hércules sorprendido en el esfuerzo de abrir las fauces de un león. Se trata de una de las pequeñas obras maestras a las cuales Benvenuto nos ha acostumbrado. Miguel Ángel, que se encuentra en Florencia, declara su admiración por ella. Y quizá por eso, poco después, le asegura a Federico Ginori, un joven noble florentino que quiere obsequiar a la muchacha amada una medalla y le ha pedido que esboce el tema, que nadie mejor que Cellini podría servirlo. Ginori sigue su consejo y de las manos de Cellini surge una joya de gran calidad: un medallón donde está representado Atlas que sostiene el mundo sobre sus hombros. Inmenso, pues, debía de ser el poder del amor del joven florentino Ginori por su amada, que al parecer era una muchacha de la nobleza de Nápoles. Sobre los hombros de Atlas, para hacerlo aún más «precioso», Cellini representa al mundo con una elegante esfera de puro cristal, atravesada por un zodíaco de lapislázuli. Y la hermosa napolitana —¡estamos seguros de que alguien que merecía un obsequio tan precioso debía ser hermosa!— recibió su Cellini. No queda rastro de la obra maestra. Una historia de infinitos hechizos se ha perdido esta vez como las hojas proféticas de la Sibila, en el viento de las estaciones que nada perdona.

En esos meses Cellini parece haber recuperado su fisonomía casera; en resumen, se ha hecho de nuevo florentino, se ha enamorado otra vez de su ciudad. Pero para complicar las cosas la situación política es alarmante. Los Médicis —y Cellini, que les ha tenido y tiene como comitentes, y no oculta que ellos gozan de su favor— viven días peligrosos. Clarisa Strozzi, una Médicis, casada con el banquero Felipe Strozzi, ha intentado disuadirlos, en una reunión en el palacio que los Médicis poseen en Via Larga, de aceptar que la situación se precipite, sin que ellos traten de oponerse a cuanto se está tramando en su contra, pero no ha obtenido nada. Y será ella misma quien les aconseje que dejen Florencia.

Giorgio Vasari: Retrato de Clemente VII y Carlos V *(Florencia, Palacio Viejo, Sala de Clemente VII).*

El saqueo de Roma ha puesto en situación de crisis al Médicis Clemente VII, y el papa está arrastrando en su caída a los Médicis establecidos en Florencia. Es una desbandada general, se abandona el palacio de Via Larga a la furia de la gente, se saquean obras maestras de todo tipo, desaparecen aquellas piezas, firmadas por artistas famosos, que habían despertado la admiración de tantos señores italianos de paso por Florencia. Hipólito y Alejandro, los dos bastardos de la casa Médicis, llegan a Roma. En la ciudad permanece —pero deberá sufrir las consecuencias de ello— la jovencísima Catalina, a quien harán prisionera: un rehén al que hacer valer en el momento de una derrota (y son pocos los florentinos que no comprendan que la suya es una batalla perdida) como mercancía de intercambio. Cellini ha seguido los acontecimientos con relativo distanciamiento. Son de todos conocidas sus buenas relaciones con Clemente VII, pero en estos días no parece que haya expresado su deseo de marcharse de Florencia. La decisión debe de haberla tomado con tal rapidez que sus amigos florentinos, aquellos que confiaban en que estuviera de su parte, se quedaron con mil interrogantes sobre el porqué de su actitud. La respuesta, la única posible, es que desde Roma le llegasen mensajes, que tenían más de invitación que de orden. Que recuerde que un papa es siempre un papa, que los días del saqueo de Roma están lejos, que Clemente VII y los Médicis, que se han trasladado a Roma después de la huida de Florencia, volverán a su ciudad, lo saben, pues los ha tranquilizado el monarca más poderoso de Europa, el emperador Carlos V, quien también está asegurándose la benevolencia de los católicos. En efecto, todos saben que el saqueo de Roma ha sido obra suya, que las hordas de lansquenetes han representado su venganza política contra un papa que había cometido la simpleza de preferir la alianza con Francia a aquélla con el Imperio, y Carlos V sabe también que así ha corrido un riesgo en el mosaico de su vasto reino, donde los católicos tienen una enorme representación, que es necesario hacer olvidar la ofensa causada a Roma, capital del catolicismo. Por eso está dispuesto ahora, tras haber dado un susto de muerte y ofendido a Clemente VII, el papa Médicis, a garantizarle el regreso a Florencia. A él y a toda su familia.

Benvenuto «deserta», pues, de Florencia. Es como un soldado que abandona el puesto de combate, pero debe haber sufrido presiones por parte de los Médicis en el exilio, en el sentido de que más no se podía hacer. Presiones, recomendaciones, también por parte de amigos romanos que le señalaban lo que podía ocurrirle de haber insistido en permanecer en Florencia. Una vida infernal a causa del asedio y el riesgo —es más, la seguridad— de ser tachado de enemigo personal de la casa de los Médicis, lo cual equivalía a dos excomuniones: la de un papa y la de sus posibles ricos comitentes. Benvenuto elige el camino de la oportunidad, pero no le culpemos, ya que el traje de héroe es difícil de llenar y, en este caso, se dejó guiar por la prudencia. Y no es poco para un personaje como él, que raras veces en la vida demuestra haber encontrado semejante virtud.

Benvenuto regresa a Roma en la Pascua de 1529. No es que el dato suscitase en él ideas de un religioso sosiego espiritual, una diligente reflexión que ahora, con casi treinta años, debería haber tratado de calmar sus pensamientos y hacer de él un buen cristiano. Es posible que aquel clima pascual le haya sugerido una idea. Si verdaderamente la Pascua era la fiesta del perdón, ¿qué mejor ocasión para confesar al papa Clemente VII el robo de oro que había cometido cuando —en tiempos del saqueo de Roma— había recibido el encargo de fundir el pequeño tesoro que era propiedad de la Iglesia? Seguramente estaba convencido de que no habría un momento más adecuado. Clemente debía de serlo ahora de nombre y de hecho: él le había obedecido, había vuelto a Roma tras su invitación y había dejado en Florencia una fama de traidor por seguir las recomendaciones del papa, mostrándose así abierta-

*Clarisa Strozzi insta a los Médicis a abandonar el palacio de Via Larga en Florencia
(dibujo tomado de la* Galería Histórica de Italia, *Florencia, 1846).*

mente a favor de la causa de los Médicis en el exilio. Clemente, obligado a ser «clemente», debía concederle el perdón.

Y así ocurrió. El papa acoge la confesión, hecha en la primera audiencia concedida a su «hijo» Benvenuto, con benevolencia y absuelve
al pecador. Al menos por el momento éste no corre el riesgo de terminar
entre rejas. Ha querido hacer entender al papa que entonces no se había
atrevido a pedir una recompensa por su fatiga de fundir el oro y que
había provisto retirar —de forma absolutamente «personal»— el salario
que le habría correspondido. En resumen, así se habría cobrado la cuenta que no había presentado al Santo Padre, que se declaró convencido.
Benvenuto cometió un pecado, pero venial, de los que un buen pastor
debe perdonar. Y Clemente VII quiere, y debe, hacer el papel de un
buen pastor, ante este florentino que, con un semblante que entremez-
cla los gestos conmovidos con la seguridad que se deriva precisamente
de su misma osadía, viene a contarle que le había robado oro, y que, en
aquel particular momento, le había venido muy bien.

Ambos juegan con el equívoco. Quizás interpreten un papel que
han encontrado en el guión de los nuevos tiempos: Clemente VII, re-
confortado por la benevolencia del emperador Carlos V, ha recuperado
el dinero que necesita para devolver el lustre a su imagen de pontífice y
a su familia; Benvenuto, en el papel de obsecuente florentino que quiere recordar al poderoso que ahora sigue su suerte, que está ligado a su
destino. El papa no le pregunta por la cantidad de oro substraída, y él se
guarda muy mucho de revelarla. Se limita a explicar que ha cogido una
suma equivalente a ciento cuarenta ducados, negociando la venta en
Perugia, mientras iba hacia Florencia, tras partir de Roma junto con
Baglioni, quien lo había distinguido con el grado militar ya referido.

Cellini ya puede dormir en paz. Con Dios y con los hombres: en
nombre de Dios y de los hombres, con aquel que está destinado por
grado a representar la conexión entre el Único y los demás. El papa
—visto que ahora tenía buena disposición— debe de haberlo absuelto
de todo posible pecado cometido. Era evidente que el de robar a la Iglesia era el peor, pero ¡absuelto de ése, el resto carecía de importancia!

Obtenida una recompensa, que podía servir para garantizarle la benevolencia del Cielo, Benvenuto piensa que no estaría mal que el pontífice le proporcionara una que concerniese exclusivamente a sus cuentas
terrenales. De ésas que tienen como fruto el dinero. Y es contentado.
Clemente VII le encarga una insignia para poner sobre su capa pluvial:
un broche plano de unos quince centímetros, donde el artista debía re-

El cardenal Hipólito de Médicis *(dibujo de Wicar de una pintura de Tiziano, grabado de Audouin)*.

presentar la imagen de un Dios que tuviera el aspecto de un padre (tal como Clemente VII se había mostrado con él, salvado varias veces de situaciones que permitían albergar pocas esperanzas), un Dios Padre, pero que conservara toda su grandeza en la austeridad de la figura, y además sentado en un trono —tal como había pensado el papa— al que simbolizase uno de los más hermosos diamantes del mundo. Se trataba de aquel que había servido a Julio II, pontífice, para su broche. Entregado luego como prenda por León X —otro papa Médicis— en 1513, cuando se había percatado de que ni siquiera los impuestos pagados por los florentinos, a los que quería exultantes por la elección para el trono pontificio de uno de ellos, podían bastar para cubrir sus elevados gastos, pues, además de ser papa, era también un refinadísimo esteta siempre en busca de la belleza. ¡Y la belleza cuesta! Ahora el diamante estaba de nuevo en su lugar y Cellini pudo hacer el trono divino de un Padre Divino. Tampoco de este trabajo de Cellini se conserva el original. A comienzos del *Settecento* (siglo XVIII) se realizó un dibujo de él. Luego el diamante desapareció, en el momento en que Napoleón engullía cualquier riqueza que pudiera encontrar en su campaña militar en Italia, ¡que nunca sería más afortunada!

Pero a Cellini no le resultó fácil llevar a cabo el trabajo que le había encargado el papa. En Roma se renegaba por su regreso. Desde el taller donde había ido a trabajar —el de un florentino, Raffaele del Moro— el rumor de que Clemente le había encargado semejante tarea había corrido entre los competidores. Y hubo competencia para hacer llegar a oídos del papa que no era justo confiar así en una sola persona, que en Roma había artistas más capaces que este Cellini, que después de marcharse sin saludar había vuelto dándose aires de ser el mejor. Al pontífice sólo le quedaba fingir que no oía esas quejas, o responder a ellas de algún modo, salvando a aquel Cellini al que consideraba verdaderamente el más hábil para la obra que tenía en mente. Se decidió por esta segunda solución e invitó a Benvenuto, junto con sus rivales en el arte de la orfebrería (capitaneados por un tal Michelotto, verdadero maestro en el arte de tallar piedras, pero que no destacaba en el dibujo), a presentar sus diseños. Delante de su corte pidió que cada uno de los pretendientes a la obra le enseñara el modelo en cera que había preparado. Él no tenía dudas, y ahora tampoco las tuvo su corte. Benvenuto logró la aprobación general, incluida una misa celebrada con gran pompa en su honor. El trabajo era suyo, siempre que garantizara realizarlo a la perfección, tal como aparecía en el modelo.

Que después Benvenuto afirmase, ante todos los dignatarios reunidos, que la obra superaría en belleza varias veces el modelo, también forma parte del carácter de nuestro artista. Ser bueno es una de sus virtudes; estar convencido de ello y proclamarlo sin ninguna modestia quizá sea un vicio, pero de aquellos que se perdonaban de buen grado cuando uno constataba que el resultado obtenido era equivalente al alarde que había hecho incluso antes de que la obra estuviese terminada.

¡Un triunfo! La insignia de la capa pluvial era perfecta. «*Gaudemus*», debió decir Clemente. Es una expresión grata a los pontífices. Y disfrutó también Cellini, que gracias a aquel éxito vio que se le confiaba un cargo muy disputado: el de superintendente de la Ceca en Roma. Para eso ha mostrado al papa algunos proyectos de monedas y una vez más lo ha convencido de que también ahora puede confiar en él. Obtiene el puesto. Es abril de 1529. Aquel al que un padre músico había soñado como intérprete de pífano en una orquesta para príncipes, está acuñando monedas para ellos. Y lo hace con un arte muy cercano al de la música. Cada moneda representa un sonido cuando se deja caer sobre una superficie. Las notas emitidas por las de Cellini resuenan con la melodía del arte más verdadero.

CAPÍTULO DIEZ

De nuevo historias de asesinatos

La vida de Benvenuto Cellini está repleta de ellas. La muerte por espada o por puñal aparece como un dato necesario al reseñar su azarosa existencia. Helo aquí, pues, otra vez en Roma implicado en una nueva historia de degollación. Ésta forma parte de una especie de entreacto, más adecuado a una tragedia que a una representación cortesana, o de la *commedia dell'arte*. Cellini tiene un papel protagonista. Pero entra en escena cuando ya se ha interpretado gran parte del texto.

La historia empieza en casa de un Médicis, Alejandro, hijo del mismo Clemente VII, concebido con una sirvienta cuando el pontífice aún estaba lejos de esperar ocupar el trono de Pedro. Ahora el asunto no puede hacerse oficial: se han inventado otros posibles padres para este Alejandro, que pocos años después dominará Florencia en calidad de duque y en ese momento lo hace en una Roma que ha descubierto el secreto y se cuida mucho de ponerse en su contra, sabiendo quién le guarda las espaldas. El joven Médicis vive en un palacio romano disfrutando del título de duque de Penne que le ha regalado el Santo Padre, quien también ha contratado a un grupo de soldados para que le hagan de guardia personal: entre éstos se encuentra Cecchino, hermano de Benvenuto.

La escolta de Alejandro estaba formada por gente de la que se podía estar más que seguro; todos eran antiguos miembros de aquel famoso grupo de hombres que había estado al servicio de Juan de las Bandas Negras, desaparecido en 1526. Se trataba de gente adiestrada para hacer frente a cualquier adversidad y muy experta en el uso de las armas, gente que había visto la muerte de cerca y que en el hermoso palacio, junto a la plaza Navona, habitado por Alejandro de Médicis, se sentía, después de los días pasados en los campos militares sufriendo el frío y a veces el hambre, en el Paraíso terrenal.

Nada permitía prever, pues, que este clima de vientos primaverales daría paso a una tempestad que se abatiría sobre el muy estimado Cecchino Cellini, quien había dado mil muestras de ser un hombre de valor y un compañero fiel del que se podía confiar en la guerra y en la paz. Pero ahora la trama está preparando una escena inesperada.

El grupo en el que también estaría Benvenuto, según el relato que hace Cellini en su autobiografía, se halla sentado a la mesa, quizás en una taberna de esas que se encuentran en las calles adyacentes al Castel Sant'Angelo. La pandilla de Cecchino y de Benvenuto está bebiendo y comiendo cuando pasa por la calle un grupo de soldados del Bargello que llevan a la cárcel a un fugitivo: un tal capitán Cisti. Es entonces cuando un miembro del grupo de Cecchino recuerda que Cisti le debe dinero, y es precisamente éste quien le grita que si se acerca le devolverá la suma que ha recibido de él. Cellini cuenta el episodio como si todo se hubiera desarrollado del modo más natural posible, pero se tiene la sospecha de que Cisti ha intentado dar a entender al grupo que necesita ayuda. Entre camaradas de armas hay que echarse una mano, y uno de los hombres del duque Alejandro se pone de pie y va hacia los del Bargello, solicitándoles hablar con el prisionero. Por toda respuesta —de acuerdo con el relato de Cellini— éstos desenvainan sus espadas, y he aquí que acuden otros tres de los que aún permanecían sentados. El enfrentamiento comienza y uno de los hombres del duque Alejandro, Bertino Aldobrandi, cae gravemente herido. La lucha se ha producido fuera de la vista de quienes se han quedado en la taberna, y cuando uno de los cuatro que han salido a presentar batalla entra gritando que han herido de muerte a Aldobrandi, Cecchino se levanta y corre hacia donde se ha producido el hecho. Es inútil que su hermano, Benvenuto, le grite que se detenga pues los guardias del Bargello son muchos. Cecchino ya está en medio de la reyerta y se lanza contra el que ha herido a Aldobrandi: un hombretón reconocible por llevar un sombrero con una pluma azul que enarbola como si fuese una bandera. Un golpe, mientras aquél trata de levantar de nuevo contra él un espadón de esos que hay que sostener con las dos manos, igual que si estuviera en un torneo, y la espada de Cecchino ya ha atravesado al guardia. Pero están acudiendo los demás; Cecchino no es de los que rechazan la batalla y, mientras Benvenuto y sus compañeros acuden en su auxilio, se oye un disparo de arcabuz y Cecchino cae al suelo. Lo

Alejandro de Médicis *en un retrato realizado por Pontormo, 1534-1535 (Philadelphia, Colección privada).*

La iglesia de San Giovanni de' Fiorentini en Roma, en un grabado de Giuseppe Vasi.

han herido por encima de la rodilla derecha: deben haberle seccionado una arteria porque el corte sangra sin cesar, empapando el empedrado y salpicando todo el cuerpo de Cecchino, que permanece tendido en el suelo. Cecchino le ruega a su hermano Benvenuto, que está junto a él, que no se aleje; siente que la vida se le escapa. Benvenuto, en cambio, querría correr hacia donde han desaparecido los del Bargello y matar al que ha herido a su hermano, pero los lamentos del moribundo lo retienen.

Trasladado al palacio del duque Alejandro, Cecchino morirá pocas horas después. Uno de los médicos había pensado incluso en amputarle la pierna: quizá —Benvenuto está de acuerdo— hubiese sido la única manera de salvarlo; pero no se hace nada y es así como la familia Cellini pierde a otro de los suyos. Después de la peste, que ha causado estragos en Florencia, el arcabuz de un anónimo hombre del Bargello de Roma suma una nueva víctima.

Cecchino es sepultado en la iglesia de los Florentinos. Al conocer la noticia, Clemente VII recibe a Benvenuto e intenta consolarlo. Su desesperación está justificada, pero debe pensar que la vida y la muerte forman parte de lo que los días traen consigo; Cecchino ha sido un buen soldado, un hombre valiente, apreciado por todos, incluso por su señor, el duque Alejandro, y éste no es fácil de contentar. Por lo tanto —añade el pontífice, que conoce bien el carácter de su orfebre— que Benvenuto renuncie a esos propósitos de venganza que ha manifestado (y que alguien ha referido tanto al duque como al papa) y se convenza de que el perdón es, en este caso, necesario, que quien ha disparado el arcabuz —y Clemente sabe que Cellini conoce el nombre del asesino de su hermano— lo ha hecho en defensa propia, siguiendo órdenes, que no tenía ningún deseo de matar y ningún sentimiento personal contra su pobre hermano.

Benvenuto parece convencido. Desmoralizado por el dolor, pero persuadido de renunciar a la venganza. Sabemos que fue sólo para eludir la protección que se habría ofrecido al hombre del Bargello: Benvenuto ya ha decidido cuál será la hora de su venganza. En efecto, no han transcurrido sino unos días cuando le ajusta las cuentas al asesino de su hermano. Un buen golpe de espada y aquél se reúne con Cecchino en el más allá. En cuanto a Benvenuto, sabe que los Médicis están de su parte y se refugia en casa de Alejandro. Allí espera que llegue una palabra reconfortante por parte de quien verdaderamente manda sobre todos, el papa Clemente. Que también esta vez perdona. Perdona y hace incluso más: ayuda financieramente a Cellini a reabrir su taller. En Via dei Banchi Nuovi. Allí podrá acabar con tranquilidad la insignia de capa pluvial con el famoso diamante. ¡Un alguacil muerto no valía, desde luego, un artista tan apreciado!

CAPÍTULO ONCE

Otra vez en Roma, otra vez en aprietos

Mil quinientos treinta: treinta años de vida, un taller que ahora se llama la Ceca, el encargo de diseñar monedas; Cellini parecería un hombre orientado a la tranquilidad, pero esta divinidad nunca aparece en el altar ante el que reza Benvenuto. En efecto, podría verse implicado en un nuevo escándalo: circulan monedas falsas y las sospechas de su autoría podrían recaer sobre él, como responsable directo de la Ceca. Suerte que Clemente VII se fía de él y que le apoya incluso cuando Iacopo Balducci, uno de los encargados de la acuñación de monedas, rival de Benvenuto, trata de inculpar a éste haciendo llegar al pontífice noticias falsas que hacen que parezca aún más sospechoso. Luego todo se aclara: el falsificador es un tal Cesare Macheroni, impresor de la Ceca, que junto con un cómplice es arrestado y encarcelado. Se instruye un proceso, que durará hasta 1532, cuando se emitirá una dura sentencia y Macheroni y su cómplice serán condenados a la pena de muerte. ¡En Roma, como se ve, con los falsificadores no se bromeaba!

Clemente VII, una vez que ha resuelto su problema florentino, con su hijo Alejandro ya en el trono y habiendo negociado con Carlos V en Bolonia su futuro político de pontífice que se ha equivocado en casi todo, pero que ahora parece haberse vuelto más sagaz, está tratando de devolver a Roma su apariencia decente, después de los daños sufridos por el saqueo de 1527, y procurando, al mismo tiempo, ofrecer a sus cardenales y a las familias poderosas de Roma un retrato suyo que diga que el papa, el que manda, es siempre él. Y no es fácil, visto el ambiente. Aunque no sean tiempos de revuelta declarada, incluso sin los Colonna desafiando con las armas su integridad, en la Roma que destila día tras día aires de hostilidad, rivalidades que apenas consiguen mantenerse ocultas, la suerte del pontífice es todavía incierta.

Cellini disfruta tras su regreso de la benevolencia de Clemente, pero poco a poco las relaciones entre ambos se van enfriando. Él vale; incluso el papa se ha dado cuenta de que es un artista de difícil parangón, pero, por otra parte, también ha comprendido que con ese carácter que posee Benvenuto no dejará de causarle problemas. Y el haber matado a quien atentara contra la vida de Cecchino, el asesinato de un hombre del Bargello, no fue algo que hubiera dejado de producir grandes molestias al pontífice.

También existe una competencia despiadada, los orfebres romanos, hábiles o no, no ven con buenos ojos que Cellini disfrute del favor del principal comitente: el papa. Saben que realizar una obra para él genera luego trabajo y encargos sin fin. El orfebre que sirve al papa disfruta de una fama que lo hace tan valioso como las propias joyas que elabora. Por otra parte, ¡cómo no entender a Clemente VII, que viene de una familia que siempre ha sabido reconocer a los artistas, antes incluso de que se hicieran famosos! También él es un Médicis: como buen heredero de la estirpe que ha acumulado tesoros artísticos en sus casas de Florencia, trata de enriquecer la Roma de la Iglesia, y también su personal tesoro privado, con obras de arte que puedan considerarse como tales. Ha visto y apreciado, mejor dicho admirado, cómo Cellini ha resuelto sus obligaciones de grabador oficial de la Ceca, preparando unas monedas que son verdaderas obras maestras. En el *Ecce Homo* de una de ellas, evidentemente Benvenuto ha pretendido referirse a los padecimientos de Clemente VII, aludiendo —recordemos los días del saqueo de Roma— a las penas sufridas en la cruz por Cristo. La imagen de una cruz con aquel Cristo que debía recordar a Clemente se alterna en la otra cara de la moneda con el perfil del papa. La Ceca no está en las manos de un artesano hábil, sino de un artista que de cada pieza hace una verdadera obra de arte.

Aunque sin razón aparente, pero dado que Clemente debía de haber comprendido hacía tiempo cómo y quién era Benvenuto, la fortuna de éste ante el papa empezó a declinar. No se trató de un verdadero desplome, sino del lento derrumbe de un edificio que poco antes parecía sustentarse sobre sólidos cimientos. Los signos del distanciamiento se hacen evidentes: se le niega un cargo, el de la Oficina del Sello Papal, que le habría proporcionado un buen salario (se nombraría a Sebastiano Luciani, quien a partir de entonces se convirtió en aquel Sebastiano del Piombo al que admiramos en las pinacotecas de todo el mundo). Luego perdió la batalla de algunas joyas que debían hacerse para obsequiar a Catalina, la hija del duque de Urbino que llegaría a ser reina y que ahora partía hacia Francia para casarse con Enrique, el segundo hijo de Francisco I rey de Francia. En particular, entre las joyas que había que hacer, se encontraba una destinada al propio Francisco I, el rey. También en este caso Cellini resultó perdedor: quien lo derrotó fue un tal Tobia, que procedía de Camerino y gozaba de cierto prestigio entre algunos cardenales cercanos al pontífice.

Hasta el momento se trata de desavenencias laborales. Pero para complicar las cosas se produce otra de las fatalidades en las que Cellini se ve envuelto como un pájaro que cae en una trampa. En efecto, está en malas relaciones con el papa por un ostensorio que no se decide a terminar, porque —según intenta explicarle al cardenal Salviati, encargado de seguir su trabajo, aunque éste no le cree— una inflamación ocular le impide trabajar. Luego vuelve la calma. El ostensorio parece encarrilado, cuando Benvenuto se encuentra por la calle con un notario romano con el que había tenido una desavenencia por una historia de joyas que había que vender, en un asunto que parece no haber satisfecho al señor Benedetto —éste era el nombre del notario—, que llamó ladrón a Benvenuto y recibió, a cambio, por toda respuesta, un puñado de tierra en la cara lanzado por el mismo Cellini. Tierra que debía de estar mezclada con algunas piedras, porque el señor Benedetto cayó al suelo y fueron muchos los que lo creyeron muerto. Otro delito, otra locura del orfebre florentino: así se lo refieren en seguida a Clemente VII, cambiando incluso la identidad de la presunta víctima. En efecto, al pontífice le dicen que el muerto, el asesinado por Cellini, es su rival Tobia, el orfebre al que había elegido para aquel trabajo destinado al rey de Francia. Benvenuto, aunque ignora el equívoco, considera suficiente lo ocurrido: haber matado al señor Benedetto, y sale de Roma precipitadamente para evitar el arresto. La meta es Nápoles, una ciudad nueva en el panorama de las peregrinaciones de nuestro hombre, pero que parece haberle atraído particularmente, porque incluso después de recibir la noticia de que no había matado a nadie y de que el equívoco quedara aclarado también ante el papa, insiste de todos modos en su viaje. Y Cellini, ahora napolitano, se olvida de que en Roma hay un pontífice que le ha perdonado su última bravata, pero aún espera el famoso ostensorio inacabado, justamente enfadado con alguien que descuida así a sus comitentes.

La de Nápoles es una breve estancia. Quizás ha ido porque sabe que allí se ha trasladado Angelica, una muchacha siciliana de la que se ha enamorado perdidamente en Roma, obligada por su madre que, según parece, no ve con buenos ojos que su hija se avenga con Cellini. Los dos habían preparado, incluso, un plan de fuga —al menos eso nos cuenta Benvenuto— que los hubiera llevado a Florencia. En resumen: Clemente VII, por muerte o por amor, ¡corría el riesgo de no recibir su ostensorio!

Nápoles y Angélica: el sueño partenopeo dura poco. Pero ella ha acogido a Benvenuto con entusiasmo, con amor: «... encontré a mi Angélica, la cual me hizo las más desmesuradas caricias que puedan imaginarse en el mundo». No podía esperar nada mejor que esas «desmesuras», pero pocos días después le llegó una carta de Roma, donde el cardenal Salviati le rogaba —esta vez con mucha amabilidad— que volviera: el pontífice espera que termine su trabajo, será acogido con toda cortesía, se han olvidado todas sus faltas. Y Cellini —después de haber pensado, y luego renunciado, a llevar consigo a la bella Angelica— regresa a Roma. Clemente VII le recomienda que no se deje ver demasiado, que se mantenga alejado incluso de su taller: los ánimos están todavía exaltados a causa de su gesto contra el pobre notario que recibió tierra y piedras en la cara. En un enredo de pequeños acontecimientos, que nos muestran a Cellini trabajando o distraído en pequeños altercados cotidianos, acontece la desaparición de Clemente VII. Es el 25 de septiembre de 1534. Una fecha que podría no cambiar nada en la historia de Benvenuto: en los últimos tiempos, sus relaciones con el papa mediceo no han sido buenas. Incluso le había quitado el cargo de la Ceca, pero aquel 25 de septiembre anticipa en cambio aquello que sucedería justo al día siguiente: un fatídico 26 de septiembre en el que Cellini hará otra de las suyas. Esta vez la víctima es alguien que debió de convertirse en su «enemigo» preferido: un orfebre que le había quitado el trabajo, que incluso se había burlado de él por sus desventuras e iba injuriándolo por toda Roma. Desde luego, no eran razones suficientes para matar a una persona, pero Cellini es así y, además, vive en una época en la que muchas disputas se resuelven empuñando un puñal o una espada. A un enemigo, o lo matas o corres el riesgo de que te mate. Una lógica terrible, pero que es uno de los distintivos del *Cinquecento*.

Benvenuto ha conseguido visitar al papa mientras está enfermo y puede afirmar que le ha aliviado las penas, porque ha logrado entregarle una medalla que aquél le había pedido hacía tiempo. Un trabajo

Caricatura de Pablo III, xilografía de Lucas Cranach, 1545.

Florencia en una perspectiva tomada del Liber Chronicarum *de H. Sohedel*
(Nuremberg, 1493).

*Moneda de plata realizada para Alejandro de Médicis por Benvenuto Cellini en 1535;
en el anverso la efigie del duque y en el reverso los santos Cosme y Damián
(Viena, Kunsthistorisches Museum).*

comprometido, pero bien resuelto. Cellini rinde homenaje también a Clemente VII muerto, yendo «a San Pedro a besarle los pies», como nos hace saber en la *Vita*. Pero para la ocasión se ha vestido con el traje más adecuado posible a la ceremonia y luce la espada al costado. Y Benvenuto con la espada ceñida siempre puede armar un lío. Que, en esta ocasión, fue precisamente el asesinato de Pompeo de Capitaneis, el orfebre rival. Quien, quizá también, había mostrado en este encuentro no ocasional una actitud de desprecio hacia Cellini, incluso porque debía sentirse arropado por un grupo de amigos armados que lo acompañaban. Se repite la misma escena de otras veces. Benvenuto nos ofrece la misma versión de otros hechos que le han ocurrido: él solo, y contra él un pequeño pelotón de soldados. Este desafío lo excita; se defiende asegurándonos que uno solo, atacado por un grupo de malvados, no tiene otro modo de responder a la provocación que huyendo o desafiando a la suerte, aunque sea en las condiciones más difíciles. Y él es de aquellos que salen al encuentro de lo difícil. Entretanto, comprueba que viene en su ayuda un puñado de amigos: podría decirse que la partida queda en tablas. La idea más sabia sería que ambos, tanto Benvenuto como Pompeo, tomaran distintos caminos, junto con sus amigos. Pero la sabiduría es una virtud difícil de alcanzar y los dos grupos se miran con mala cara; luego, Cellini convence a los suyos de que lo dejen estar, y el asunto parece zanjado. Aunque en las comedias de capa y espada de nuestro hombre siempre hay un segundo acto, y aquí tampoco falta. En efecto, poco después, ya solo, Benvenuto encuentra a Pompeo con sus amigos. Otra vez debe de haber bastado una mueca, una carcajada de burla: Benvenuto arremete contra el grupo, que no consigue proteger a Pompeo. Cellini ha sacado del cinturón un pequeño puñal, afiladísimo: hiere a su adversario en el rostro. Bastan dos puñaladas para que caiga muerto.

Cellini se defenderá, después, asegurando que le provocaron y que actuó en legítima defensa, pero no podemos obviar la sospecha de que hubo premeditación y alevosía. Benvenuto sabía que siempre que se elegía a un nuevo papa había una amnistía, y que la ocasión de la muerte de Clemente VII era el momento propicio para vengarse del rival. A pesar de estas esperanzas, al comienzo de la investigación corre un gran riesgo. El informe lo define como reo de un crimen que debe ser castigado con la pena de muerte. Pero una vez más ser artista, y de los renombrados, resulta útil al orfebre florentino. Son dos quienes deciden ayudarlo: uno es un veneciano, el cardenal Francesco Cornaro, que envía a un grupo de milicianos hasta la casa de Albertaccio del Bene, en la que Cellini ha encontrado un primer refugio seguro. Conducido, más tarde, a la residencia del cardenal, estará más seguro que antes, pues los guardias no pueden acudir allí a detenerle. Ahora entra en escena otro protector, éste es florentino: Hipólito de Médicis, también cardenal y aún más rico y poderoso que Cornaro. Es como si los dos compitieran para ver quién ofrece mayor ayuda a Cellini. A Benvenuto lo ha acogido en su casa Cornaro, pero sabe que también puede valerse de la protección de Hipólito. Todavía está oculto y bien protegido en el palacio del cardenal veneciano cuando —el 13 de octubre de 1534— se elige papa a Alejandro Farnesio, que toma el nombre de Pablo III. Muchos deben haberlo presionado, porque Cellini recibe un salvoconducto que es como una absolución completa de su crimen. La decisión del nuevo pontífice no podía sino promover cierto escándalo en su corte. Al papa le refirieron las quejas de sus prelados. Cellini escribe en su *Vita* que, para justificar su decisión, Pablo III habría dicho: «Sabed que los hombres como Benvenuto son únicos en su profesión y no deben estar sometidos a la ley.»

¡Éste sí era un verdadero paraíso para los artistas! Pablo III descubrió que no quería prescindir de Cellini si se trataba de acuñar monedas como las que le había visto hacer para el desaparecido Clemente VII. Benvenuto siente de nuevo un viento favorable: incluso pide que se le devuelva su puesto de jefe de la Ceca. Pablo III no se atreve a tanto, pero le promete que el asunto será tenido en consideración. Mientras, le renueva el salvoconducto y le asegura que Roma es un sitio tranquilo para él. Pero Cellini es de otra opinión: han llegado a sus oídos rumores de que amigos de Pompeo se preparan para vengarlo y que cuentan con la ayuda de gente poderosa. Permanecer en Roma, aunque protegido por la benevolencia del nuevo papa, no podrá impedir que, antes o después, algún sicario desnude ante él su espada. Decide que los hados le han sido incluso demasiado propicios; es mejor no tentar a la suerte.

De nuevo, sólo le queda partir de Roma. En esta ocasión el destino es Florencia. Su Florencia. En la región gobierna el duque Alejandro de Médicis, el que lo protegió en Roma cuando mató al asesino de su hermano Cecchino. Benvenuto confía en su arte, pues sabe que en su nombre son muchos los poderosos dispuestos a ayudarlo. Y tampoco esta vez se equivoca.

CAPÍTULO DOCE

Después de Florencia, una estancia en la laguna

Aunque Florencia lo acoge con «maravillosos halagos», Benvenuto no resiste la fascinación de la llamada de Venecia. Es la primera vez que puede trasladarse allí, invitado por Niccolò di Raffaele, llamado el «Tribolo» ("tribulación"), escultor y arquitecto, que se encuentra en la ciudad porque ha recurrido a él Iacopo Sansovino, también escultor y arquitecto, que está trabajando con éxito en Venecia, con el grado de Arquitecto de las Procuradurías, cargo que ha obtenido casi inmediatamente después de su fuga de Roma, poco antes del saqueo de los lansquenetes. Su cuñado es Tatti, pero Sansovino ha conseguido el puesto por haber sido discípulo de Andrea Contucci de Monte Sansovino. En cuanto al mote de «Tribolo» del compañero de viaje de Benvenuto a Venecia, la razón es otra: se trata de alguien que, en cierta medida —aunque con mucha mayor moderación—, puede ser comparado a nuestro hombre. Es un tipo que a cada paso arma jaleo: «Siempre atormentándose a sí mismo y a los demás», escribe de él Vasari. Demasiado «vivaz», en resumen. Un compañero ideal para Benvenuto, un comparsa muy respetable. A fin de explicarnos cuán amigo era del Tribolo, Benvenuto nos recuerda que incluso fue padrino de bautismo de uno de sus hijos.

En Venecia, pues, en la ciudad de la laguna encantada, en la ciudad de los palacios de mármol que pueblan el agua. Es una experiencia inolvidable que requerirá otros regresos y, sin duda, dejará huella en el corazón del Cellini artista y dará sus frutos.

Alejandro, el duque de Florencia, lo ha visto partir de mala gana. Tenía en mente confiarle algunos trabajos. Ante todo una medalla: ahora la fama del Cellini medallista es de todos conocida. Tener una medalla suya es un símbolo de prestigio. Pero Cellini, aun prometiéndole que volvería pronto —y mantendrá la promesa—, no quiere renunciar a Venecia. En Florencia han cambiado muchas cosas: la Florencia que conocía, despreocupada y dispuesta a renovar los días como si siempre fueran una nueva aventura, ha desaparecido. Ahora es el «ogro» Alejandro quien tiene la ciudad en sus manos. Son muchos los que odian al bastardo de Clemente VII, distinguido como jefe de Florencia por la fortuna y no por sus méritos. Por otra parte, se comporta de un modo tal que no cabría esperar otra cosa. Sus correrías nocturnas, su eterno celo que lo empuja al continuo acoso de mujeres, sin respeto de las familias ni de la virtud, han provocado el resentimiento de Florencia, que rezonga, pero no osa hacer nada más: ha organizado una guardia de corps sólida y aún permanecen en la ciudad algunos destacamentos de españoles para garantizar que la Florencia que se rindió cinco años antes, tras el asedio de 1530, no cambie de idea y pretenda dar algún golpe de timón. Los Médicis han vuelvo al poder, es más, han reunido en sus manos todo el poder absoluto, siempre están en guardia, y con ellos su grupo de acólitos. Aunque los filomediceos habrían preferido ver al frente de Florencia a un personaje que justificase la perdida libertad administrativa en nombre de una justicia y de un gobierno sabio, lo cual, desde luego, no podrá conseguirse con Alejandro. Muchos han pensado que habría sido mejor el otro Médicis, que ahora vive en Roma como cardenal, pero han ajustado las cuentas sin Clemente VII, que quiso poner a la cabeza de Florencia a su propio hijo. En cuanto a Hipólito, su fin está próximo: morirá en 1535, según muchos envenenado por orden de Alejandro. Duque, sí, de Florencia, pero temeroso también de que Hipólito, antes o después, convenciese al emperador Carlos V de que una Florencia administrada por él garantizaría al imperio una mayor estabilidad en aquella delicada región.

Ahora Benvenuto viaja rumbo a Venecia: Alejandro le ha regalado cincuenta escudos. Pasa por Bolonia y se detiene en Ferrara; sabe que después del regreso de los Médicis muchos de los huidos de Florencia han encontrado protección y ayuda del duque de esa ciudad. Cellini se limita a «saberlo»: el Tribolo le ha recomendado que si quiere regresar a Florencia y no enfrentarse con las iras de Alejandro no tenga contacto con ninguno de ellos. En Ferrara hay muchos espías y cualquier cosa que hiciese referencia a los huidos se sabría en Florencia. Benvenuto obedece: en su *Vita* nos cuenta que cuando el mensajero —que es su guía hasta Venecia— entregó el correo de Florencia a los expatriados, se

NICCOLO DETTO IL TRIBOLO
SCVLTORE, ET ARCHI.

Retrato de Niccolò llamado el Tribolo, escultor y arquitecto
(de la primera edición de las Vidas *de Giorgio Vasari).*

*Venecia, vista en escorzo de la plaza de San Marcos en un grabado
de Cesare Vecellio (siglo XVI).*

mantuvo a un lado, pero que entre ellos reconoció al historiador Iacopo Nardi. Hay mucha melancolía en esta Florencia «de fuera», que renueva en su exilio la historia de tantos otros exiliados que una ciudad políticamente dividida cuenta entre sus acontecimientos.

Cellini se siente fascinado con Venecia, pero no le ocurre lo mismo con Sansovino. Es más, se produce un enfrentamiento entre ellos, aunque los enfrentamientos en la vida de Cellini pertenecen a la crónica casi cotidiana. Esta vez ocurre durante una cena: uno debería sentarse a la mesa en silencio, pero Sansovino —según cuenta el propio Cellini— parece no querer disfrutar de esta virtud. Añade ofensa tras ofensa y pone en una situación embarazosa al Tribolo asegurándole que no lo necesita, que puede marcharse, y luego comienza a hablar mal de Miguel Ángel como artista y como hombre, sin parar de criticar. ¡Es demasiado! Cellini quiere al Tribolo y admira con pasión a Miguel Ángel. Es suficiente para sacar de quicio a Benvenuto. Venecia le gusta, pero Sansovino no. Al menos por el momento, pues veremos que con los años volverá con más calma sobre el personaje y se expresará en términos benévolos. En esta ocasión no recurre a las ofensas por el solo hecho de que aquél lo ha sentado a su mesa. Se limita a darle un amistoso consejo: «Oh micer Iacopo, los hombres de bien actúan como hombres de bien, y los virtuosos, que hacen obras bellas y buenas, se conocen mucho mejor cuando son alabados por otros que cuando se alaban con tanta seguridad a sí mismos.» ¡Que Sansovino entienda! Y que espere a que sean los demás quienes le digan que es bueno. Entretanto, los otros dos huéspedes se sienten tan maltratados que se levantan de la mesa antes de tiempo y se marchan.

Venecia hechiza durante algunos días más a Benvenuto. Luego, éste recuerda la promesa hecha al duque Alejandro y decide volver a Florencia. El Tribolo, abatido por las críticas de Sansovino, parte con él. La laguna no le ha traído suerte. Pero en el viaje pasa momentos de miedo. Es que estar junto a Cellini significa arriesgarse y, también en esta ocasión, Benvenuto hace honor a su fama. Durante el viaje de regreso un posadero pretende que le paguen antes de irse a dormir. Hombre receloso, piensa Benvenuto, alguien que debe ser castigado. Y por la mañana, tras asegurarse de que tanto él como el Tribolo están listos para partir, entra con una excusa en las habitaciones donde han dormido: «Me fui arriba, cogí un cuchillito que servía para afeitar y con él destrocé las cuatro camas que allí había, ocasionando unos daños de más de cincuenta escudos.»

¡Es de nuevo Cellini! El que ya conocemos: susceptible como un Filippo Argenti, un maldito florentino que se divierte pérfidamente. Ha castigado al posadero, un desconfiado que merecía una lección. Y además bien administrada, pues incluso estaban calculados los escudos que éste habría de desembolsar para arreglar los inocentes colchones que han sufrido tanto daño como el posadero y, luego, como el propio Tribolo, quien, cuando Benvenuto le explica orgulloso su hazaña, casi se desmaya y siente que se le agitan las vísceras como si «tuviera los intestinos en una palangana». El miedo de su compañero, que teme quién sabe qué consecuencias de aquel gesto, hará sonreír a Benvenuto. Pero ¿qué le pasa a mi amigo, que ni siquiera sabe disfrutar del placer de haberse vengado de un malicioso posadero del demonio?

Benvenuto está de nuevo en Florencia, y de nuevo donde el duque Alejandro. Respira aire familiar y vuelve a ver a los parientes que le han quedado, aunque le distraerán las mil cosas que van a proponerle.

CAPÍTULO TRECE

Benvenuto también adivino

Florencia es hermosa en plena primavera; Benvenuto holgazanea y se calienta al sol, vaga por las calles y se pavonea un poco. Su fama de artista del cincel es conocida en la ciudad, todos saben que los poderosos lo miman y que su trabajo de orfebre, de maestro en el arte de hacer medallas, le está procurando amistades que jamás nadie hubiera imaginado cuando partió de Florencia, muchos años antes, más pobre que una rata y sin esperanza de trabajo. El hijo del intérprete de pífano Giovanni Cellini, que también debía convertirse en «pífano», ¡los ha hecho sonar a todos! Se sabe que a toda hora tiene libre acceso al duque Alejandro de Médicis, que le invita a sus cenas, que en el palacio de Via Larga se le trata como a un amigo y no como a alguien acogido sólo porque debe trabajar para la casa gobernante. Es en estos días cuando Cellini demuestra que Clemente VII no se equivocó al nombrarle maestro de la Ceca de Roma. Benvenuto acuña una serie de monedas que son a cuál más hermosa. Alejandro se siente satisfecho al ver su efigie historiada en el dinero que circulará por toda Europa. Cellini pide que se le pague con generosidad y se le complace. Alejandro ha ordenado a su encargado de la Ceca, Carlo Acciaioli —lo había hecho maestro de la Ceca florentina en cuanto finalizó el asedio de Florencia—, que pagara a Benvenuto la suma que éste le exigiese. Además Alejandro, que cuando quiere ser espléndido no repara en gastos, regala a Cellini un precioso arcabuz. Es más, le invita a elegir el que prefiera de su colección. También le pide —y promete pagársela al precio que quiera— una medalla que sea tan hermosa como la que ha hecho para Clemente VII. ¡En resumen, para su padre! Cellini prepara algunos diseños y se los muestra al duque. Está presente Lorenzino de Médicis. Un miembro de la familia a quien Benvenuto ha conocido en Roma: ahora se acuerda de que había estado implicado en una historia de estatuas rotas en el Foro, cosa que enfadó sobremanera a Clemente VII. Sólo por el hecho de haberse alejado de Roma y de ser también un Médicis, Lorenzino se había librado de la ira del desaparecido pontífice. Ahora Lorenzino vive en Florencia; parece buen amigo de Alejandro, hasta el punto de que Benvenuto ha oído decir por ahí que hace de alcahuete del duque en todas sus andanzas con mujeres. Verdadero o no, el personaje interesa a Cellini. En él descubre un no sé qué de ambiguo, de inalcanzable, que lo fascina. Sabe que en Florencia lo han apodado «el filósofo», por ese aire de estar siempre distanciado del mundo y de mirar a los demás como si, de vez en cuando, estuviera a punto de descubrir alguna misteriosa verdad. Lorenzaccio: también algunos le apodan así.

Lorenzino de Médicis, hijo de Pier Francesco y de Maria Soderini, se ha criado en Cafaggiolo. Su familia no pertenece a la rama principal, son gente de pocos recursos; pero es un Médicis. En el fondo resultaría comprensible que odiase a Alejandro, el bastardo usurpador de un papel que debía haberle correspondido a un verdadero Médicis. Vive en su corte porque está obligado a apañárselas; quizás eso haya explicado a sus amigos, con esa sonrisa suya que rezuma ironía. Desafía al duque Alejandro con ocurrencias cuyo fin parece ser la provocación, pero también sabe retirarse con repentinas medias vueltas, haciendo inocuo aquello que poco antes podía parecer ofensivo. Finge tener un miedo terrible a cualquier arma: ni siquiera Alejandro se explica cómo hacía, de niño, en los tiempos de Cafaggiolo, para ir de caza casi a diario. Cellini «estudia» a Lorenzaccio, como si preparase un modelo en cera para un nuevo retrato; cuenta sus encuentros en Florencia con un evidente deseo de decirnos que él, Benvenuto, ya lo había adivinado todo. En resumen, que había previsto que este Lorenzaccio haría honor a su nombre y mataría a Alejandro. Un Médicis que asesina a otro Médicis: ¡es suficiente para fascinar a un hombre como Cellini! Entretanto, trata de resolver el enigma de la actitud de Lorenzaccio cuando está cerca del duque. Hay muchos aspectos contradictorios: una mezcla de valor y cobardía. Pero Cellini lo ve claro. Lorenzaccio se finge cobarde para enmascarar, en cambio, el valor que en secreto alberga, dentro de sí, junto al odio, listo para manifestarse. Benvenuto se siente atraído por Lorenzaccio, pues percibe que tiene su mismo carácter: es alguien que no vacila cuando quiere eliminar a un adversario. Sólo los separa el hecho de que Benvenuto es impetuoso y el otro sabe esperar simulando ser inofensivo. Podría decirse que, en cierto modo, Cellini se aficiona a este personaje que se ha visto obligado, por su condición de auténtico Médicis, a interpretar el papel de un Bruto que vengue la libertad de Florencia y devuelva a la estirpe aquello que le corresponde de pleno derecho. Los dos seguirán siendo amigos, incluso después de que Lorenzaccio haya matado a Alejandro, incluso después de que Cosme I gobierne Florencia y envíe sicarios para matar a Lorenzaccio, ya en el exilio. En París, y luego en Venecia, veremos que Cellini y Lorenzaccio volverán a encontrarse y que las buenas relaciones que iniciaron en Florencia serán duraderas.

Entretanto, en estos días florentinos de 1535, los dos se ven a menudo junto a Alejandro. Es más, es precisamente en uno de estos encuentros que Cellini tiene la premonición de lo que ocurrirá después. Alejandro le ha pedido la famosa medalla y Benvenuto le ha rogado paciencia. Desde Roma le llegan continuos mensajes: en su taller lo necesitan y el papa Pablo III está dispuesto a concederle el perdón absoluto. Que el duque de Florencia lo disculpe: le garantiza que realizará la medalla, que mientras esté en Roma un buen discípulo suyo se ocupará de continuar el trabajo. Que, en todo caso, no se preocupe tanto por la medalla, sino por aquello que su artífice fiel, él, Benvenuto, debe soportar en aquellos días a causa de uno de sus parientes: Octaviano de Médicis, factótum de la familia, que quiere meterse en todo y esta vez pone obstáculos a Benvenuto —que sigue soñando con aquel puesto de maestro de la Ceca— asegurando que Bastiano Cennini lo supera, con mucho, como orfebre. «Hombre chapado a la antigua y de poco saber»: ésta es la valoración que Benvenuto le dedica en la *Vita*. En resumen, alguien que hasta ahora habría estropeado las monedas de Cellini haciéndolas reproducir de manera equivocada y —quizá con cierta dosis de maldad— alterándolas. Pero Benvenuto andará a vueltas con Cennini en su *Trattato sull'oreficeria* [Tratado de orfebrería] y, esta vez, emitirá un mejor juicio: el de alguien que ha aprendido el oficio de toda una tradición familiar y que es un orfebre de cierta habilidad. Pero, incluso en esta ocasión, le obsequia con el adjetivo de «practicón», que nos indica que esta nueva estima sigue siendo bastante limitada.

En relación con Octaviano de Médicis la intervención de Alejandro, el duque, es favorable a Cellini: a toda costa, quiere retenerlo en Florencia. Trata de detenerlo procurando que desista de regresar a Roma. Pero la empresa es imposible, pues Benvenuto tiene grandes intereses en Roma y, además, el salvoconducto que le ha concedido el papa le libra

*Medalla acuñada en
Venecia en 1537 en
honor de Lorenzino
de Médicis.*

de cualquier «pecado» que la ley pudiera reprocharle. Por tanto, advierte de nuevo a Alejandro de su decisión, pero para tenerlo de su parte empieza a trabajar en la famosa medalla. Y, para que se tranquilice, acude a verlo al palacio y le lleva los primeros diseños. Entonces se produce un episodio que merece un apunte.

En esta ocasión Benvenuto encuentra al duque todavía acostado: ha pasado otra de sus noches movidas e intenta recuperar fuerzas. En su habitación está el inseparable Lorenzaccio, que escucha sin intervenir. Una vez más Benvenuto lo observa; una vez más trata de penetrar en el alma de este personaje que tanto lo fascina. Cuando Lorenzaccio, a instancias del duque, le pide que se quede en Florencia y de nuevo Benvenuto se ve obligado a decir que no, interviene de nuevo Alejandro, mientras Lorenzaccio parece haber quedado relegado. «Éste —escribe Cellini en referencia a Lorenzaccio— no dijo nada más, y estaba continuamente mirando con malos ojos.» ¿Ha percibido uno de los secretos estremecimientos de quien ya maquina su venganza? ¿O la visión la habrá tenido después, cuando escriba esta nota, una vez ocurrido el hecho? Es difícil responder. Pero es probable que Benvenuto, maestro en la observación de rostros a los que retratar, efectivamente haya descubierto aquella mirada «torva». Así fue como se convirtió en adivino de lo que después sucedería: el puñal de Lorenzaccio que hiere de muerte a Alejandro en la noche de la Epifanía de 1537. Una epifanía que traerá el regalo de la muerte al duque de Florencia. Peor que el carbón dado a los niños que no han sido buenos.

De Lorenzaccio, de cuando en Venecia los sicarios le dan alcance y lo asesinan, de la venganza de los Médicis en tiempos de Cosme I, no encontramos rastro alguno en las opiniones expresadas por Cellini en la *Vita*, pero sabemos que él —sin ningún temor a granjearse la animadversión de los señores de Florencia— conservó la amistad del Médicis que había asesinado a un Médicis. Tampoco debe de haber tenido ninguna importancia para Benvenuto que Lorenzaccio haya cumplido o no en este asunto la función de un Bruto, que mata a quien está negando la libertad a la patria: el orfebre acepta al Lorenzaccio prófugo como uno de esos héroes que debieron de poblar su fantasía. No extraídos de ninguna lectura histórica, porque están escondidos en los pliegues de su ánimo. Obligatoriamente amigos.

Ahora bien, en el palacio de Via Larga, mira a Lorenzaccio. Descubre un brillo de sus ojos. Ve su sonrisa, cuando como orfebre pide que el reverso de la medalla que está preparando tenga la inscripción dictada por Lorenzaccio: «Lorenzo respondió de inmediato a estas palabras —escribe Cellini en su *Vita*—, diciendo: "No pensaba en otra cosa que en darte un reverso que fuera digno de Su Excelencia."» Tampoco explica qué entiende por «digno» a un Cellini que sospecha la manera exacta de interpretar ese adjetivo.

La escena se completa con un final adecuado para una comedia satírica: «El duque sonrió con malicia y, tras mirar a Lorenzo, dijo: "Lorenzo, tú le darás el reverso, y él lo hará aquí, y no se marchará."» Así insiste Alejandro, esperando disuadir a Cellini de que se marche a Roma. La respuesta de Lorenzaccio es tan rápida como significativa: «Lo haré tan pronto como pueda, y espero hacer algo que maraville al mundo.» ¿Es un aviso de muerte? Parecería que sí. El mundo se quedará estupefacto, más que maravillado. Cellini siente que puede interpretar fácilmente el significado de aquellas palabras, pero el duque Alejandro parece no haber entendido nada. «El duque, que a veces lo tenía por un insensato y otras por un holgazán, se dio vuelta en la cama y se rió de las palabras que le había dicho.» Benvenuto puede haber pensado que el hecho de que no entendiese quién era de verdad su compañero de cada día, que jugara con él tratando de escarnecerlo, ora como loco ora como vago, constituía una señal de que la partida que a ambos enfrentaba la ganaría Lorenzaccio. Creemos que no debió asombrarle, meses después, la noticia del crimen florentino: el asesinato de Alejandro a manos de Lorenzaccio. Estaba escrito.

Pero ahora Benvenuto abandona Florencia. El duque ha intentado oponerle una última resistencia, pero aquél lo ha convencido de que, en cualquier caso, realizará su medalla y que ésta será bella —a toda costa—; es más, más bella que la que hiciera para Clemente VII. Para estar seguro de que así será, da una nueva muestra de generosidad: hace que un mensajero suyo entregue a Cellini, cuando éste ya ha llegado a Siena, cincuenta ducados de oro. Una buena suma que, unida al dinero que ya posee, garantizará a Benvenuto disfrutar de días de gloria en la Roma a la que se encamina.

CAPÍTULO CATORCE

Roma y las nuevas complicaciones

Pero, entretanto, debió de sufrir los reproches de los exiliados de Florencia. En primera fila, Francesco Soderini, que le mandó decir que debería avergonzarse de haber aceptado representar en efigie, en una medalla, al sepulturero de todas las libertades de aquella Florencia que también era la patria de Benvenuto. Cellini no es que se sienta muy afectado, ya que comprende las razones de los desterrados, pero Alejandro es un comitente tan precioso como las joyas en las que trabaja. Por otra parte, no piensa demasiado en realizar la famosa medalla. Ha confiado la tarea a un discípulo suyo y se ha entregado con desenfreno a la vida romana. Ya ha plasmado el rostro de Alejandro en las monedas hechas por la Ceca florentina: esto lo tranquiliza en relación con la generosidad que le ha demostrado el duque de Florencia. En Roma espera ansioso el *ferragosto*, el 15 de agosto, día en que caducará su salvoconducto, pero a la vez llegará el perdón definitivo de Pablo III, el papa. Ansioso, sí, y con razón, porque son muchas las señales que le infunden sospechas, de las cuales no es la menor aquélla de que hayan acudido un par de veces los guardias del Bargello a buscarlo a casa y haya debido mostrar el salvoconducto del papa para eludir el arresto. Pero luego todo parece marchar de la manera correcta. Llega el esperado *ferragosto* y se cumple la promesa del pontífice. Ahora Cellini debería estar tranquilo, pero le sobreviene un misterioso mal que parece conducirlo a la muerte. Es más: se lo da por muerto y la noticia de su deceso llega incluso a Florencia, hasta el punto de que su amigo Benedetto Varchi compone un soneto «a la muerte» de Cellini. Sin embargo, éste tiene una buena complexión y consigue salvarse. Pero ha padecido una enfermedad que lo ha mantenido inmóvil durante algunos meses, de modo que, cuando de pronto decide hacer una visita de nuevo a Florencia, quizá preocupado por la ira de Alejandro, que quería ver terminada la medalla, debe hacer el viaje en litera. Todavía está débil, extenuado por el ambiente que lo rodea, muy distinto del de hace algunos meses. A Alejandro le han llegado rumores de que en Roma frecuenta a los exiliados de Florencia y mantiene buenas relaciones con ellos, lo que podría comprometer seriamente a Cellini, quien, no obstante, consigue disipar cualquier sospecha, demostrando que sus relaciones con los expatriados son sólo ocasionales y que son ellos los que intentan reunirse con él, que los rehúye. Todo vuelve a la calma, pero se ha roto el hechizo y Cellini regresa a Roma.

Tampoco aquí soplan buenos vientos para el orfebre florentino. Debe añorar la época de Clemente VII, que, aunque a veces no era demasiado firme en sus juicios, siempre lo había ayudado. En cambio, el papa Pablo III escucha otras voces en vez de la suya; lo admira por su habilidad de artista, pero luego prefiere a otros, condicionado por algunos enemigos de Cellini y principalmente por su nuevo protegido, Leone Leoni. Un artista de Arezzo, orfebre y escultor, que también disfrutará de los favores del emperador Carlos V y de su hijo, Felipe de España. Leoni es, sin duda, uno de sus adversarios más aguerridos, de los que mayores obstáculos han puesto a Cellini. Nacido en 1509 y, por lo tanto, más joven que Cellini, como éste es extravagante, colérico y rápido a la hora de desenvainar el puñal. Protegido por el Aretino, que ya lo había ayudado en Venecia, donde Leoni permaneció durante un tiempo en compañía de su mujer y un hijo, ha llegado a Roma y en seguida ha conquistado un espacio que le ha permitido obtener el puesto que tanto anhela Benvenuto —y que tuvo y perdió— de maestro de la Ceca, motivo suficiente para enfrentarlos abiertamente. Es un adversario que tiene otras cartas que jugar, a diferencia del desaparecido Pompeo, el orfebre que años atrás fuera el peor enemigo de Cellini, y puede triunfar porque en verdad es un excelente artista. Ya se han enfrentado por una medalla encargada por Bembo, trabajo que más tarde se asignará a Cellini. Son días en los que en Roma se piensa en la llegada del mismo emperador Carlos V y toda la ciudad es un hervidero de obras y de encargos para cualquier artista de calidad: la acogida al personaje más poderoso de Europa debe ser de las que se recuerden. Cellini propone al pontífice que obsequie al emperador con un trabajo suyo: ha pensado en un crucifijo de oro que tenga por base un ostensorio que debería ser del desaparecido Clemente VII. Al principio el papa parece conforme,

Carlos V *en un dibujo de Massard (1845).*

pero luego se decide por un Libro de Horas miniado por Jacopo del Gallo, verdadero maestro del género. Benvenuto debería hacer una especie de encuadernación en oro, finamente cincelada y con gemas engastadas. Todos están de acuerdo, aunque cuando el Emperador llega a Roma el libro de Jacopo del Gallo está listo, pero no la obra que debía realizar Cellini. Pablo III expresa su contrariedad con un soberano enfado, que suavizará la promesa de Cellini de engastarle un diamante con que ha obsequiado el Emperador al pontífice —una joya que vale veinte mil escudos, ¡un regalo verdaderamente imperial!—, y se hace cargo, además, del feo papel de entregar a Carlos V el libro miniado sin su custodia.

Entretanto, el emperador llega a Roma el 5 de abril de 1536. Está bien escoltado por un pequeño ejército de hombres, seis mil, todos bien armados. Es bueno fiarse, pero es mejor no hacerlo. Han preparado para él una bienvenida digna de un antiguo general de la Roma imperial: pasa bajo los arcos de Constantino, de Septimio Severo y, a través del Capitolio, llega hasta la Basílica Vaticana. Biagio da Cesena, un experto en estas cuestiones, pues ha servido nada menos que a cuatro papas —de León X a Pablo III—, ha preparado todo el ceremonial y ha cuidado el boato de los festejos. El ducho Biagio ha dispuesto un espléndido alojamiento para el emperador en las estancias del Belvedere. Carlos V permanece en la ciudad de los papas hasta el 18 de abril. Y en uno de estos días se produce el encuentro con Cellini, que le entrega el precioso libro, pero sin la custodia. «Sagrada Majestad —éste es el discurso que le han preparado—, nuestro santísimo papa, Pablo, envía este libro de la Virgen para Su Majestad, el cual ha sido escrito a mano y miniado de mano del máximo experto conocido en esta profesión. Y esta rica cubierta de oro y de joyas es tan imperfecta a causa de mi indisposición que Su Santidad junto con este libro me ofrece también a mí, para que vaya con Su Majestad y acabe su libro...»

¡Un orfebre prestado al emperador! A Cellini no le cuesta interpretar el papel de enfermo, de artista que —a causa de su mala salud— no ha podido terminar la obra que le había sido confiada. Está delgado y demacrado, la enfermedad recién superada ha dejado sus huellas. Carlos V debe de haber meditado que llevarse consigo a un artista, por más bueno que fuera, pero de mala salud, podía ocasionarle más problemas que ventajas. Mejor sería que Cellini permaneciese en Roma, se curara y luego acabara allí la obra.

El final de la escena parece un *gag* de una película de los años veinte del pasado siglo. En efecto, en cuanto el emperador ha desaparecido de la escena —y ha conversado largamente con Cellini— entra uno de sus servidores con quinientos escudos de oro destinados por Carlos V —con sus palabras— a quien se llame Benvenuto Cellini. Éste tiende la mano para coger lo suyo, pero se le adelanta el agregado del papa, Durante Duranti, bresciano, prefecto de cámara de Pablo III, literato de cierta fama, pero también, según parece, buen funcionario de las arcas pontificias. Y fue así cómo los quinientos escudos de oro de Cellini tomaron otro camino.

El papa, convencido de que Benvenuto no estaba en absoluto de acuerdo con lo sucedido, le comunica que le corresponderá una parte. ¡Favor que usted me hace!

CAPÍTULO QUINCE

A París: a la conquista de Francia

Roma, Florencia, Venecia y Nápoles: pero la tentación esta vez viene de fuera, de un lugar fascinador. Cellini ha conocido al emperador Carlos V. Ha conversado con él y éste lo ha tratado con benevolencia, incluso tendría ahora los hermosos ducados de oro, que le ofreciera de no haberse interpuesto la larga mano de aquel prelado al servicio del papa; pero su corazón abriga el deseo de descubrir las virtudes —también las de buen comitente, por supuesto— de aquel Francisco I que tiene el valor de seguir desafiando a un adversario como el emperador que lo supera en medios y milicianos, hasta el punto de derrotarlo cada vez que ambos se enfrentan. Sin embargo, aquel francés, aquel monarca del que se dice que tiene una corte en la que triunfa la buena vida, sabe resurgir de sus cenizas y presentar batalla de nuevo. Al igual que la salamandra de la historia del niño Benvenuto. El fuego no devora a un protagonista como Francisco I: ha sufrido afrentas e incluso la prisión, después de una derrota militar en Pavía, y siempre se mantiene a los ojos de Europa como un campeón de torneo, en un certamen de la elegancia y la cortesía, de la inteligencia y la cultura, que le hace perdedor en la guerra pero vencedor en la vida. Es un personaje ilustrado, que goza de gran fama y ha encontrado su grandeza incluso interpretando el papel del perdedor. Quizá por ese halo de romanticismo que lo rodea. Benvenuto ha oído en más de una ocasión el canto de las sirenas de París tentándolo como si fuera Ulises y hasta ahora ha sabido, mejor dicho querido, por razones profesionales, resistirse a él. Pero no se ha hecho atar, como el héroe de Homero; es más, ha disfrutado de la llamada de aquéllas, pues su corazón le anunciaba que, tarde o temprano, habría de ceder. Y ha llegado el momento; su viaje a París también supone dejar una Roma que ya no le parece aquella ciudad en la que antes él dictara la ley. Ley de artista, ley de hombre que quiere superar a los demás a toda costa.

Pero ante todo quiere demostrar que es un hombre de palabra. Le ha hecho dos promesas al papa Pablo III y las dos las cumple. Debe engastar el diamante, regalo de Carlos V para el pontífice, y lo hace como un maestro. Luego termina también la encuadernación en oro del Libro de Horas miniado, obsequio del papa al emperador. Parece que Benvenuto quisiera acallar, con esta extraordinaria diligencia y puntualidad, ciertas malas lenguas que en aquellos meses habían intentado ofrecer una pésima imagen de él ante el pontífice: la de un holgazán que, pese a su habilidad, era incapaz de asumir cualquier encargo para el que se fijase una fecha de entrega. Sus detractores echaban leña al fuego y destilaban veneno en el ánimo de Pablo III, aconsejándole que se guardase de estimar a alguien que, como Benvenuto, había sido el preferido de Clemente VII. Y aunque en un primer momento el papa pudo pensar que tales rumores los inspiraban los celos, más tarde, poco a poco, empezaría a creer en ellos y se distanciaría cada vez más de Cellini negándose, incluso, a recibirle en más de una ocasión.

Nunca, como ahora, la llamada de París se hace más tentadora. Benvenuto parte de Roma el 2 de abril de 1537 y llega a París en pleno junio. Tres meses son demasiados para recorrer tal distancia, incluso en aquella época. Pero se producen algunos intermedios, al estilo de Cellini, podría decirse, ya que por lo visto parecen su especialidad. En efecto, se detiene en Padua y comienza la medalla destinada a Pietro Bembo, de la que ya se ha hablado en Roma. Huésped de Bembo, acogido con el mayor de los respetos en su hermosa casa, se sienta a su misma mesa como un invitado de honor. Lo cual significa que ha ascendido de categoría, de lo que está orgulloso. Desde luego no es fácil que Bembo dispense sus favores; se trata de un personaje al que le gusta ir a la suya, un esnob que apenas alcanza a comprender las dificultades del arte de un medallista, o quizá juega a fingirse incompetente para conseguir aquello que todos los «clientes» del fabuloso orfebre desearían: que complete la obra que les concierne al momento. Del productor al consumidor, en resumen, como si se tratara de un cocinero que preparara un plato que ha de comerse caliente. También Bembo se muestra asombrado cuando, acabada la primera parte del trabajo de Benvenuto, una vez obtenida la efigie en cera, escucha de labios del artista que el paso a la medalla definitiva en metal requerirá mucho tiempo. Cellini le pro-

Francisco I después de la derrota de Pavía *(grabado de Mocquet sobre dibujo de Philippoteaux).*

mete que terminará la obra, pero ahora debe despedirse, porque ha de ir
a Francia.

«Cogí el camino por tierra de grisones...»: así comienza la historia
de Cellini en su primer viaje a tierras extranjeras. Suiza, una Suiza que
—aunque fuera el ocho de mayo— aún estaba cubierta de nieve. Benvenuto había dejado las violetas nacidas en los prados de Roma y el ver-
de resplandeciente de los jardines de las villas venecianas. De pronto se
siente como un explorador que ha penetrado en una tierra no señalada
en el mapa de su fantasía. El orfebre tiene tres caballos, que ha comprado en Padua, y lleva consigo a dos ayudantes del taller. El camino es
cada vez más peligroso; los animales resbalan sobre la tierra helada y
atravesar los pasos de montaña en tales condiciones les resulta penoso,
pero finalmente llegan a Vallenstadt y pueden detenerse en una posada,
donde aliviarán su cansancio. En el viaje se suma a ellos un tal Busbac-
ca, un mensajero que lleva un pliego y otras cosas de valor, por encargo
de los Strozzi de Roma. Ahora son cuatro: una compañía con apariencia
de ejército sin jefe, que se las apaña como puede ante las dificultades del
camino. Atravesar un lago sobre una barca que parece la del Caronte
dantesco, con caballos y equipajes, es una auténtica aventura. Benvenuto y, sobre todo, sus dos ayudantes deben de haber pensado en más de
una ocasión que quizás hubiera sido mejor quedarse cómodamente en
Padua o en Venecia. Pero al fin todo se arregla y, una vez más, la fortuna
sonríe a Cellini. Llegan a Lausana, de allí van a Ginebra y, más tarde, a
Lyon. Ya están en Francia: en una ciudad que parece una sucursal de
Florencia. Los mercaderes florentinos han abierto en ella muchos ban-
cos, y es posible encontrar gente que todavía siente que ha nacido junto
al Arno. Cellini y los suyos se detienen cuatro días en Lyon y luego se
encaminan a París. En este último trayecto de su azaroso viaje tan sólo
correrán un riesgo: les robarán, en La Palice, algunos salteadores de caminos. Han tenido que defenderse pero, gracias a Dios, Benvenuto,
además de ser buen orfebre, también sabe manejar las armas.

París parece esperarlo con los brazos abiertos. Cellini cree tener vía
libre. Piensa que puede fiarse del pintor Rosso Fiorentino, que en Roma
ha sido su amigo y compañero en numerosas cenas, en días enteros de
juerga al acabar la jornada. No piensa que aquél pueda sentirse celoso,
que tema que le quite parte del favor del que goza ante el rey Francisco
y también con la joven Catalina de Médicis, que lo sigue mientras está
trabajando en las distintas residencias reales. Y, en cambio, así sucede.
Lo primero que Rosso le cuenta es que ha llegado en un momento difí-

cil, que se respiran más aires de guerra y no abunda el dinero para realizar obras. Miente con descaro. Benvenuto comprende que su arte sería muy apreciado por Francisco I, pero también entiende que no le aguardan días felices si ha de sortear un obstáculo de la magnitud del que Rosso ha puesto en su camino. Sin embargo, consigue que Francisco I lo reciba en Fontainebleau —la audiencia dura una hora— y ganarse cierta confianza. Pero el rey se dispone a partir hacia Lyon. Ahora Cellini está descubriendo los hábitos de una monarquía a la que, a diferencia de los señores italianos, ocupa un trono al que darían ganas de calificar de «itinerante». El monarca no para de desplazarse con su séquito, de centenares de personas, como si debiera interpretar un papel que supuestamente ha de recibir el aplauso de espectadores que se sientan en plateas diseminadas por toda la nación. Es así como Cellini seguirá a Francisco I en este enésimo viaje: la estancia en París ha durado pocos días. Y en él se hará amigo de otro poderoso: Hipólito de Este, el hijo de Alfonso, duque de Ferrara, que representa en la corte francesa al pontífice y a quien dos años más tarde se nombrará cardenal. Llegados a Lyon, Cellini contrae una de esas enfermedades que hoy llamaríamos gripe. Afecta a toda la corte, y la ciudad parece un lazareto. Benvenuto está profundamente decepcionado. Cuanto ha dejado atrás: Italia, Roma, Florencia, le parece un paraíso perdido. La decisión —como siempre le ocurre— también en esta ocasión es fulminante. ¡Vuelve a Roma! Un saludo respetuoso para el amable Francisco I y, apenas restablecido de las fiebres de la «cuarentena», inicia el camino de regreso a caballo. Hipólito de Este le ha hecho prometer que realizará para él una jarra y una fuente de plata y, esperando mantenga el compromiso, le ha dado dinero para los gastos de viaje.

Pasa la Navidad en Roma, junto a los amigos de antaño. Está satisfecho porque recibe un encargo tras otro: los comitentes parecen haberse multiplicado y las adversidades anteriores a su marcha a Francia han desaparecido. El año 1538 se presenta para él como de excepcional fortuna. Ha abierto un nuevo taller y ha encontrado colaboradores, gente preparada en el oficio, no simples aprendices. Desde Francia le llegan cartas de Francisco I y de Hipólito de Este. El primero le pide que vuelva, que le asegurará un trabajo generosamente pagado; el otro quiere saber si ha iniciado su encargo, la jarra y la fuente que le prometió hacer. Cellini responde al de Este que está ocupado en ello —y es verdad— y a Francisco I que espera poder satisfacerlo. Sólo quiere asegurarse ciertas garantías de que, cuando llegue a París, no se le excluirá de nuevo del circuito de los encargos a causa del Rosso Fiorentino de turno. Añade que entretanto preferiría que, por mediación de Hipólito de Este, el monarca francés —como demostración de su buena voluntad— le hiciera llegar cierta cantidad de dinero y una especie de contrato, en el cual se comprometiera formalmente a servirse de él como artista.

Pero, precisamente mientras espera una respuesta, la buena suerte le da la espalda. Girolamo Pascucci, un ayudante del taller, despedido e insatisfecho con lo que Cellini le había entregado como último salario, lo denuncia ante la justicia, afirmando que sabe con certeza que es poseedor de nada menos que ochenta mil ducados, obtenidos de forma ilícita con la venta de algunas de aquellas joyas que Clemente VII le había confiado para que removiera de sus engastes de oro, durante los últimos días del asedio de Castel Sant'Angelo. En resumen, Benvenuto no sólo habría robado el oro, sino también las piedras preciosas, todos bienes de la Iglesia. Creen a Pascucci, y además Cellini tiene varios enemigos en la camarilla de Pablo III, entre los cuales el más encarnizado, y también el más poderoso, es Pedro Luis Farnesio, hijo del propio pontífice y dueño virtual de Roma, como Alejandro, el bastardo de Clemente VII, lo era de Florencia antes de que el puñal de Lorenzaccio pusiera fin a su vida. Ése es el motivo principal por el que los guardias del Bargello arrestan a Benvenuto. Corre el mes de octubre de 1538 y es encerrado en una celda de Castel Sant'Angelo. «Ésta fue —escribe— la primera vez que probé la cárcel hasta la edad de treinta y siete años.» Quizá no piensa que hasta el momento había tenido quizá demasiada suerte, que habían sido muchas las ocasiones en las que podría haber acabado entre rejas. Sólo tenía que repasar algunos episodios de su propia vida. Lo extraordinario en esta ocasión es que tal vez no fuese culpable de lo que se le acusaba. Por otra parte, la historia de aquel oro del que se había adueñado era conocida en la magistratura romana, y había sido absuelto dos años antes. En cuanto a las piedras preciosas que supuestamente había sustraído, parece extraño que Clemente VII, que se las había confiado para que, una vez desengastadas, obtuviera el oro que fundir, no se hubiese percatado de la falta de algunas de ellas, siendo como eran, además, de tan alto valor. Era posible hacer desaparecer el oro obtenido tras la fundición, pero no un diamante.

Sea como fuere, Benvenuto se encuentra ahora entre rejas. De las estrellas a los establos.

CAPÍTULO DIECISÉIS

Vida de preso

Vida de preso, confiando en que, también en esta ocasión, los acontecimientos se desarrollen del mejor modo posible, tal como acostumbraba en las pasadas situaciones de peligro. Pero la suerte parece seguir otros derroteros y Cellini se habrá dado cuenta de que el enfrentamiento será duro, de que no podrá resolverlo a fuerza de desenvainar la espada. Tiene en su contra a un hombre poderoso, Pedro Luis Farnesio, a causa de un antiguo odio: el asesinato de Pompeo, a quien el hijo del pontífice estaba unido por relaciones de amistad.

La cárcel es un lugar para la tristeza. Cellini siente que le falta su taller y que todo el mundo le ha traicionado; serán meses, años severos: 1538 y buena parte de 1539 lo pondrán a prueba, pues o sale de allí como un hombre acabado o es capaz de conservar la fuerza que hasta el momento lo ha distinguido en lo bueno y también, ¡ay!, en lo malo. Al final Cellini no saldrá perdiendo, pero ha tenido que aprender una dura y útil lección. Entendámonos: le resultará útil para hacerse un poco menos impetuoso, pero no para cambiar, no para restar a su carácter indomable el impulso que lo anima, ese fuego siempre ardiente en él. Imaginarse a un Cellini que sale de la prisión —cuando esto ocurra— «arrepentido», sería traicionar a la verdad. Y, además, ¿«arrepentido» de qué? Todo cuanto ha hecho, ha sentido que debía hacerlo, cada gesto se lo debía a sí mismo, ha sido en nombre, en defensa, de sí mismo. Y Benvenuto ha entendido que en su siglo el culto a la propia persona es la garantía del verdadero éxito. Tiene ejemplos innumerables. Cuando le han hablado de Aretino y de su escandaloso estilo de vida, debe de haberse reído. Aretino es el intérprete elegido por el *Cinquecento* para contar una parte de su historia. Violencia, venenos, asesinatos, enfrentamientos armados, invasión por parte de los extranjeros: existe una Italia enviscada que, de algún modo, debe redimirse, y Aretino quizás está indicando una manera —aunque pueda parecer reprobable— de defensa ante las calamidades: si no hay armas, si faltan los ejércitos, que por lo menos quien posee inteligencia y valor los utilice. ¿Sólo en su beneficio? ¡Claro! Aquí se vive en singular. En un país desmembrado como Italia, sin pies ni cabeza, desgarrado por los conflictos, es preciso entender cuáles son los únicos instrumentos que pueden usarse. Que cada cual se ocupe de su barca, que en el mar reina la tempestad. ¡Sálvese quien pueda!

Y Cellini no quiere naufragar. Sabe que es un gran artista. Nada de falsa modestia, pues ha aprendido a valorar aquello que tiene que ver con su oficio y sabe distinguir entre quien realiza obras de arte y quien copia o hace chapuzas. Tiene la exacta medida de su valor. Deberá hacer —se trata de un propósito que cumplirá— que esta virtud pese en el plato de la balanza. En el fondo, el hecho de poder exclamar «soy la que os da los mejores artistas y literatos» es la única redención que le queda a una Italia militar y socialmente debilitada. Que por lo menos gane esta guerra, que permanezca unida, siquiera en este frente.

Pero ahora Benvenuto debe pensar en cómo salir de la cárcel. Y no es fácil. Castel Sant'Angelo puede verse, como prisión, desde dos ópticas diferentes. No es exactamente una prisión, pero funciona como tal. También porque huir es muy difícil. Aunque, por otra parte, al Cellini prisionero le corresponden al principio unas condiciones de vida no tan desfavorables. Le han quitado la libertad, se siente enjaulado, pero puede moverse en el interior del castillo sin más límite que el que marca cierto perímetro, bastante amplio por cierto. Entretanto ha sufrido un primer interrogatorio: Benedetto Conversini dirige al grupo de inquisidores; con él están Benedetto Valenti y Benedetto da Cagli. Pero no puede decirse que estos tres Benedettos aseguren a Cellini un proceso tranquilo, y de hecho el ataque se recrudece. Le preguntan acerca de todo y más, le apremian y le hacen intuir que están convencidos, incluso antes de que el interrogatorio acabe, de su culpabilidad. Desde luego, no es reconfortante para alguien que está en la cárcel, pero Cellini tiene el valor de responder con una tranquilidad que, cuando menos, debe de haberlos desorientado. Quizá se han visto obligados a adoptar el papel de jueces a los que se ha impuesto una línea de conducta, jueces que no pueden llegar a otro veredicto que el de la culpabilidad. Y Cellini advierte su indecisión: «Señores míos —les refiere ya en el primer interro-

Pietro Aretino *(grabado de Fusinati del retrato pintado por Tiziano)*.

gatorio—, hace más de media hora que no paráis de preguntarme sobre fábulas y demás: verdaderamente se puede decir que habláis como cotorras... de modo que os ruego que me expliquéis qué queréis de mí, y que yo oiga salir de vuestras bocas razonamientos y no fábulas...» Es un contraataque en toda regla, pero no contenta a los inquisidores; quienes se percatan de que hallarán resistencia y se enfadan aún más. Comprenden que son poco creíbles. Ésta es la razón por la cual el jefe de todos ellos, Benedetto Conversini, se lanza con furia contra Cellini. Ha perdido los papeles, se ha puesto en evidencia; en resumen, demuestra a Cellini que las pruebas, las verdaderas pruebas, no existen, que la acusación se fundamenta en rumores, que se quedará en prisión, pero que sus propios jueces se encuentran en una situación embarazosa por tener que obligarlo a permanecer en ella. Si eso es en alguna medida un consuelo, corresponde decidirlo a Cellini. Él ha sabido que del inventario de las joyas pertenecientes a Clemente VII no falta nada, que en este aspecto los acusadores lo tendrán difícil. En efecto, ahora van siguiendo el hilo de su vida en Roma, hurgan en su pasado, le endosan viejas culpas. Giorgio Ugolini, un fraile florentino, que es el alcaide de Castel Sant'Angelo —en la práctica, su carcelero—, trata de concederle las mayores comodidades posibles en semejante ambiente. Mientras tanto, han registrado su taller de orfebre y requisado muchas joyas que han encontrado en él. Pero todos esos objetos son de su propiedad, incluidas algunas piezas inacabadas. Es evidente que en ellas no podrán fundamentar las acusaciones que se le imputan. Ugolini trata de ayudar más si cabe a Cellini permitiendo que su colaborador Ascanio le traiga trabajos de orfebrería para realizar en aquellos días entre rejas. Es una manera de distraerse para que las horas se le hagan más cortas.

Benvenuto, hemos dicho, puede moverse en el interior del castillo. Así, se encuentra no sólo con Ugolini, sino también con los guardias que vigilan la fortaleza, alguno de los cuales le aconseja que huya. Benvenuto descubre que todos los vigilantes están convencidos de su inocencia, y cuando argumenta que huir supondría traicionar la confianza que Ugolini ha depositado en él, que Ugolini podría verse perjudicado por haber dejado escapar a un prisionero, le responden que quien está entre rejas no puede darse el lujo de dejarse llevar por semejantes sentimentalismos. No hay promesa que valga: la libertad está por encima de cualquier otra cosa. Pero estas palabras no convencen a Cellini. Es verdad que el papa es injusto y que el bribón de Pedro Luis Farnesio, su bastardo, lo atormenta vilmente, pero ésta no es razón para perjudicar a alguien que, como Ugolini, le ha permitido sentirse, aun en prisión, menos preso.

Por lo tanto, resuelve no huir. Una sabia decisión, así le parecía. Pero Benvenuto fue más sabio y no se dejó convencer, presa de la compasión, por las palabras de un compañero de cautiverio, un fraile llamado Pallavicini, acusado de haber seguido las ideas protestantes y ser acérrimo defensor de Savonarola. Y es precisamente en nombre de las ideas de éste que Pallavicini insta a Benvenuto a una acción que no beneficia a ninguno de los dos. Cellini parece hechizado por las palabras del fraile, de quien, por otra parte, se sabe que era un gran predicador. En resumen, Pallavicini maquina una fuga y quiere la ayuda de Benvenuto. Éste se muestra reacio, pero el fraile —¡discípulo de Savonarola al fin!— no se rinde. «Al ver dicho fraile que no podía corromperme por medio de sus agudísimas y virtuosísimas razones, tan maravillosamente expresadas, pensó en tentarme por otra vía», y he aquí que, entre los comentarios de un sermón y otro, entre alusiones a la espiritualidad y admoniciones celestiales, Pallavicini consigue que Benvenuto le enseñe cómo se hace una llave: el resto es fácil de imaginar. Cellini tiene abundante cera, la que Ascanio, su ayudante, le trae para continuar el trabajo, con la autorización de Ugolini, el alcaide. El fraile le sustrae cierta cantidad o, más claramente, se la roba. Tiene una idea: quiere fabricar una llave, abrir por la noche su celda y luego (quizás algún guardia le ha prometido ayuda, en esa segunda parte de su plan de fuga) huir de Castel Sant'Angelo y de Roma.

Pero el plan fracasa y descubren a Pallavicini cuando aún está realizando las primeras pruebas con la cera, sobre la que ya ha hecho el molde de la cerradura. Se duda de que lo haya hecho solo y se sospecha que ha contado con la ayuda de Benvenuto, quien así se ve en problemas, como si lo de estar encerrado no fuera suficiente. El alcaide Ugolini se siente traicionado: que Benvenuto, visto que no merece su confianza, sepa lo que es estar de verdad en una celda. Y Benvenuto, encerrado como un ratón en una trampa, está furioso, pues en ningún momento ha ayudado al fraile; él no es cómplice de nadie, y aun así debe pagar por los demás. De modo, pues, que resuelve evadirse. Claro que se requiere un plan, uno que no pueda fracasar. No es fácil escapar de Castel Sant'Angelo, pero él conoce el sitio a la perfección, ya que fue el encargado de los cañones cuando el asedio de Roma. Sabe cómo moverse, qué puertas debe abrir y cuál es el punto adecuado para descender por los empinados muros. No es que con esto lo haya resuelto todo, pero es un buen comienzo para preparar un plan de fuga.

Cuenta con la complicidad de algunos amigos de fuera, aunque dentro del castillo los mismos guardias que antes le habían aconsejado que intentara escapar, ahora —visto el ambiente después del fracasado intento del fraile— se guardan mucho de ofrecerle la mínima ayuda. Así comienza un curioso trasiego que tiene a las sábanas por protagonistas. Cuando le traen las limpias, Benvenuto no devuelve las que ya ha usado y las esconde lo mejor que puede en su celda. De este modo se hace con unas cuantas: deberán servirle para la fuga. En resumen, usa el método más «clásico» empleándolas a guisa de soga para huir de la prisión. Llega el momento: «Cuando reuní una cantidad que me pareció suficiente para descender desde la gran altura de aquel torreón de Castel Sant'Angelo...» Y, puesto que las sábanas, cortadas en tiras, bien son suficientes, en lo que a longitud se refiere, la operación de fuga puede comenzar. Aunque después un desacuerdo con su hasta el momento fidelísimo ayudante Ascanio pone en peligro el plan, complicado también por otro episodio que de nuevo enturbia esta historia de Cellini en Castel Sant'Angelo haciendo que los ánimos pasen de la risa al llanto. Esta vez el actor principal es el carcelero, Ugolini. El pobre hombre a menudo ha dado muestras de no encontrarse en su sano juicio, pero las cosas se complican todavía más. Desvaría, habla solo, deambula por el castillo sin que nadie sepa el motivo. Ha vuelto a hablar con Cellini, y con frecuencia lo invita a sus estancias y, muchas veces, incluso a cenar con él. Sufre uno de sus raptos de locura, diserta sobre filosofía, cavila sobre argumentos que de vez en cuando parecen dominar por completo su pobre mente. Como si se hubiera convertido en un discípulo de Leonardo, discute acerca de la posibilidad de volar por parte del ser humano. En resumen, volar es su sueño. Y durante sus apasionadas conversaciones trata de convencer a Benvenuto de que todo esto puede realizarse perfectamente. Bastará con encontrar la respuesta científica correcta y el sueño de Ícaro no conocerá fronteras. Cellini ha de entrar en el juego, pues quiere volver a gozar de mayor libertad en el castillo y así ocuparse más fácilmente de su plan de fuga. Para contentar al alcaide, intenta colaborar en el proyecto de vuelo humano, tal como lo entiende el pobre Ugolini. Propone como modelo a seguir el murciélago, cuya constitución puede ofrecer un mejor inicio para proyectar el vuelo del hombre. Ugolini lo escucha, satisfecho de que el orfebre colabore. Pero luego, precisamente durante una cena con éste, tiene un ataque de furia cuando cree entender que Cellini pretende aprovecharse de sus estudios para «volar del castillo». Y ha sido el mismo Benvenuto quien le ha dado ocasión de dudar cuando ha dejado que se le escapara —sin pensar que una cosa tan absurda despertaría sospechas— que para huir del castillo bastaba con confeccionar dos alas con una tela resistente. Ugolini se sobresalta y lo mira aterrorizado: el papa jamás le perdonaría que dejase escapar a un prisionero que debe permanecer bien encerrado. Que Cellini sepa, pues, que en adelante —precisamente porque para Ugolini existe el riesgo de que consiga volar— se le confinará en una celda. Esto es un signo de la locura del pobre carcelero, pero para Cellini supone un perjuicio enorme: salir durante unas horas de la celda habría facilitado la ejecución del plan de fuga.

Pero nada cambiará. Habrá, eso sí, que trabajar más. En efecto, la puerta de la celda se resiste, y sólo después de mucho esfuerzo Benvenuto consigue desquiciar la cerradura, tras arrancar algunos trozos de madera, sirviéndose de las grandes tenazas que le ha sustraído a uno de los guardias. Aún es de noche, pero hay que darse prisa, pues de lo contrario la luz del día lo desenmascarará ante los soldados que montan guardia en las escarpas de Castel Sant'Angelo. «Llevaba un jubón blanco —escribe Cellini—, calzas blancas y un par de borceguíes también de piel clara.» ¡Era imposible mimetizarse menos! Resulta muy fácil distinguirlo. Por un corredor llega a las letrinas y aquí consigue abrirse una vía hacia el techo, del que quita algunas tejas. Ahora debe bajar: un vacío de más de cuarenta metros lo separa de la salvación. Despliega las tiras de sábana y las lanza abajo, percatándose con horror de que ha calculado mal, que faltan muchos metros desde el extremo de la cuerda improvisada hasta el suelo en el que debe aterrizar. Pero ya es tarde para detenerse; desciende cogido de las sábanas y luego salta al vacío. Siente un gran dolor en una pierna, aunque ni siquiera eso le detiene; avanza en la oscuridad, pero de pronto el dolor es insoportable. Tiene una fuerza física excepcional, puede resistir fatigas increíbles, está templado para cualquier esfuerzo; sin embargo, esta vez la pierna fracturada hace que se desmaye como una débil muchacha. Cuando recupera el conocimiento es de día: nadie parece haberlo descubierto. Benvenuto consigue ponerse en marcha, tratando de no apoyar en el suelo la pierna rota, avanzando a pequeños brincos, tal como hacen los niños en algunos juegos, hasta las cercanías de San Pedro. Un aguatero —basta un poco de dinero para pagar su silencio— lo acompaña hasta la escalinata que conduce a la entrada de la iglesia. Cellini desea buscar refugio donde Margarita de Austria, la viuda de Alejandro, duque de Florencia asesinado por Lorenzaccio. Ella sabe que ha sido amigo de su marido y de-

Benvenuto Cellini se fuga de Castel Sant'Angelo *(grabado del siglo XIX de Simon sobre dibujo de Piloty)*.

bería ofrecerle protección. Es hija del emperador Carlos V y poderosa en Roma. Pero también este proyecto fracasa. Cellini, traicionado por sus fuerzas, no consigue levantarse y se considera muy afortunado cuando ve pasar a unos sirvientes del cardenal Cornaro. Otras veces el prelado veneciano le ha prestado ayuda, ¿por qué no habría de hacerlo también en esta ocasión? Ya en casa del cardenal, le curan las heridas y la pierna rota. Encerrado en una habitación apartada, Benvenuto se siente casi seguro, pero su buena suerte aún está lejos de volver a sonreírle.

El cardenal Cornaro tiene buenos propósitos. Se dirige a ver al papa y quiere obtener la libertad del artista. Sabe que no será fácil, pero le mueven las mejores intenciones. Remitámonos a Cellini: «Entretanto en Roma se había armado un grandísimo revuelo, ya se habían descubierto las sábanas atadas en el gran torreón del castillo...» Roma sabe, pues, que Cellini ha huido, ¡se ha reído del pontífice, nadie puede retener en la cárcel a aquel orfebre! Desde luego, Pablo III no se mostrará dispuesto a perdonar a Benvenuto.

CAPÍTULO DIECISIETE

Tantas fatigas para luego volver a la cárcel

La fuga de Cellini es por demás sorprendente. Se suma a otras que ya pertenecen a la historia de las grandes evasiones. Suscita consensos, porque cuesta imaginar en prisión a un personaje tan imprevisible y exaltado. Encerrado en Castel Sant'Angelo, sus aventuras parecen haber llegado al final: Benvenuto es noticia en los salones y cortes de Roma, Italia y Europa, donde quieren historias de aventuras, en especial en este *Cinquecento* que ha mezclado lo sagrado y lo profano sin distinción, que tanto se deleita con las obras maestras artísticas como con el relato de delitos macabros, que admira a los héroes más puros, pero a la vez no desdeña a los bribones que se han atrevido a todo. El pueblo, el pueblo llano, también quiere participar en esta fiesta de la noticia, y lo hace por la tarde en las tabernas, cuando se corre la voz de aquello que ha sucedido en la jornada, entre una jarra de vino y otra, entre una mano de cartas y una blasfemia. Cellini forma parte de estas crónicas, durante años ha llenado páginas y más páginas. Al papa se le reprocha haberle encarcelado, no porque se dude de que Cellini sea inocente, sino porque se ha retirado de la escena a un verdadero primer actor de la vida cotidiana. De ahí la satisfacción de muchos al enterarse de su evasión. Alguien dijo que merecía estar de nuevo en libertad porque a un gran artista se le pueden perdonar ciertos errores en nombre de aquellas obras que puede crear y que, aislado en una celda, ya no haría, pero la verdad es que, ante todo, en su fuga se ve la posibilidad de tenerlo otra vez en la calle, en su taller, en medio del habitual tropel de compañeros de bravatas, devolviendo el tono a unas jornadas que al perderlo como actor se han vuelto aburridas, predecibles. No es que faltase gente de su ralea, dispuesta a ofrecer la misma clase de vida que diera de qué hablar,

pero la privación venía del hecho de que faltaba uno de su misma cala-
ña. El peso de un ausente se magnificaba hasta el extremo de sentirse
como la falta de todo un ejército.

Roma sabe que ha huido, y pronto conocerá también dónde se
oculta. Lo sabe la Roma de los nobles y también la del pueblo. Es más,
comienza una especie de peregrinación a la Meca de la inspiración y la
fantasía. «Un gran número de damas y caballeros» lo visitan en el palacio de Cornaro. Cellini puede considerarse satisfecho: es un tributo de
honor que lo convierte en todo un personaje, en un rey recién llegado a
la ciudad de los papas. Una vez conocido el hecho, el mismo Pablo III
parece haberlo aceptado con mucha diplomacia, asegurando que la-
mentaba el daño físico que Benvenuto había sufrido. El cardenal Cornaro ha ido personalmente a ver al papa para obtener la absolución de
Cellini y, por lo tanto, la legitimación de su fuga de Castel Sant'Angelo.
Lo ha acompañado Roberto Pucci, quien luego pronuncia las palabras
con las que ruegan perdón. Pablo III escucha el discurso de Pucci: «Bea-
tísimo Padre, os pedimos vuestra gracia para ese pobre hombre, quien
por sus virtudes merece alguna discreción, y, además, en ellas ha mostrado tanta pericia e ingenio que no ha parecido cosa humana.»

Pablo III no dice gran cosa, y es precisamente ese medio silencio el
que no promete demasiado. Sin embargo, deja entrever que el caso de
Cellini lo ha conmovido, que quizá..., quizá..., quizá. Pero nada se deriva de su discurso. Pocos días después se sabe que Pedro Luis Farnesio, su
bastardo, y junto a él los parientes de aquel orfebre asesinado por Cellini, han vuelto a presionar para que éste regrese a prisión. Es ahora cuando entre el papa y el cardenal Cornaro se produce un escandaloso intercambio de favores: ¡tú me das una cosa y yo a ti otra! Cornaro solicita
un obispado para un protegido suyo, un tal Andrea Centano. El pontífice le propone un pacto: que le entregue a Cellini, sin armar demasiado
revuelo en Roma, y él le concederá el obispado que ha pedido. Cornaro
cede; como una disculpa parcial está el hecho de que el pontífice, con
tal de concluir el «asunto», le ha prometido que no devolverá a Benvenuto a la cárcel, sino que le ofrecerá hospitalidad en una de las estancias
de su residencia. ¡Una especie de arresto domiciliario en casa de un
papa! Pablo III, además, le habría garantizado que Cellini podría recibir
libremente a los amigos que quisiera, incluso trabajar, porque —aseguraba el papa— un artista de su valor debía tener libertad para ejercer su
profesión.

Cornaro refiere a Cellini sus negociaciones con el pontífice, pero

Margarita de Austria, *dibujo de V. Sichem.*

Cellini no se fía en absoluto y pide al cardenal que le deje intentar fugarse de Roma, pues ya ha estudiado el modo de hacerlo. Otra rocambolesca genialidad: Benvenuto piensa que podrá salir por las puertas de Roma sin despertar sospechas envuelto en un colchón, en un carro de trastos que habrían debido simular un desalojo. Una vez que estuviese fuera encontraría la manera de no dejarse coger otra vez. Pero el plan no se llevará a cabo: Cornaro se fía del papa. Pide a Cellini que confíe en él, que más adelante sacará provecho de ello. Cosa que sucede, si por provecho puede entenderse acabar en la terrible prisión de Tor di Nona. Ahora Cellini está desesperado, también porque le han dado a entender que el papa incluso puede decidir ahorcarlo. Las horas pasan como si no hubieran de terminar jamás. En Roma —eso espera Cellini— habrá alguien que lo recuerde con afecto. Y el rebelde, blasfemo y despreocupado Cellini se encuentra rezando a Dios con todo su corazón, para que lo ayude entre tanta desgracia.

La providencia divina nunca falla. La mujer de la que Benvenuto esperaba ayuda al huir de Castel Sant'Angelo, Margarita de Austria, la viuda de Alejandro de Médicis, sale de su palacio romano y pide audiencia al papa. Es de sangre imperial. Pablo III sabe que no puede negarse. Ella le pide que perdone la vida a Cellini y que, si no quiere liberarlo, al menos lo devuelva a Castel Sant'Angelo, lejos de esa horrible prisión de Tor di Nona. El papa no puede olvidar que Benvenuto ha sido amigo del desaparecido esposo de Margarita.

Es decir, Pablo III lo olvidaría con gusto, pero no se atreve a ofenderla, pues sabe que es poderosa y está dispuesta a vengarse, y sabe con cuánto empeño contribuye con su dinero para que los sicarios persigan a Lorenzaccio. De una mujer así sólo puede esperarse resentimiento, que el día de mañana podría pesar.

Ser papa no significa dejar de ocuparse de las cosas de la política terrenal, y Pablo III piensa que es mejor tener un Cellini vivo que granjearse semejante enemistad. Benvenuto vuelve a Castel Sant'Angelo. Algo ha obtenido.

Y, además, salva la vida, lo que no es poco, aunque tener que vivir en Tor di Nona fuese peor que estar muerto.

CAPÍTULO DIECIOCHO

El año del milagro

Mil quinientos treinta y nueve es el año del milagro para Cellini. De la oscuridad a la luz, de la prisión a la libertad. Pero la gracia divina, el «levántate, Lázaro», no llega de inmediato. Primero hay una larga penitencia que expiar. Todavía pasa sus días en Castel Sant'Angelo y abriga sospechas —no infundadas— de que, visto que no se le puede hacer morir a manos del verdugo, se intente ahora envenenarlo. Para empeorar la situación, después de haberle prometido la antigua celda, le han adjudicado un cuartucho en el que no se filtra un sólo rayo de luz, ubicado en la parte del castillo donde nunca da el sol. Pedro Luis Farnesio y los parientes de Pompeo insisten en que Cellini debe pagar por la muerte del orfebre. Benvenuto pide que le lleven libros: lee la *Biblia* y las *Cronache* [Crónicas] de Giovanni Villani. Piensa en el alma, pero quiere refrescar su memoria mundana. Pasa por un momento difícil, aunque demuestra ser sensible; tiene visiones extraordinarias, escribe sonetos a la manera de Petrarca, o eso es, al menos, lo que cuenta en su autobiografía. Lo referimos a modo de información, no porque nos neguemos a creerle, sino porque sospechamos que, conociendo al personaje, a menudo pretende legar a la posteridad uno de esos retratos con los que de vez en vez ha querido mostrarse. Le agrada sentirse una víctima y desea que suframos y nos asombremos con él, con un «él» que vive entre criaturas misteriosas y formas angélicas, mientras está inmerso en el sueño. Parecería que nos encontráramos ante un personaje del todo nuevo: un Cellini que nadie podía imaginar que escondiera un segundo «rostro». La transformación se debe probablemente a la soledad que padece en prisión, a la amargura, que alcanza momentos de verdadero abatimiento. Piensa incluso en el suicidio, y sólo el reconfortante con-

tacto que, a través de las visiones, mantiene con las presencias que vienen a hacerle compañía, seguramente habrán conseguido salvarlo. Por
otra parte, no es difícil calibrar el dolor de alguien que, como él, ama
desesperadamente sentirse libre de movimientos y de actos, y ahora, en
cambio, se haya reducido a este estado, encerrado como un animal
en una jaula: un león que ha rugido por mucho tiempo y que ha acabado en el peor de los zoológicos que podrían haberle ofrecido.

Lo que más le asusta es su propia decadencia física, debilitamiento
que ve empeorar día a día. El consuelo de la plegaria lo ayuda a sobrevivir: «Sólo me producían una gran angustia —escribe en la *Vita*— las
uñas que me crecían, porque no podía tocarme con ellas sin herirme, no
podía vestirme, porque se me doblaban hacia adentro o hacia afuera,
ocasionándome un gran dolor. También se me pudrían los dientes en la
boca y era consciente de ello porque los dientes muertos, empujados
por los que estaban sanos, poco a poco horadaban por debajo las encías
y las puntas de las raíces atravesaban el fondo de sus alvéolos. Cuando
me daba cuenta tiraba de ellos, como si los sacara de una vaina, sin dolor ni sangre: así me habían caído muchos.» Es un retrato que espanta al
espectador: es muy poco lo que queda de aquel Cellini aún joven y de
gran fortaleza física de hace apenas un año. La prisión —en especial ésta
de ahora— lo está destruyendo. Intenta salvar las fuerzas del espíritu,
apelando a aquellas fuentes internas que descubre que posee, las de la
esperanza en Dios, pero nada puede hacer contra la decadencia del
cuerpo. Cada hora, cada instante, se encuentra frente a esta destrucción. Es un artista que ama las formas bellas y debe tropezarse con el
horror de su propia presencia. No tiene espejos en los que mirarse, pero
le bastan los daños que descubre en su persona para saber que ha asumido aspectos que nunca hubiera podido imaginar.

El carcelero, Ugolini, está más loco que nunca y su humor varía de
día en día: de actos de liberalidad —si bien dentro de los límites que le
son concedidos, puesto que se le ha ordenado someter a Cellini a una
prisión rigurosa—, de algunos gestos de amabilidad, que puedan endulzar las horas de aquel prisionero, pasa a unos ataques de ira imprevisibles, como cuando —al conocer que Benvenuto se declara feliz porque ha encontrado el consuelo de Dios— el guardián, que padece un
mal que lo está conduciendo a la tumba, y sufre y se desespera, decide
castigar a aquel hombre que se proclama contento, incluso en situaciones que deberían apenarlo: «¡Oh Dios! ¡Él triunfa y vive en medio de
tanto mal, y yo, entre tantas comodidades, sólo muero por su causa!»

IMP. CAES. HADRIANI AVG.   MAVSOLEVM ACCVRATISSIME
DELINEATVM A.D. MDLX

Castel Sant'Angelo en un dibujo de principios del siglo xx.

Las palabras del carcelero son las de un hombre desquiciado, pero esta vez el objeto de su locura es Cellini: «Pronto —ordena Ugolini a sus guardias—, ponedlo en aquella caverna subterránea donde murió de hambre el predicador de Foiano...» El mandato es de aquellos que no dejan escapatoria y los guardias pueden haberse preguntado, incluso, el porqué de tan súbito ensañamiento por parte de su jefe, pero deben obedecer. Conducen a Cellini a la nueva celda. Aunque sin duda es un eufemismo denominar celda a aquella especie de alcantarilla cerrada a toda luz, una caverna donde resultaba imposible sobrevivir demasiado tiempo. Fray Benedetto Tiezzi de Foiano, fraile de la Orden de los Predicadores del Convento de Santa Maria Novella de Florencia, había probado tan horrenda prisión. Y, a los pocos meses de encarcelamiento, su cuerpo dejó de resistir, aunque la muerte debió de parecerle una liberación: eso habrá pensado Benvenuto nada más oír cómo se cerraba la puerta de la celda. Víctima también él del odio y en absoluto culpable de delitos que merecieran semejante castigo.

El pobre fraile Foiano había muerto allí, condenado sencillamente por haberse declarado contrario a los Médicis. Entregado, después del asedio de Florencia, al papa Clemente VII, fue encerrado en Castel Sant'Angelo, precisamente en la celda donde han confinado a Benvenuto.

Sin embargo, ¡siempre hay algo peor! En efecto, cuando los soldados entraron en la celda que ocupaba anteriormente y le indicaron que su situación de prisionero iba a empeorar en gran medida, Cellini temió que lo arrojasen «por el escotillón del Sammalo»: así se llamaba a un lugar espantoso, que «ha engullido a muchos seres vivos, que van a parar a los cimientos del castillo, dentro de un pozo». El término «Sammalo» derivaba de una imagen de san Marocco que se había encontrado en las cercanías de aquel pozo, una de esas galerías que nacían de los cimientos del castillo: se descendía al prisionero con una cuerda y el espacio que habría de albergarlo era apenas suficiente para moverse. ¡En comparación, la celda a la que lo condujeron era un palacio!

Su suerte sigue siendo desigual ya que, sólo dos días después del traslado, lo envían a su celda anterior. Ugolini ha vuelto a cambiar de idea. Cellini es un prisionero que atormenta su espíritu; se siente próximo a la muerte y teme que esta injusticia, que se ve obligado a cometer con el orfebre florentino, le sea imputada en el Cielo como su mayor pecado. Una culpa que Dios no podrá perdonarle.

El pobre Ugolini pronto debió descubrir si, efectivamente, así sería, porque murió pocos días después. Su hermano Antonio lo sustituye como carcelero. Entretanto, llegan noticias reconfortantes para Cellini: son muchos los que presionan al papa Pablo III para que le devuelva la libertad. Pedro Luis Farnesio, el hijo del pontífice, quien ha querido su prisión, tal vez esté perdiendo la partida. Benvenuto puede abrigar esperanzas.

CAPÍTULO DIECINUEVE

De nuevo libre

A principios de diciembre de 1539 Cellini es liberado. Annibal Caro le da la noticia a Benedetto Varchi: «Ya os habréis enterado de que Benvenuto está fuera del castillo, en casa del cardenal de Ferrara: ahora, con calma, las cosas se arreglarán.» Con fecha 5 de diciembre, la misma de la carta de Caro, también Luigi Alamanni escribe a Varchi, y esta vez la noticia es segura: «Aquí en mi habitación —informa Alamanni—, tengo a Benvenuto, el orfebre, sano y salvo, algo que incluso a él le cuesta creerlo: cuando le abrieron la prisión le pareció que soñaba, convencido como estaba de que jamás saldría de ella... Puede agradecer su vida al cardenal de Ferrara y a sus amigos, entre los cuales vos fuisteis el primero y varias veces le he dado fe de ello...» Así pues, fue el cardenal de Ferrara, Hipólito de Este, quien más presionó al pontífice. A él se unió Jean de Montluc, embajador en Roma del rey de Francia, Francisco I. También otros amigos, pero para vencer la resistencia papal mejor pensar que pesaron los ruegos del de Este y cierto tono, velado de orden, que provenía de la corte de Francia. Francisco I recuerda a este artista italiano, le quiere a su lado y espera grandes cosas de él. Francisco ha protegido a Leonardo obteniendo espléndidas obras y ahora quiere apostar por este maestro de la orfebrería y el diseño. Lo recuerda con gran interés, quiere tenerle en Francia y también ofrecerle condiciones de vida que sean dignas de un gran artista, tal como él lo estima. Se las merece aún más, después de haber sufrido la injusticia de la prisión, sin haber sido siquiera sometido a un proceso ordinario.

Mientras tanto, vuelve a abrir su taller en Roma. Quiere que sepan que aún existe, mostrarse ante quienes, quizás en secreto, habían esperado librarse de un competidor. Ha ido a Tagliacozzo en busca de su fiel

Ascanio, su ayudante predilecto. Tuvo un altercado con él, pero después le escribió, arrepentido, pidiendo perdón y planteando la posibilidad de volver a trabajar juntos. Hasta mediados de marzo Cellini permanecerá en Roma; luego, partirá con destino a Ferrara, donde había prometido detenerse a fin de realizar algunos trabajos para el cardenal de Este, uno de los principales artífices de su liberación. Ferrara parece una sucursal de París y de la corte de Francisco I. Allí se respira una atmósfera afrancesada. El hermano del cardenal Hipólito es duque de Chartres y se ha casado con una noble francesa, descendiente de reyes. Han acogido a Cellini con gran boato, pero está claro que al artista las brumas de la llanura padana no le agradan. Las primaveras romanas o florentinas son sus modelos ideales de clima. Se puede sobrellevar el invierno si se ve el sol en el cielo, pero él no soporta este marzo ferrarés, que no es primavera ni invierno, a menudo velado por el manto de la bruma. Aunque debe mostrarse agradecido con el cardenal Hipólito y tiene que acabar aquellas dos piezas que le encargó cuando acababa de volver de su primer viaje a Francia: la jarra y la fuente de plata en las que ya había trabajado, incluso cuando estaba encerrado en Castel Sant'Angelo. Mientras permanece en Ferrara, el mismo Hércules II de Este, el duque, quiere un retrato hecho por Cellini. Cellini lo esculpe sobre un fondo de piedra negra «del tamaño de un trinchante de mesa». Mientras posa, Hércules de Este se entretiene con Benvenuto. Entre ambos se establece una buena relación (estropeada, poco después, por las razones habituales: Cellini no logra obtener todo el dinero que pretende por el retrato): «Al duque le gustaban mis trabajos y la conversación con él era muy agradable; las dos cosas hacían que con frecuencia se dejara retratar durante al menos cuatro o cinco horas y a veces me invitaba a cenar a su mesa.»

Entretanto, desde Francia lo apremian para que parta. El cardenal de Este ha tenido que mentir. Francisco I, impaciente por tenerlo con él, se ha lamentado del retraso y el de Este se ha inventado que Cellini ya se encuentra en Francia, pero que ha debido detenerse en Lyon porque está enfermo, aunque de algo leve. Será mejor que ahora —recomienda el de Este a Benvenuto— abandone Ferrara. No puede seguir mintiendo por él.

De su viaje debería ocuparse —en lo que a medios financieros se refiere— un funcionario de la corte de Ferrara, pero resulta ser tacaño y, encima, zafio. Así se expresa Benvenuto cuando aquél, al pedirle un criado personal, además de llevar consigo a sus dos ayudantes, Ascanio y Pagolo, le responde que éste es un tratamiento que hasta ahora sólo se

Ferrara, el castillo de los Estenses (grabado de Barberis).

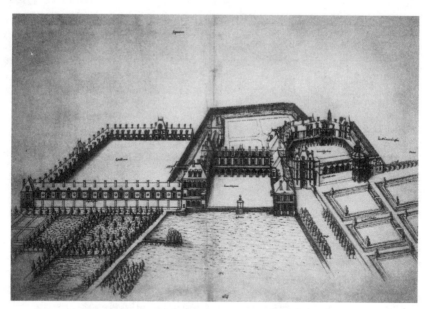

El castillo de Fontainebleau en un dibujo de Androuet du Cerceau, hacia 1570
(Londres, British Museum).

le ha concedido al hijo del duque. Y he aquí que surge, como de una
caja donde hasta ahora hubiera estado escondido, el antiguo Cellini,
que devuelve la pelota y se enfada contra el tacaño. «En seguida —lee-
mos en la *Vita*— le respondí que los hijos de mi arte iban del modo que
le había dicho, y que por no haber sido nunca hijo de un duque no sabía cómo iban ellos...»

Tampoco, en cuestiones de dinero, le va mejor con la recompensa
por la medalla que ha realizado para Hércules II de Este, el duque.
Como remuneración recibe un anillo con un diamante que no vale más
de diez escudos. Un experto como Cellini se da cuenta en seguida: el
duque ve cómo le devuelven el anillo y le dicen claramente que no se
puede pagar con semejante miseria a un artista como Cellini. Entonces
llega a darle trescientos escudos. El tira y afloja ha terminado. Cellini
consigue que le provean de las cosas que ha solicitado para que su viaje
a París resulte más agradable y, finalmente, puede dejar Ferrara. Sin
añoranza.

Esta vez el viaje no presenta las azarosas vicisitudes del primero. Cellini, después de haber permanecido algunos días en Lyon, llega a Fontainebleau. La acogida que allí se le ofrece no podrá sino satisfacerle.
Sabrá que Francisco I ha ordenado que reciba la misma retribución que

Leonardo da Vinci: setecientos escudos anuales. Además de alojamiento y servidumbre.

Del fondo de la prisión de Castel Sant'Angelo a primer actor de la corte de Francisco I: Benvenuto ha pasado en poco tiempo del Infierno al Paraíso. Ambos terrenales, pero no por eso menos distinguibles. Ahora se siente un artista acreditado; ahora saborea el placer del éxito. Es una sensación que produce cierto vértigo, como haberse emborrachado con un vino fino y delicado. Esta vez no de taberna, sino de mesa real.

CAPÍTULO VEINTE

París bien vale un castillo

Por el momento cuenta con quinientos escudos de oro para los primeros gastos. Es una pequeña fortuna que reconforta a Cellini, quien ha llegado a Fontainebleau con la bolsa casi vacía. Luego, una residencia de notable de gran relieve: el castillo del Petit Nesle. Parece un cuento de hadas, de esos que cuentan las abuelas a los niños por la noche para que duerman. ¿Aquellos misteriosos sueños de las noches de Castel Sant'Angelo anunciaban esta súbita bendición divina? Con toda seguridad Benvenuto se habrá hecho esta pregunta. No es fácil saber qué respuesta se habrá dado, pero es muy probable que en aquellas apariciones de ángeles y criaturas celestiales que le prometían —a él, prisionero— algo dichoso, puede que hubiera mucho de profético. Su liberación, y ahora, este alojamiento francés, parecen algo extraordinario, y aquellos sueños de prisión también concedían un papel protagonista a las cosas extraordinarias.

La Francia de Francisco I está inquieta por las disputas religiosas. El protestantismo ha hecho acto de presencia en muchas de sus regiones y es causa de graves preocupaciones para un rey que ha hecho de su catolicismo la bandera de sus guerras contra Carlos V. La nobleza aún no parece convencida de que todo el poder deba depositarse en las manos del monarca; se habla de absolutismo y se cuestiona esta centralización del mando en una sola persona. Pero Francisco I no es un rey de pacotilla, y de vez en cuando sabe cómo responder a sus adversarios, qué caminos tomar y cómo lidiar con las situaciones difíciles. Siempre se ha enfrentado sin temor a un enemigo como Carlos V. Ni siquiera el hecho de estar siempre destinado a perder parece haberlo desalentado. No es un hombre que pueda considerarse culto, pero cada gesto suyo de soberano tiende a mostrar al mundo su interés por favorecer la cultura. Cultura y arte: en esta empresa compiten a su lado su hermana Margarita y su nuera, la florentina Catalina, una Médicis. Con Francisco se asiste a la entrada en escena de un monarca que ha decidido concentrar en sus manos todo el poder del reino. Francisco quiere que la nobleza, que antes formaba cortes separadas e independientes, se convierta en «su» nobleza. En resumen, que constituya «su» corte, una corte que sea su vivo retrato, que se ilustre a sí misma, pero tienda a ilustrarlo a él, el verdadero y único amo.

«La vida cortesana es un juego serio y melancólico, que compromete: es preciso saber adaptar las propias piezas y las propias baterías, tener un plan y seguirlo, esquivar el del adversario, en ocasiones aventurarse a tocar de oído a pesar de que, a veces, después de todos los sueños y de todas las precauciones, suframos un jaque, e incluso un jaque mate.» Es un pasaje extraído de los escritos de La Bruyère, alguien que vivió más tarde; pero el consejo vale también para Cellini, que había ido a parar a la corte más extravagante e imprevisible de Europa. Muy pronto debió apercibirse de que formaba parte de un bien articulado sistema, de una estructura organizada en cada uno de sus mecanismos. Francisco I parece un moderno *manager* que dirige su empresa, combinando lo sagrado con lo profano, la paz con la guerra, la ignorancia con la sabiduría, de forma tan hábil que los resultados que ofrece son siempre aceptables. Incluso para quien se percata de que continúa tratándose de alquimia. De una fórmula que asocia elementos a menudo muy distintos por su naturaleza, con el fin —casi siempre logrado— de hacerlos agradables incluso al paladar más desconfiado.

Benvenuto ha llegado a París con un pasaporte digno de todo respeto. Le gusta a Francisco I y está protegido por su admirador, Hipólito de Este, que es muy poderoso en la corte del monarca francés, como también en la de aquélla a la que Francisco ama como su hija predilecta, Catalina, esposa de aquel Enrique que está destinado a ocupar el trono.

Los primeros días, Cellini tiene dificultades para adaptarse; esa historia de una corte itinerante que sigue a un rey que parece una peonza a la que un niño caprichoso hace girar; ese estar continuamente de viaje, confundido entre una multitud de miles de personas; ese ir de castillo en castillo, de ciudad en ciudad, Benvenuto ya ha anunciado que no son para él. Ha pedido con cortesía a su protector, Hipólito de Este, que lo ayude y consiga la autorización del rey para que pueda tener un sitio donde trabajar. En resumen, un taller. No importa si es en un pala-

La Torre de Nesle y el Pont Neuf (París, Musée Carnevalet).

cio o en otra residencia, pero que sea «fijo». No puede trabajar cabalgando o en las pausas, sean breves o largas, que la corte hace en sus viajes. El Petit Nesle es el resultado de una preciosa y nueva intervención a su favor del cardenal de Este. Entretanto, el rey le ha pedido que le haga los modelos de doce estatuas de plata «que debían servir para doce candelabros que poner en torno a su mesa: y quería que representaran a seis Dioses y seis Diosas...». Es una obra de escultor y Benvenuto está extasiado. Es un trabajo que le exigirá gran empeño y años de fatigas, pero cree que podrá llevarlo a término. No será así, pues sólo una de las esculturas estará acabada cuando Cellini abandone Francia, aunque la razón no debe buscarse en la pereza de Benvenuto, sino en todos los demás compromisos que le llovieron en aquellos años en París. Compromisos que lo vieron de nuevo como un maestro en el arte en el que da siempre lo mejor de sí: la orfebrería.

Una vez lejos de Fontainebleau y del entorno real que lo distraía en exceso, habiendo recibido quinientos escudos de oro como primera prueba de la generosidad de Francisco I, Cellini —no disponiendo aún de «su» castillo— comenzó a trabajar en algunas estancias de la residencia parisina de Hipólito de Este. Júpiter, Juno, Apolo y Vulcano: he aquí los primeros dioses encargados. Son los modelos en cera de estas cuatro figuras los que Francisco I puede ver en cuanto hace su aparición en París. Cellini también le presenta, satisfecho, a sus dos ayudantes: Pagolo y el fidelísimo Ascanio. La operación de habérselos mostrado al rey da sus frutos: Francisco I le pide que establezca él, Benvenuto, el sueldo que debe darse a sus dos colaboradores. Cien escudos de oro es la cifra anual fijada: Cellini ha obtenido otra victoria. Sus dos ayudantes pueden considerarse satisfechos.

En cambio, las cosas no van tan bien con el alojamiento que se le ha asignado en el Nesle. Al Nesle lo envuelve toda una historia: situado en el margen izquierdo del Sena, es una antigua fortaleza de aspecto grandioso, pero ligada a un suceso verdaderamente de *grand guignol*, del que fuera protagonista la reina Juana de Borgoña, esposa de Felipe el Largo, una especie de Mesalina que al parecer había adquirido, con extraordinaria perseverancia, la funesta costumbre de hacer arrojar directamente del castillo al Sena a sus amantes, cuando se había cansado de ellos. ¡Un modo como cualquier otro de resolver las historias de amor que habían llegado a su fin! La parte ocupada por Cellini, el Petit Nesle, era un anexo del castillo mayor. Hoy todo el complejo ha desaparecido. El terreno donde se alzaba el Nesle en un primer momento sirvió para edificar, antiguamente, los palacios de Nevers y de Guénégard, después, el Colegio Mazzarino y la Ceca. El nombre de Nesle se lo puso su primer propietario: Amaury, señor de Nesle, en la lejana Picardía. Fue él quien lo vendió, a un alto precio, a Felipe IV el Hermoso, en 1308. Junto al complejo existía una rica vegetación, además de jardines y casas que formaban una unidad con el Nesle y servían de vivienda a la servidumbre y los jardineros, los vigilantes y los guardias a los que estaba confiado proteger la inmensa construcción.

Hemos dicho que Benvenuto encontró dificultades para ir a vivir a ese lugar. El hecho es que Francisco I había echado sus cuentas, al dar el Petit Nesle al orfebre florentino, sin tener presente que el castillo en su conjunto estaba en manos del hombre quizá más poderoso de París: nada menos que el preboste. Y Jean d'Estouville ejercía su cargo sin ocultar que era un hombre con poder. Todo París conocía su fuerza política y sabía que en tanto funcionario de Francisco I contaba entre los que gozaban de mayor autonomía. En resumen, París estaba en sus manos de juez. D'Estouville desempeñaba, además, los cargos de lugarteniente real en Normandía y en Picardía, puestos que le permitían mandar parte de las tropas establecidas en aquellas zonas. Pues bien, el preboste no supo acomodarse a las circunstancias: ¿quién era este Cellini que de repente quería quitarle el gusto de sentirse dueño y señor del Nesle?

D'Estouville, que no vive en el Nesle pero sabe que el edificio forma parte de los que se han asignado a su prebostazgo, se opone por todos

Benvenuto Cellini: Medalla con la efigie de Francisco I (Cambridge, Fitzwilliam Museum).

los medios a los intentos de Cellini de trasladarse a él. Benvenuto ve que le barra el paso gente que da muestras de no tener buenas intenciones: dispuesta al insulto, ahora, pero según parece también a hacer uso de las armas en el caso de que Cellini insista en querer entrar. A Benvenuto no le queda más opción que recurrir a Francisco. ¡Un rey debe poder disponer de lo suyo! Y es precisamente gracias a la intervención del rey que finalmente el nuevo inquilino puede ocupar su casa. Pero han hecho falta las amenazas reales dirigidas al preboste, que incluso ha intentado resistirse a aquél a quien debe obediencia ciega. La secuencia de escenas de la «ocupación» del Petit Nesle parece de película «de capa y espada», con trazos de vodevil. Es decir, entre el drama y la opereta. Benvenuto llega a su casa protegido por los guardias que le ha asignado el rey: «Id ahora —concluye Francisco I—, y si no basta un poco de fuerza, usad mucha.» Era una tentación, para un tipo como Benvenuto. Con seguridad deben haberse despertado en él los antiguos ardores, tan gratos a su mal carácter.

Tampoco debe haberle amilanado el consejo del rey de que estuviera atento, porque el hecho de que pudiera entrar en su casa no excluía que luego alguien tratara de matarlo. Benvenuto presiente la lucha y, con toda probabilidad, habrá mantenido su espada al costado y el puñal al alcance de la mano bajo la casaca. ¡Jean d'Estouville aún no sabía con quién se las tendría! Quizá creyera que se encontraba ante un artista indefenso, ante un soñador al que resultaría fácil imponer su voluntad. A partir de ahora, habrá pensado Benvenuto, aprenderá a conocerme. Lo importante era haber anticipado parte de su verdadera identidad: que era de aquellos que advierten que el personaje representado no admite atropellos. ¡Que llegado el caso los comete! Y al decir esto, en referencia a Cellini, no se exagera un ápice.

El Petit Nesle era la casa más grande que había tenido Cellini, y que tendría después. Benvenuto se siente un poco noble también él, un notable de Francisco I que ha obtenido este tratamiento por ser un gran artista. El Petit Nesle ocupa con sus anexos una vasta extensión: «Este lugar —escribe Cellini— tenía forma triangular, y sus murallas estaban pegadas a las de la ciudad...» Cerca de la puerta de Bussy, parecía que quien lo había construido hubiera estudiado el modo de estar en París y al mismo tiempo alejarse de él sin llamar la atención. Benvenuto usa el mobiliario que tiene en casa y también equipa su estudio para trabajar. Él aún llama «taller» a esta zona del Petit Nesle donde ha ubicado su *atelier*. En efecto, conserva —desea hacerlo— aquellos valores que sabe que han contribuido a convertirlo en el artista que es. Y cree también en las palabras: un término, usado en vez de otro, puede servir de estímulo. El clima de un ambiente de trabajo es feliz sólo si el artista siente en su propio espíritu que el lugar es de aquellos que le pueden hablar. Entre Cellini y su taller existe este diálogo directo, un discurso que dura desde hace años, que se inspira en historias de artistas que lo han precedido, que tiene aroma del pasado.

Instalado en el Petit Nesle, se mantiene puntualmente lo que se le había «prometido». En efecto, Jean d'Estouville hace de todo para complicarle la vida. El preboste atormenta a Cellini con todas las armas a su alcance. Además, está el hecho de que Francisco I, el rey, se equivocó de hombre al que confiar la salud de Cellini en París: el encargado es Nicolás de Neuville, señor de Villeroy, que es íntimo amigo de Jean d'Estouville. También él es poderoso: secretario de las finanzas reales, ocupa un

Benvenuto Cellini: Dibujo para la estatua de Juno, *cuya ejecución le había encargado Francisco I, 1540-1544 (París, Musée du Louvre, Cabinet des Dessins).*

puesto de gran prestigio. De un fiel del preboste, Benvenuto no podrá obtener más que fastidios. Fastidios que se añaden a aquellos que ya ha debido superar para poder entrar finalmente en el alojamiento que se le había concedido. En efecto, ahora es Villeroy quien, día tras día, trata de ponerlo en dificultades. Una vez es una cosa y otro día, otra. Villeroy se mueve como las serpientes, se arrastra en torno a Benvenuto buscando dónde morderle. No puede atacarlo directamente porque teme la reacción del rey, pero insiste en aconsejarle benévolamente que abandone el Petit Nesle, que busque, que solicite al mismo rey, otra residencia. Allí, añade Villeroy, corre el riesgo de ser asesinado. Y le repite la misma advertencia que se hicieron al orfebre en los primeros días de su enfrentamiento con el preboste. Villeroy espera asustar a Benvenuto; lo conoce muy poco, no sabe que estas amenazas, por otra parte nunca directas sino recurriendo a artimañas, estimulan aún más su reacción y su voluntad de permanecer en el Petit Nesle, en esta residencia que tanto le disputan.

La partida ha de jugarse con sutileza, pues ahora ni D'Estouville ni Villeroy pueden descubrirse demasiado, bastaría con que Benvenuto se quejara ante el rey para que ellos sufrieran las consecuencias. Y, justo entonces, aparece un tercer hombre en el horizonte, también para atacar a Benvenuto. Se trata de un personaje menor, de alguien que quiere hacer carrera congraciándose con los poderosos: es Jean de Villemant, tesorero de Languedoc. Como si tuviera derecho a ello, el nuevo actor en la representación contra Cellini hace saber al orfebre que también él está a punto de trasladarse —para instalar sus oficinas— al castillo y que necesita algunas de las estancias que Cellini ha equipado como vivienda y taller. Alega en defensa de este derecho que el mismo Villeroy le ha autorizado a ejercitarlo. Cellini responde que nada puede modificar la voluntad del rey; aquello ofende a Jean de Villemant, que luego echa mano de una «daguita». Es una tentación para Benvenuto: ¡si quiere desenvainar un arma, hay que responderle de la misma manera! ¡Daga contra daga! «¡Si te atreves a desenvainar esa arma, te mato ahora mismo!»: la amenaza de Benvenuto es de las que no dejan lugar a dudas acerca de su interpretación. Ahora el tesorero de Languedoc comprende que, si quiere seguir viviendo, es mejor batirse en retirada. Vale más la vida que hacerle un favor a un amigo. Que Villeroy se las apañe de otra manera, pues este Benvenuto no sólo es un buen orfebre: con alguien como él se necesita un grupo de milicianos. Si se había figurado que podía asustarlo, cometía un error y mayúsculo. Aquél no teme ni siquiera al diablo.

Ahora el Petit Nesle es, oficialmente o no, la casa de Cellini. No resulta fácil conquistar París, al menos a la vista de estos primeros escarceos. Pero Benvenuto sabe vivir al día y ha aprendido que de vez en cuando es necesario ocuparse de lo que a uno le sucede. El mañana está en manos de Dios. Y también su París del mañana será una sorpresa. Él no hace de adivino y prefiere esperar a que los hechos se le presenten, para luego decidir cómo comportarse. No es sabiduría, tan sólo una simple cuestión de supervivencia. A su alrededor, el mundo siempre ha resultado difícil; y Francia y París no habrían de ser diferentes.

CAPÍTULO VEINTIUNO

Todavía en París

Cellini debe de haberse encontrado en París con Lorenzino de Médicis, alias Lorenzaccio. El asesino de Alejandro ha hallado refugio y sostén en la corte de Francisco I, acogido como un expatriado de Florencia, sin que se le eche en cara haber eliminado al duque Alejandro. A un Médicis como él, a alguien de su misma familia. Con seguridad, Catalina, la Médicis casada con Enrique, hijo del rey de Francia, está protegiendo a Lorenzino. Lo ayuda, en primer lugar, porque siempre ha odiado a Alejandro, y además porque le considera un perseguido del nuevo duque de Florencia, aquel Cosme que, curiosamente, sin el gesto de Lorenzino, es decir, sin la desaparición de Alejandro, no habría encontrado libre el puesto de duque de Toscana. Existe, por otra parte, un acuerdo espontáneo que convierte en cómplices a Francisco I, el rey, y a su nuera Catalina: la viuda del desaparecido Alejandro, Margarita de Austria, es hija natural del emperador Carlos V. El crimen cometido por Lorenzino ha trastornado la vida de Margarita, la ha privado de un estado, algo que no puede ser sino gratificante en una Francia donde el gran enemigo ha sido, y aún es, el propio Carlos V. Causar daño a alguien de su familia es beneficiar a Francia. Es una lógica teñida de maldad, pero en política todo vale. La lección de Maquiavelo es útil para cualquiera que se siente en un trono o quiera conquistarlo.

Lorenzino y Benvenuto: un dúo extraordinario. Dos personas que han hecho de la vida una aventura. Dos que saben que cualquier acto de osadía debe pagarse en cierta medida; dos que tienen como emblema un valor que ensalza la falta de escrúpulos. El joven Lorenzino se ha ocultado en París, fingiéndose estudiante, en el Colegio de los Lombardos, pero se sabe que frecuenta a Catalina y aquel salón político y literario que la Médicis ha organizado en la corte. Un verdadero centro de florentinidad, donde ella se siente más segura que en medio de sus nuevas amistades francesas. También los Strozzi, los hijos de aquel Felipe que se ha suicidado antes que soportar la prisión de la Fortezza da Basso florentina, forman parte del grupo. Hay una especie de tácita conjura que tiene resabios no tanto antimediceos (Catalina no lo habría soportado), sino más bien contra aquel Cosme que, ahora duque en Florencia, da muestras de que quiere mantener lejos a los expatriados. Hasta el punto de que a sus demandas de perdón, de que les posibilite un regreso al menos digno y les devuelva todos sus derechos de ciudadanos y también sus bienes patrimoniales, responde con promesas de medidas que no llegan nunca o con resoluciones que conceden muy poco. En cualquier caso muy alejadas en su espíritu de lo que querrían los exiliados.

No parece que Benvenuto mantenga en París estrechos vínculos con este grupo de florentinos que frecuenta la corte, por lo menos en su *Vita* no alude demasiado a ellos, aunque cabría pensar que quizá se haya aplicado la lección que aprendiera cuando, encontrándose en Roma, los Médicis de Florencia le reprocharon que tuviera relaciones con aquellos exiliados que vivían en la ciudad de los papas. Hay que añadir, también, que Cellini escribe su autobiografía cuando ya vive en Florencia y cuenta entre sus comitentes a la familia Médicis: Cosme y su esposa Eleonora, Francisco, su hijo, y también a aquella que toda Florencia conoce ya como su predilecta, Bianca Cappello, la bella veneciana que ha venido a revolver las aguas de la corte medicea con un viento que augura escándalo. Amada por Francisco, hijo de Cosme y destinado a sucederlo en el poder, mimada y consentida por él de mil maneras, odiada por un grupo que ha decidido oponerse a ella, idolatrada por otro que apuesta por ella —y no se equivoca—, previendo que antes o después la hábil Bianca conseguirá obtener el mayor de los éxitos. No cabe imaginarse a un Cellini que quiera enemistarse con unos comitentes tan rentables. Hacer público que en París, precisamente mientras Cosme estaba edificando, pieza sobre pieza, su delicado gobierno, mantenía relaciones con sus enemigos era demasiado atrevimiento. Respecto de Lorenzino, en cambio, la pregunta tiene una respuesta: en las páginas de su autobiografía Benvenuto no esconde que se encontró con él en Venecia después de que ambos hubieran dejado Francia y que le acogió en su estudio, feliz también de verlo contento mientras observa cómo el artista trabaja. Tampoco reniega de haberlo tenido como amigo.

Luigi Alamanni, uno de los florentinos de la corte de Francisco I
(grabado de F. M. Francia).

Entretanto Benvenuto está ocupado en el taller instalado con tantas dificultades en el Petit Nesle. Ha terminado por fin el cáliz y la fuente para el cardenal de Este, dos piezas en las que ha trabajado durante años. Son bellísimas; ha recibido las alabanzas de Hipólito y también las de Francisco I, a quien el cardenal de Ferrara ha querido obsequiárselas. No queda rastro de adónde fueron a parar, pero en cambio sí de que fueron admiradas y usadas. En efecto, por medio de una carta dirigida al duque de Ferrara, carta perteneciente al grupo de aquellas que le enviaban para reseñarle cuanto estaba ocurriendo en París, fechada el 17 de marzo de 1541, el duque sabe que durante un espléndido banquete, celebrado en Fontainebleau, el cardenal ha aprovechado la ocasión para obsequiar oficialmente la jarra y la fuente al rey. También estaba presente su infalible favorita, madame D'Étampes, y tanto ella como Francisco I han querido beber de la jarra, una jarra con tres bocas, «sólo para probar —explica el informante al duque de Ferrara— si el agua salía a la vez por las tres...». El consenso y el aplauso para con la obra de Cellini son unánimes. También madame D'Étampes se une al coro: algo extraordinario, porque por lo que sabemos no es que fuera gran amiga de Cellini.

Pero los obsequios del cardenal Hipólito de Este hacen que el rey Francisco tenga una nueva idea: encargar a Cellini un espléndido salero. Hipólito de Este sabe que Cellini no opondrá dificultades a semejante solicitud, pues cuando estaban en Roma le ordenó el diseño de un salero y el orfebre lo realizó. Lo que no puede saber es que Cellini, entre los diseños que ha traído de Italia, tiene también el de la pieza que se le ha encargado; aunque pronto lo descubre. En efecto, inmediatamente después de que Francisco I le pregunte a Cellini si podrá realizar aquel trabajo y darle algunos detalles acerca de cómo tiene la intención de hacerlo, Benvenuto puede responderle sin vacilar que para eso no necesita tiempo. En seguida mostrará al rey cómo pretende hacer el salero que éste le ha solicitado. En el momento de la petición, Francisco I está sentado a la mesa: Cellini le ruega que aguarde a que vaya al Petit Nesle y que sea paciente durante menos de media hora. En efecto, está de vuelta en el tiempo anunciado y trae consigo el modelo romano. Que gusta al rey francés, quien —mejor ser prudentes con los artistas y con sus demandas— interroga a Benvenuto sobre cuánto oro cree que necesitará para el salero. El valor de mil escudos: es la respuesta de Cellini. Francisco se ha decidido, se ha enamorado del diseño que le ha enseñado y no quiere pensar más en ello: Benvenuto recibe los mil escudos requeri-

*Salero realizado por Benvenuto Cellini para Francisco I
(Viena, Kunsthistorisches Museum).*

dos. ¡Nunca se había visto un comitente tan rápido! Cellini, por su parte, promete que al día siguiente se pondrá manos a la obra. Tampoco podía hacer otra cosa, frente a la rápida decisión del rey, no tiene elección. El salero debe anteponerse a cualquier otra obra suya. Puede ser que incluso haya pensado que semejante encargo distraería al propio Francisco del hecho de que Benvenuto se retrasara en la elaboración de las famosas estatuas en plata de los dioses y las diosas, aquellas que el monarca le encargara.

Pero el trabajo del salero le llevará bastante tiempo. Aunque lo ayudarán otros colaboradores, además de Ascanio y Pagolo, el salero sólo estará terminado en 1543. Su destino será Fontainebleau, entre los bienes de la corona. Más tarde Carlos IX, el hijo de Catalina, lo regalaría al archiduque del Tirol, Fernando, y hoy se halla en el Kunsthistorisches Museum de Viena. Es uno de los raros ejemplos del estupendo trabajo de Benvenuto Cellini en el campo de la orfebrería. Se trata de una obra maestra de fantasía y habilidad, el trabajo de un auténtico gran artista.

El Petit Nesle se asemeja a la fragua de Vulcano, el herrero de los dioses: el *Júpiter*, un busto de César, una cabeza de muchacha; trabaja en todo a la vez. Ha aumentado el número de sus ayudantes: italianos, franceses y alemanes, son muchos los que quieren trabajar con Cellini. Por las ganancias, pero también porque de él se aprende. Reina de nuevo el espíritu de taller, tal como se entendía en el *Quattrocento* italiano, que insiste en mantenerse también en este *Cinquecento* que, aun cambiando usos y costumbres, continúa la historia de aquél.

Benvenuto ocupa un puesto en la corte de Francia con el título oficial de Orfèvre du Roi: ser el orfebre del rey era casi como ser noble, un caballero que hubiera ganado sus blasones en el campo de batalla. No es éste el caso, pero recibe en el Petit Nesle un documento por el que el soberano le concede la ciudadanía francesa. ¡Sin desembolsar nada! ¡A muchos de los expatriados —incluso florentinos, basta pensar en los Strozzi— les había costado una fortuna! Y se hará acreedor, por si fuera poco, de un título honorífico: Cellini se convierte en señor del Petit Nesle. ¡Un castillo también vale algo! Y además en París. Con toda seguridad Cellini debió informar de ello con orgullo a sus amigos florentinos y romanos. Que se sepa que el hombre, al que tan a menudo han juzgado un inútil, al que han encarcelado y vilipendiado, ha conquistado Francia. Ahora es el señor de un castillo y sus obras de artista son cosas que sólo un rey puede permitirse. Que quien tenga algo que él haya realizado sepa que posee un pequeño tesoro. La cotización de aquel Cellini en el que han tenido confianza se ha disparado. En el mercado sus obras alcanzan precios incalculables. Esto es lo que Benvenuto quiere que se sepa. Es su victoria, la fama y el triunfo lo llenan de orgullo y confía que lo mismo les ocurra a sus familiares de Florencia, quienes pueden vanagloriarse de mantener lazos de sangre con este artista que ha conquistado el mundo.

CAPÍTULO VEINTIDÓS

Otros años afortunados en París

La casa de Cellini parece un salón. Mejor dicho, su taller es la meta de una multitud de gente que compite por conocerle, por ver cómo se trabaja en el establecimiento que sirve directamente a Su Majestad. Entre los que frecuentan su compañía se encuentra el mismo rey, además de madame D'Étampes y algunos cortesanos. Cellini puede mostrar directamente al monarca que en su taller se produce a pleno rendimiento. Que el dinero que gasta no cae en saco roto, que los trabajos que le ha encargado, el salero y otros más, están en proceso de creación. Precisamente, en el transcurso de una de estas visitas madame D'Étampes le pide al rey que solicite a Cellini que prepare algo que adorne Fontainebleau. El rey, dispuesto como siempre a satisfacerla, demanda a Benvenuto que piense en un diseño para mostrarles en cuanto regresen —dos semanas después— de su visita al castillo de Saint-Germain-en-Laye. Es enero de 1542. Cellini se prepara para dar vida a una de sus obras maestras: la espléndida *Ninfa* de Fontainebleau. De modelo hace una muchacha a la que Cellini tiene consigo en el Petit Nesle: Catalina, hermosa y dócil, que permanece posando durante horas sin rebelarse. No significa para Benvenuto una historia de amor, sino sólo una mujer con la que hacer el amor. Cuando ella decide que la vida junto a Cellini es demasiado fatigosa, entre posar y soportarlo como artista, él no se enfada. Sabe que lo abandona para casarse con un tal Paolo Micceri. Quizá la defrauda, porque después de haber representado el papel del hombre injustamente traicionado, hace que se celebren en su presencia los esponsales, precisamente en el Petit Nesle. Y mantiene a su servicio al marido de Catalina, un valioso contable. Incluso en aquellos tiempos perder a un administrador de confianza representaba un perjuicio. Mucho mayor que no poder ya acostarse con la bella muchacha que debió de ser Catalina, si Cellini fue fiel a su aspecto en la *Ninfa* de Fontaine-bleau.

En cuanto a un Cellini enamorado, un Cellini que haya perdido locamente la cabeza por una mujer, por ahora no hay ni rastro. La serie de mujeres que ocasionalmente aparecen reflejadas en las vicisitudes que narra en esa especie de diario de a bordo que es su autobiografía, son en general aventuras que duran pocos meses, mujeres que descubre en los lugares más impensables, a menudo meretrices. El término no debe escandalizarnos: la prostituta disfruta de un mundo propio y profesa el oficio más antiguo del mundo. Los *Ragionamenti* [Diálogos] de Aretino, publicados en Venecia en 1534, pero fingiendo que el lugar de impresión era París —¡mejor que parezcan editados en otro país!— representan una especie de «normas de urbanidad» atrevidas, descaradas, impúdicas, pero al menos fiel reflejo de cómo era el planeta de las prostitutas. Un mundo, repetimos, que disponía de su propio código: Dios nos salve de decir «de honor», pero código sin duda. Que cada una de ellas encuentre su estilo, elija su vida —esto aconsejan los *Ragionamenti*— y sepa administrarse de la mejor manera posible. De donde surge una casta que posee sus registros, tiene sus reglas y se divide en categorías «profesionales». De la prostituta culta y refinadamente educada, de salón respetable, a la vulgar, de taberna. En los *Ragionamenti*, Aretino les ha impartido consejos de comportamiento. Las traficantes del amor son como maestros que enseñan una filosofía del placer. Y el placer también es cultura, pues lo efímero, que parece estar en perpetua alianza con él, forma parte de las buenas costumbres de la existencia. Se cita a Epicuro, convenientemente pasado por el cedazo; se establecen usos y costumbres que una puta que se precie no puede obviar. Hacer carrera es una necesidad, los años pasan rápidamente y la vejez sin dinero es triste; hay que hacerse recompensar bien, por lo tanto, y ofrecer la propia belleza a un alto precio. Todo el mundo se cotiza por la profesión que ejerce: los abogados, los juristas, los médicos..., ¿por qué escandalizarse, entonces, si una prostituta tiene claro cuáles son sus tarifas?

Benvenuto colecciona, pues, amores con prostitutas. Éstas colman su vida afectiva y les concede la misma relevancia que otro pudiera dar a unas mujeres muy distintas. Pero entre sus «conquistas» no tuvo a una Gaspara Stampa o una Veronica Franco, prostitutas que se hicieron un nombre de mujeres cultas y que tenían salones, donde ser admitido era signo de una cierta distinción; tampoco le tocó una Imperia, la prosti-

Dibujo que representa a madame D'Étampes, realizado por François Clouet hacia 1535 (Chantilly, Musée Condé).

tuta idolatrada por el riquísimo Agostino Chigi, el banquero sienés que disfrutó de tanto poder en Roma. Debió conformarse con encuentros de menor nivel, pero de todos modos supo otorgar a cada uno de ellos un espíritu, su propia medida. En la lista que, partiendo de la *Vita*, podría hacerse de nombres de mujeres, parece sobresalir el rostro de un Cellini que no ha creído en los sentimientos «clásicos» de aquello a lo que llamamos amor. Las mujeres con las que se ha encontrado no tienen más que un escaso peso en su verdadera vida, no parece haberles concedido nunca otra importancia que la de ser un instrumento que forma parte —junto a otros— de esos esparcimientos necesarios para hacer más fascinante la vida. Mejor: para poder decir que uno la está viviendo plenamente.

La Catalina francesa no es una prostituta; quizás una criada, que se suma al ponderado elenco. Sólo un nombre entre los demás, sin ninguna importancia real. Mujeres que casi nunca tienen un papel relevante en el relato, comparsas, la mayor parte de las veces, personajes siempre mal perfilados por su director, un Benvenuto despreocupado y burlón que se enfada con sus ocasionales compañeras cuando le traicionan o se rebelan, y no porque sienta el dolor de un amor que está a punto de acabarse o que corre el riesgo de resquebrajarse, sino porque una vez más se deja llevar por su carácter, que se alimenta de la violencia. Y por violencia entendemos no un aspecto brutal con el que nuestro hombre dé rienda suelta a sus más bajos instintos, sino una necesidad característica de expresar, también en estas disputas con sus mujeres, que entiende la vida como revuelta, que acepta, por tanto, su traición, su misma rebelión, porque consigue entender estos cambios de ánimo, pero no puede asistir a ellos sin decir que también él puede, y sabe, traicionar, que también él sabe y puede rebelarse. Siempre y contra quien sea. El círculo se estrecha en torno a su figura; el retrato empeora, a medida que se avanza en el relato de la historia de Benvenuto, hasta presentar los rasgos de un hombre imposible. Pero hay que estar atentos, ya que la mayoría de las veces nos fiamos —quizá sea mejor decir: ¡casi siempre!— de su autobiografía. Pues bien, es precisamente cuando pone la cámara en posición de automático, en sus introspecciones, que a Benvenuto le gusta mostrarse ante nosotros como un artista sensible y pronto a la fantasía, pero a la vez un irrefrenable violento, un golfo, un irreductible pendenciero, un parroquiano que siente la taberna como su lugar ideal. Que acepta la vulgaridad de la blasfemia, aunque se oponga al espíritu de aquel crucifijo en el que ha trabajado en su taller durante la jornada. De este autorretrato es del que deberíamos fiarnos, aunque también podría darse el caso de que, en buena medida, lo haya ideado un Cellini que quiera ofrecérsenos con cierta ponderación, la dictada por el sentimiento de un hombre ya viejo que redescubre al joven que fuera hace muchos años. Aún es un exaltado a quien la vejez no ha logrado sofocar el ardor; todavía es un rebelde y no acepta cuanto él considera un atropello. Es por eso que, mientras la noticia de lo ocurrido es exacta desde el punto de vista de la crónica, los sentimientos que la han generado y acompañado pueden asumir en el relato aspectos que el artista haya adaptado mientras se explicaba a sí mismo los acontecimientos. No es que los camufle, porque no es propio de Cellini obrar o pensar así, lo que ocurre es que ahora se los cree «sinceramente». Los años transcurridos potencian o debilitan las imágenes, resucitan rencores o atenúan rivalidades. Benvenuto recorre, como un explorador que vuelve sobre sus pasos, unas tierras que sólo están indicadas en el mapa de los recuerdos.

Ahora en París el mundo se inclina ante él, por lo menos así lo espera con todo el entusiasmo de que es capaz. Una corte atenta lo sigue en su obra. Es el «artífice», el hombre que sabe obrar encantamientos con su buril, con su cincel. Incluso lo han acogido en ese paraíso de la escultura que desde hace años sueña visitar. Tras la partida de Catalina, necesita una nueva modelo que posea su misma belleza, y he aquí que llega su sustituta: una tal Jeanne, «bastante salvaje y de poquísimas palabras», nos cuenta Benvenuto, una muchacha de apenas quince años, pero «con un cuerpo muy hermoso». Con ella Benvenuto completa la escultura de la *Ninfa*.

Catalina, la traidora, aquella por la que una vez incluso había echado mano de la espada, cuando se dio cuenta de que lo estaba traicionando incluso con un ayudante, ya es historia. Su recuerdo se ha diluido en la mente de Cellini. Sin embargo, sigue viva: unida a Jeanne, permanecerá en la apariencia de la bella *Ninfa*. Catalina le ha ocasionado toda clase de molestias; Catalina nunca se dejó domar. La *Ninfa* tiene un cuerpo que recuerda al suyo y, a la vez, una mirada decidida. Pero Benvenuto la ha convertido, en el relato de su vida, en la protagonista de una película satírica. Su resentimiento contra ella ha sido tanto, ofendido por la traición, que con seguridad carga las tintas cuando quiere presentarse ante nosotros vistiendo los ropajes de alguien que no perdona y castiga a quien lo ha engañado vilmente. Entonces Catalina se convierte, en su relato, en esa «pérfida putita» a la que ha obligado a casarse con Micceri, alguien que ahora debe tolerar los cuernos que le pone Benvenuto, mientras que ella, aún obligada a posar, sufre la cólera del artista cuando algún detalle en la obra no sale como él quisiera. Pero ella no se rinde, ni siquiera en tales circunstancias: sabe responderle en el mismo tono. Él la maltrata y ella aumenta las ofensas.

Es una farsa que se consuma en el taller del Petit Nesle. Los protagonistas son Catalina y Benvenuto. Cuando ella sale de escena, no mucho después de su matrimonio, entra en la vida de Cellini aquella Jeanne de la que ya se ha hablado. Hace de modelo y de amante, y deja su impronta, no sólo en la figura de la *Ninfa*, sino porque le da una hija a Cellini. «Esta jovencita era pura y virgen, y yo la dejé encinta»: éste es el relato del artista. La hija nacida del encuentro entre el florentino y la muchacha parisina ve la luz el 7 de junio de 1544. Cellini tiene cuarenta y cuatro años. «A dicha hija le puse el nombre de Costanza, y fue bautizada por Guido Guidi, médico del rey, muy amigo mío...» Costanza tiene a Guidi por padrino, y de madrinas a dos señoras: Maddalena, la esposa de Luigi Alamanni, y una dama francesa, que era la esposa de Ricciardo del Bene, comerciante florentino y figura prominente en París. «Éste fue el primer hijo que tuve —anota Cellini—, al menos que yo recuerde.» Quizás haya querido decir: ¡que yo sepa! «Entregué a dicha muchacha una gran cantidad de dinero por dote, el suficiente para contentar a una tía suya, a quien la entregué, y nunca más volví a verla.» ¡Costanza transit! Y —¡ay!— según las pocas noticias que tenemos ciertamente desapareció: muerta, al parecer, poco después de su nacimiento, junto a aquella tía a la que había sido entregada, como un molesto recuerdo del que hay que deshacerse. No es que Benvenuto haga gala en este episodio de un mínimo de humanidad. El maldito florentino insiste en ofrecernos desde el escenario ocurrencias que se adaptan perfectamente a su papel.

Pero se hace perdonar como un niño mimado, pero prodigio, por el arte que ha nacido con él, esa fantasía de crear verdaderas obras maestras. Su salero extasía a Francisco I. Para conocer cómo es, fiémonos de cuanto de él escribió Cellini: «El rey había vuelto a París y yo fui a verlo, llevándole el salero terminado, que era de forma ovalada y de un tamaño de unos dos tercios de braza [la medida exacta es de 26 x 35,5 centímetros], todo en oro, trabajado con cincel. Y, tal como había dicho al hablar del modelo, había representado al Mar y a la Tierra sentados uno frente a la otra, entrecruzando sus piernas, así como ciertos brazos del mar que entran en la tierra, y la tierra que entra en dicho mar: muy propiamente les había dado esta graciosa forma. Al Mar le había puesto un

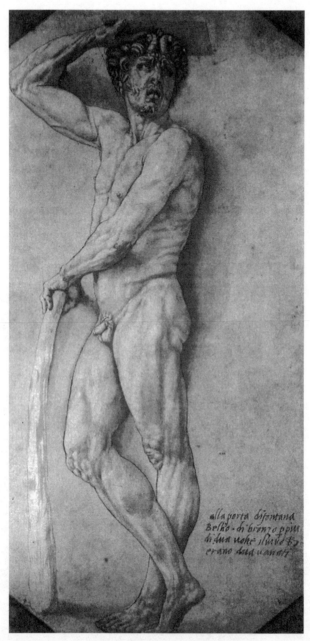

Benvenuto Cellini: Sátiro, *dibujo para una estatua destinada a una puerta del castillo de Fontainebleau (Nueva York, Colección privada).*

La Ninfa de Fontainebleau, *bronce destinado a una puerta del castillo de Fontainebleau, luego trasladado por Enrique II al castillo de Anet (París, Musée du Louvre).*

tridente en la mano derecha y en la izquierda había una barca sutilmente trabajada, en la cual se depositaba la sal. Debajo de esta figura había cuatro caballos marinos, que hasta el pecho y las patas delanteras eran de caballo y toda la parte de atrás era de pez; sus colas se entrelazaban de manera agradable y a sus grupas se sentaba con actitud altiva dicho Mar. A su alrededor tenía toda clase de peces y animales marinos. El agua estaba representada con sus olas, muy bien esmaltada, además, con su propio color. A la Tierra la había representado en el cuerpo de una bellísima mujer, con el cuerno de la abundancia en la mano, por completo desnuda como el varón; en su mano izquierda había hecho un templete de orden jónico, finamente trabajado, en el que había colocado la pimienta. Debajo de esta mujer había situado los más bellos animales que produce la tierra, y sus escollos terrestres los había en parte esmaltado, en parte dejado en oro. Además había ubicado y fijado esta obra sobre una base de ébano negro: era bastante grande y tenía aire de goleta, en la cual había dispuesto cuatro figuras de oro, realizadas en medio relieve. Éstas representaban la Noche, el Día, el Crepúsculo y la Aurora. También había otras cuatro figuras del mismo tamaño, hechas para los cuatro Vientos principales, en parte esmaltadas y elaboradas con tanta pulcritud como imaginarse pueda.»

Un salero de reyes, es más, ¡de grandes reyes! Lástima que Francisco I —que moriría poco después— no pudiera disfrutarlo en su propia mesa. Hay que decir, además, que esta magnífica obra de Cellini correrá el riesgo de ser destruida: en un momento de penuria de dinero de las arcas reales se pensó que, fundiéndola, podrían recuperarse aquellos escudos que había costado. Gracias a Dios, esto no sucedió. Hoy el salero de Benvenuto para Francisco I enriquece la colección de un museo vienés.

Su estancia en París tocaba a su fin, ya se sabe que no es oro todo lo que reluce. Pero la aventura fue de aquellas que merecen ser vividas. Los enfrentamientos, en particular los que mantuviera con la favorita de Francisco I, madame D'Étampes, se han atenuado. El rey está cada vez más débil y su mal advierte de su próximo fin. Pero, en este 1544, se han ido agravando también las desde siempre precarias relaciones entre Francia y el imperio y la misma ciudad de París es proclive al asedio. El rey pide la ayuda de aquellos que puedan aconsejarle cómo proteger su capital. Cellini está entre los consultados, quizá se recuerde que tomó parte activa en la defensa de Castel Sant'Angelo de las mismas huestes del imperio. Se refuerzan los muros de París, en los suburbios de Montmartre, del Templo, de San Jacobo y de San Miguel. Y será en relación con este encargo que el rey quiere hacer a Benvenuto que se reaviva el enfrentamiento entre nuestro hombre y madame D'Étampes. La augusta señora no pierde ocasión de oponérsele. Entre los dos ha nacido una antipatía para nosotros inexplicable, quizá causada por algún roce que no conocemos y que tampoco Cellini —quien, no obstante, ha intentado facilitarnos una respuesta en su autobiografía— ha conseguido desvelar. Ahora, de nuevo, a propósito de la solicitud real para que Cellini haga de arquitecto (le agradaba un encargo semejante, pues desde luego recordaba que a su amadísimo Miguel Ángel se le había encomendado reforzar los muros de Florencia en el asedio de 1529), madame D'Étampes echó al fuego cuanta leña pudo: quería que ese puesto se adjudicara a un «verdadero» arquitecto, a Girolamo Bellarmati, un sienés, que en aquellos tiempos trabajaba en las fortificaciones de la ciudad y del puerto de Le Havre. Bellarmati ostentaba el título de ingeniero mayor de la Corona de Francia y quizás a Cellini esta intervención de madame D'Étampes pudiera parecerle lógica, aunque una vez más debía percibir cómo la favorita del rey aprovechaba cualquier ocasión para perjudicarle.

París corrió el riesgo de ser realmente conquistada. Se salvó gracias a un acuerdo alcanzado cuando todo parecía perdido, acuerdo que deseaba la incansable madame D'Étampes, que quiso incluir en las cláusulas un contrato de matrimonio en el que tenía gran interés: el de Francisco de Orleans y una sobrina de Carlos V. Para el segundo hijo de Francisco I suponía obtener un estado en la zona de Milán, en Italia, o en uno de los Países Bajos; para Francia, renunciar a defender cualquier derecho sobre aquellas tierras. Una intriga de madame D'Étampes con la que quiso perjudicar a su rival, Diana de Poitiers. Y decir Diana de Poitiers significaba decir Enrique, ahora legítimo aspirante al trono de Francia. La «fastidiosa» madame D'Étampes desarrolla un juego que no favorece a Francia, pero que satisface su deseo de seguir siendo una diva. Aunque Cellini es ajeno a todo esto, la antipatía de la dama le afecta en otros sentidos, no en esta cuestión, en la que se entremezclan política cortesana y enredos de salón. Ahora Francia ofrece menos atractivos a Benvenuto. Él escribirá que está perdiendo el favor del rey, que el entorno se está volviendo hostil, que madame D'Étampes es siempre su enemiga declarada, pero nos sentimos tentados de descubrir la verdadera razón en el hecho de que, una vez más, se siente impulsado a cambiar de sitio. El gran París, incluso, se le está quedando pequeño; tampoco el

Petit Nesle, donde soñaba con sentirse dueño y señor, le parece ya tan fascinante. Había hallado amigos y enemigos; se había hecho unos y otros e, incluso, algunos habían intercambiado poco a poco sus roles, en esos casi cinco años de permanencia del artista en Francia. Su fama se había incrementado y todavía tendría por delante muchos años de afortunada carrera. Sus dos ayudantes, aquellos que lo acompañaran desde Roma, se quedarán mucho tiempo más: también ellos gozan de prestigio; el hecho de haber sido elegidos como colaboradores por Benvenuto es una garantía para cualquier comitente. Pero Benvenuto siente el vehemente deseo de respirar el aire de Roma, de Florencia, el aire de su tierra. Se demora unos meses más, después se arma de valor y pide permiso a Francisco para partir. Se ha presentado ante él llevándole uno de sus últimos trabajos: dos jarroncitos finamente trabajados. Francisco le escucha. Luego Cellini nos lega dos versiones de lo ocurrido: en la *Vita* escribe que el rey se enfadó y que su partida de París fue difícil; en el *Trattato della scultura* comenta —en cambio— que Francisco entendió en seguida sus razones, que «le demostró mucho afecto», que se mostró paternal. En cualquier caso, en una u otra versión, el hecho es que Benvenuto parte.

Dos años después del regreso de Cellini a Italia —en marzo de 1547— muere Francisco I. Con él desaparece un gran monarca del *Cinquecento*; también acaba una época: la que podríamos denominar de la caballería. La corte de Francia va a peor y pronto Catalina de Médicis, casada con Enrique, hijo de Francisco, se encontrará dirigiendo sola toda una nación. Traicionada en sus esperanzas por la conducta de sus hijos, decepcionada por los resultados de la que esperaba fuera una campaña de pacificación de la Francia dividida entre hugonotes y católicos, atormentada por los enfrentamientos de familias rivales, verá desvanecerse definitivamente su sueño de mantener a los Valois en el poder. El salero y la *Ninfa* de Fontainebleau, el *Júpiter*, los preciosos jarrones, las joyas, las piezas salidas del taller celliniano del Petit Nesle quedarán como testimonios de un particular momento del arte de Francia.

Ahora volvemos a tener un Cellini «italiano».

Regresa de Francia no decepcionado, sino quizás aún más convencido de que, antes que nada, la vida es un enfrentamiento, que la única manera de sobrevivir es luchar. Ha conservado intacto, a pesar del paso de los años, su mal carácter, su voluntad de llegar a las manos, su secreto deseo de pelea, su amor por las adversidades, el estímulo que le pro-

Cellini: Molde en yeso para una de las dos Victorias *destinadas a adornar la puerta principal del castillo de Fontainebleau, 1543-1545.*

ducen todas las adversidades. Todavía cree que la espada y el puñal son los mejores medios para exponer las propias razones. Lleva una malla de acero debajo de la cotilla, como si fuera un soldado o un jefe de estado que permanentemente teme enfrentarse a sus enemigos. Es el orfebre que ha añadido a su arma artística, el buril, también estas hojas de cuchillo que matan. Con ellas destruye; con el buril crea.

CAPÍTULO VEINTITRÉS

El regreso del hijo pródigo

Florencia: la primera meta. En París había dejado un reguero de contratos, obras que realizar en cuanto montara su taller y que hacer llegar al comitente. París lo ha visto marcharse de mala gana. Le haya demostrado o no su «afecto» Francisco I, el hecho es que, mientras estaba trabajando para él, Cellini ha asumido otros compromisos. Ha debido de dejar sus cosas: objetos amontonados tras aquellos años franceses, muebles, esbozos de obras, que guardarán Ascanio y Pagolo, que, como explicábamos, se han quedado. Una patética escena de adiós entre Benvenuto y Ascanio ha sellado un pacto de antigua amistad. El primero asume en la despedida la actitud de un buen padre, pero no se priva de decir que se fía muy poco de las lágrimas de Ascanio, juzgándolas «falsas y ladronescas». Piensa que su ayudante le robará todas las cosas que han quedado en el Petit Nesle en cuanto se le presente la ocasión. Es gracioso constatar que ahora Cellini teme que la lección, que él mismo ha impartido durante largos años a su discípulo, es decir, la de saber apañárselas a toda costa, la haya aprendido incluso demasiado bien su mozo.

En cuanto a robar, aún no se ha alejado de París cuando mandan tras él precisamente al mismo Ascanio para exigirle que devuelva tres grandes jarrones de plata que ha cargado en un mulo y que —así le refiere Ascanio— debe saber que son propiedad de Francisco I. Que se los ha pagado en el curso de los trabajos. Benvenuto se defiende: afirma que no quería robar nada, que por prudencia —¿podemos creerle?— se había llevado los jarrones y algunos lingotes de plata, para depositarlos en la casa que tenía en Lyon el cardenal de Ferrara, considerando que estarían más seguros que en el Petit Nesle. A la espera de poder luego perfeccionar ese trabajo. Ante la insistencia de Ascanio, quien le asegura que los tesoreros del rey le impedirán salir de Francia con aquella preciosa carga, Benvenuto cede y devuelve los jarrones y la plata.

El viaje continúa y, finalmente, Benvenuto pisa suelo italiano. Espera que el éxito alcanzado en París sea igual al que logre ahora en estas tierras, que son las suyas.

Está en Italia desde hace apenas un día cuando recibe la primera visita: es el conde Galeotto della Mirandola, el que se había casado con Hipólita Gonzaga, hija del señor de Sabbioneta, que le reprocha haber abandonado París. Es, le argumenta, como proferir una ofensa a la buena suerte. Es mejor que vuelva, que no dé ocasión a sus adversarios para hacerle daño, que allí hay mejores oportunidades de trabajo para un artista como él.

Benvenuto ahora «se consume por regresar a Florencia», pero también siente nostalgia por su París. Luego, Florencia gana la partida. El viaje continúa; se detiene en Piacenza y en cuanto entra en la ciudad tiene un encuentro de aquéllos de los que mejor hubiera sido prescindir: más que un encuentro, darían ganas de definirlo de posible enfrentamiento. En efecto, entre las primeras personas a las que Benvenuto ve en Piacenza está Pedro Luis Farnesio, el hijo bastardo del papa Pablo III, que —bien lo sabe— fue el principal instigador del pontífice para que le encerrasen en Castel Sant'Angelo, en aquel tiempo de prisión que aún recuerda con horror. Pero hay que amoldarse a las circunstancias y, además, Farnesio no disfruta en Piacenza del mismo poder que ejercía en Roma. El encuentro entre ambos se desarrolla como si nada hubiera sucedido y los dos interpretan el papel de quien ha olvidado, o quiere fingir haber olvidado, el pasado. Pero luego es Farnesio quien no aguanta, quien tiene necesidad de justificarse. Cellini obtiene una victoria: «Benvenuto mío —se disculpa Farnesio—, lamento mucho el daño que padecisteis; sabía que erais inocente y no pude ayudaros de ninguna manera, porque mi padre actuó así para satisfacer a algunos enemigos vuestros...» Cellini sabe que nada de lo que está diciendo se corresponde con la verdad, que el principal causante de su encarcelamiento ha sido precisamente él, pero ahora disfruta viendo a su adversario pidiéndole perdón. Y constatar que un poderoso se ha reducido a esto le produce una secreta alegría. Farnesio llega hasta la adulación de pedir, como quien solicita un don, que tenga a bien incluirlo en la lista de los afortunados que pueden servirse de su arte. En resumen, querría que Benvenuto realizase alguna obra para él, bien retribuida, por descontado, y con total libertad para ejercitar la propia fantasía, sin haber de so-

COSMVS. I.
IOHANNIS MEDICES COGNOMENTO INVICTI F.
MAGNVS DVX ETRVRIÆ PRIMVS

Adriano Haluech sculp.

Cosme I de Médicis *en un grabado de Adriano Haluech.*

meterse a los deseos del comitente. Con gran prudencia y sentido de la diplomacia le corresponde ahora a Benvenuto agradecer el honor que se le hace, pero —a su pesar— se ve obligado a negarse. Ni siquiera consigue cumplir con las solicitudes de trabajos que se le han acumulado durante su estancia en Francia, ¡es impensable que ahora pueda asumir nuevos compromisos en Italia!

En la posada donde está alojado, mientras se dispone para el regreso a Florencia, Benvenuto se entera de que Farnesio lo ha estado buscando y de que incluso ha pagado su cuenta. A caballo regalado no se le mira el dentado y Benvenuto acepta gustoso. Sin duda se habrá reído: aquel Farnesio está demostrando ser un pobre diablo. Le parecía digno de mayor respeto cuando tenía el valor de ser su enemigo a cara descubierta que ahora que debe fingirse amigo suyo a su pesar.

Finalmente Cellini llega a Florencia. Es verano y Cosme está disfrutando del aire más fresco de la villa que Lorenzo el Magnífico se había hecho construir en Poggio a Caiano. «En el mes de agosto de 1545 —escribe Cellini—, nuestro duque de Florencia, estaba en Poggio a Caiano, a diez millas de Florencia, adonde fui a verlo, sólo para cumplir con mi deber, por ser yo también ciudadano florentino.» Quiere darnos a entender que no pretendió en modo alguno congraciarse con el actual señor de Toscana y obtener encargos de trabajo, que sólo fue un gesto que como ciudadano le debía a su duque, en primer lugar porque los antepasados de Benvenuto siempre habían estado del lado de los Médicis y, además, por una razón de afecto: nadie, según quiere hacernos creer el propio Benvenuto, amaría a Cosme de Médicis más que él.

El encuentro se produce en un clima de gran familiaridad. Cellini conoció a Cosme cuando era poco más que un muchacho, luego lo vio junto a Alejandro, cuando el bastardo de Clemente VII gobernaba en Florencia, pero ahora recoge los frutos de la fama de artista que ha conquistado en Francia y comprende que, si se maneja bien, aquí —con este señor que quiere demostrar al mundo entero que es digno de dirigir un estado— puede encontrar trabajo a perpetuidad. Asimismo, le demuestra su favor la duquesa Eleonora de Toledo, que también se encuentra en Poggio a Caiano. Todo contribuye a crear una atmósfera agradable; se puede hablar de arte y Cosme y Eleonora desean saber cómo se ha encontrado Cellini en Francia. Puede que también haya apuntado al Médicis que esa villa, diseñada por Giuliano da Sangallo, no tiene nada que envidiar a los castillos de los reyes de Francia. Quizá sea menos espaciosa que aquéllos, con menos estancias, pero esto queda compensado por aquel espléndido equilibrio de formas, por aquella admirable proporción que indica hasta qué punto el humanismo florentino ha servido de ejemplo a cualquiera que, entre los reyes y nobles de Europa, quisiera construirse una casa elegante. La conversación deriva hacia el tema de las recompensas que Benvenuto ha recibido del «generosísimo» rey de Francia —como él lo llama—, y en cuanto Benvenuto comenta las cifras he aquí que Cosme de Médicis se declara convencido de que ése no es un tratamiento que pueda dispensarse a un gran artista como Cellini. También en esta ocasión sucede lo que en tantas otras hemos comprobado: cada candidato a comitente denuncia la tacañería de aquel que le ha precedido. Benvenuto quizá prevé que también este último, en el momento de pagarle, no será tan espléndido como promete, pero entra en el juego. Es como si se sintiera halagado, pues todos intentan arrancarlo de los demás clientes; todos lo quieren para sí: un triunfo semejante no puede sino satisfacer a un artista.

Y ahora Cosme encuentra el camino adecuado para monopolizar los servicios de Cellini. Descubre (lo ha descubierto, quizá, por alguna indiscreción proveniente de sus fuentes francesas) que el verdadero sueño de Benvenuto es que se le considere escultor, un gran escultor; de modo que nada mejor para retenerlo en Florencia que ofrecerle la realización de una gran estatua. ¿Por qué, pues, no dar a Florencia y a la gran plaza de la Señoría, donde están representados Donatello y Miguel Ángel, con la *Judit* y el *David*, una obra que una el nombre de Cellini al de los dos escultores que tanto admira? Podría llevar a cabo una estatua cuyo tema le propone Cosme: Perseo. Cosme ve en la leyenda de Perseo su propia lucha contra el partido republicano. Perseo es quien mata a sus adversarios, aquellos expatriados que desde todas partes de Italia y de Europa tratan por todos los medios de minar su gobierno, de desacreditarle frente a los ojos del mundo. Y Cellini promete al duque Cosme que le hará un Perseo. Y que será una obra que no temerá estar al lado de Donatello o de Miguel Ángel.

La solicitud, y la promesa por parte del artista, deben corresponderse con unos acuerdos precisos. Que Cellini pida, dice Cosme. Y Benvenuto expone, en un proyecto entregado al duque pocos días después, cuáles son sus exigencias para llevar a cabo aquel importante encargo. Necesita un taller grande, que esté unido a la casa donde se aloje. Necesita que su vivienda y su estudio le permitan no tener que desplazarse. Recuerda cuán útil le había sido esta vinculación en el Petit Nesle parisino.

Pocos días después Cellini encuentra el lugar que considera más adecuado para el trabajo que tiene en mente. Es una casa, en el límite del jardín del Spedale dell'Innocenti, con entrada por Via della Pergola. Un interior, en Via del Rosaio. En el huerto anexo hay espacio para edificar el taller que Benvenuto necesita. Y tendrá lugar un tira y afloja entre el duque y el artista para ver quién es más cortés y condescendiente: Benvenuto afirma que quiere comprarle aquella casa con su propio dinero, dinero que obtendría de la venta de algunas joyas que ha traído de Francia, y Cosme, en cambio, insiste en ser directamente él quien se ocupe de la adquisición. Los dos están, en efecto, poco convencidos; es como si quisieran tomarse su tiempo. En resumen, Cellini tiene la intención de que sea el duque quien eche la mano a la bolsa y Cosme se apresura a prometer, pero entretanto —como veremos— deja las cosas en un estado de incertidumbre.

Pier Francesco Ricci, el pratense que hace de secretario de Cosme, después de haber estado entre sus preceptores, pone en movimiento a uno de sus funcionarios más diligentes: Lattanzio Gorino. Pero tan diligente que equipara esta virtud a la avaricia. «Pagador seco y sutil», así lo describe Cellini. Este Gorino es el primer tropiezo para los programas de Benvenuto. «Este hombrecillo —escribirá el orfebre—, con sus manitas de telaraña y con su vocecita de mosquito, rápido como un caracol, en mala hora me hizo traer a casa piedras y arena apenas suficientes para hacer un palomar.»

¡Menudo taller para preparar una estatua, piensa Cellini! Ni siquiera el material necesario para construir un palomar. Se origina un torneo de blasfemias y de gritos. Benvenuto trata de hacer entender qué es lo que precisa; a los operarios a su servicio los define como «asnos cojos», dirigidos por «un cegato» —¡su relato de la construcción del taller en la casa florentina es una obra maestra del humor!—, con él obligado a aflojar la bolsa, a desarraigar con sus propias manos árboles y vides. Furioso, furioso como sólo él puede estarlo. Apenas consolado por la ayuda que le ofrece Battista di Marco Tasso, tallista en madera y buen arquitecto, que le está preparando los armazones en madera para comenzar el *Perseo* una vez que el modelo a escala confirme que la obra mayor puede iniciarse. Un Tasso que renueva el nombre del poeta, pero no el espíritu. Un tipo siempre alegre, que alivia los pesares de Benvenuto: «Cada vez que iba a verle, salía a mi encuentro riendo, cantando con voz aflautada»; nada más adecuado que esta entonación en falsete para contar esta tragicómica historia de un Cellini que ha encontrado casa pero no consigue poner en pie su taller.

En cambio, no son en falsete los gritos de Benvenuto, cuando se enfrenta con Ricci, el mayordomo de Cosme, que incluso pretende que admita que esos trabajos para construir el taller no han sido autorizados por nadie. Cellini estalla de ira. Que sepa ese maestrillo de niños, le brama en la cara, que a un artista como él lo reciben de igual a igual reyes y papas. Que aprenda, dado que también ha hecho de maestro de escuela, cómo se trata a alguien que lo supera en todo. A él: a un artista a quien todo el mundo solicita. Y a las palabras debe haber añadido amenazas de emprenderla a golpes con él, porque Ricci nunca se ha espantado tanto en su vida. En cuanto a Cellini, otra vez está dispuesto a partir; piensa de nuevo en Francia. Florencia lo está decepcionando.

Luego, como en un mar tras la tempestad, las aguas se calman. Cosme sabe cómo dirimir este tipo de enfrentamientos y un encuentro con Ricci hace que la barca cambie de rumbo. Puede ser que ni siquiera haya reprendido a su funcionario, que le haya dicho sencillamente que con cerebros como los de los artistas, en general, y el de Benvenuto Cellini en particular, hay que tener paciencia. Cuando Benvenuto vuelve a encontrarse con Ricci, éste es todo dulzura.

En cambio, Benvenuto aún tiene cara de pocos amigos. Que se acuerde de que él no quiere ser segundo de nadie. Puesto que al escultor Bandinelli se le da un sueldo de doscientos escudos no ve cómo puede negársele a él idéntico tratamiento.

Y está claro que Benvenuto no estima a Bandinelli. El enfrentamiento ha comenzado. Tendrá una continuación colorida y llena de matices. Los dos artistas entrarán en liza y ninguno de ellos escatimará al otro toda clase de golpes.

Pero ahora sopla una brisa ligera, es más, hay bonanza. Benvenuto puede retomar el trabajo, el taller en la casa empieza a cobrar forma y no pasa un sólo día sin que Cosme le haga saber que está con él en la empresa. El *Perseo* lo exige: será su símbolo en la mayor plaza de Florencia.

Aquí —en este jardín de Via della Pergola, en Florencia— estaba ubicada la fundición donde se realizó el Perseo. En la actualidad, también alberga el estudio de un escultor: Marcello Tommasi (fotografía de Stefano Giraldi).

CAPÍTULO VEINTICUATRO

De nuevo en Florencia, con algunos intervalos

Entre 1545 y el siguiente año, una especie de columpio acompaña la suerte de Cellini: lo lleva arriba y abajo, como si alguien estuviera empujando la tabla de madera en la que está sentado. Le parece tocar el cielo y luego se espanta al verse reconducido con rapidez hacia el suelo.

En Florencia tiene enemigos, que intentan perjudicarlo por todos los medios. Resulta difícil, sino imposible, cogerlo en falta como artista, pero como hombre ha cometido errores, sigue cometiéndolos. Un tipo como Bandinelli, quien profesa la virtud del artista que ha decidido que si alguien quiere trabajar bien debe acompañar su trabajo con una vida honesta, lo tiene fácil para hablar mal de Benvenuto. Un hombre corrupto, que pasa sus noches en las tabernas, que se abandona a meretrices y pederastas, que no tiene mesura en su conducta civil, que desdeña el orden, en resumen, un anarquista, obligado a simular que respeta el poder sólo porque obtiene un beneficio económico, pero que secretamente desprecia a quien manda: se siente el amo del mundo. Este cuadro de Cellini no se aleja de la verdad. El Cellini artista y el Cellini hombre van confundiéndose como dos sosias que se han encontrado y han decidido interpretar un papel que los una. Ambos en escena, pero no es que quieran crear confusión entre sus espectadores. Es más, desean ser identificados en seguida, comprendidos. En esto se equivocan Bandinelli y los demás adversarios de Cellini: en que usa una máscara y finge ser virtuoso, mientras que, en realidad, es un depravado. Al contrario, Cellini rebosa sinceridad. Más aún, pues es en este decir y actuar siempre como piensa que encuentra su obstáculo. Una pequeña dosis de engaño y habría embaucado a ese mundo con el que, en cambio, debe enfrentarse continuamente. Es violento, se comenta, y no hace nada para contradecir semejante opinión. ¡Soy como soy!: éste parece su lema. Lo expone sin vacilar, despreocupándose de la gente. Un maldito, un bribón, un camorrista, un pendenciero: insiste en mostrar su retrato al completo. Sin *flou*, sin matices que quieran disminuir el ímpetu de su fuerza. Es él quien exhibe ante todos su deseo de hacer saber que es tal como los demás le ven. Pero que piensen también que sólo de este modo puede considerarse sincero, que éste es su carácter, ésta su naturaleza. Que, si quieren, traten de perdonarlo. Así lo espera él en nombre de esas obras que está dejando a un mundo que lo desprecia como hombre. El esplendor de una belleza que compense aquello que pueda haber de feo en su conducta. Que los poderosos lo colmen de halagos y se lo disputen lo llena de orgullo, pero que también reyes, príncipes y papas sepan que no existe, que tampoco puede inventarse, un Cellini distinto del que es. En cuanto a Bandinelli, lo considera un pobre hombre, peor aún, un pobre artista. Un afortunado que sigue una corriente, que es la de la monótona aquiescencia a cuanto pueda «gustar». Y algunos prefieren las cosas comunes, aquellas que no saben a revolucionario. Coherentes con esa línea que no prevé nada que esté en contraste con la uniformidad. Bandinelli es un «maestro» en esta escultura «uniforme»: la «manera» es su estilo, cada estatua suya es monótonamente igual a otra.

Doce años mayor que Cellini, Bandinelli trabaja para los Médicis desde hace mucho tiempo. La posible llegada de alguien que pueda hacerle la competencia lo ha tenido siempre desasosegado: en el caso de Cellini sabe que el adversario es verdaderamente temible, que llega a Florencia con una fama conquistada en Francia y junto a un gran rey como era Francisco I, razón de más para velar las armas. Desde ahora no habrá una reunión en la que se encuentren Bandinelli y Cellini, en especial si está presente el mismo Cosme de Médicis, que no los vea enfrentarse como dos gallos de pelea. Sin escatimar golpes bajos, recurriendo a cualquier artimaña o maniobra que pueda herir al adversario. Bandinelli hace gala de una familiaridad con el mundo florentino que el «hijo pródigo», Cellini, no tiene. Bandinelli ya servía a los Médicis con Julio, duque de Nemours, para el cual esculpió un *San Pedro* destinado a la catedral florentina; para Clemente VII hizo un *Orfeo* que está en el patio del palacio de los Médicis; continuó al servicio de la familia reinante incluso en tiempos de Alejandro, el hijo de Clemente VII, y más tarde consiguió conservar también el favor del último en llegar al poder: este Cosme, el hijo de Juan de las Bandas Negras, que aprendió de su padre el arte de la estrategia —aunque él lo practica en política—

Retrato de Baccio Bandinelli tomado de la primera edición de las Vidas
de Giorgio Vasari.

y de su madre, Maria Salviati, el de la prudencia, que en su caso equivale a no mover un solo peón sin haber reflexionado antes.

Para Cosme, Bandinelli ha esculpido la estatua que representa a Hércules y Caco, cuestionada por muchos florentinos, los más graciosos de los cuales se han pronunciado con ocurrencias mordaces, en forma de sonetos, pero sin hacer mella en la convicción de Bandinelli de que es un gran escultor: ha sostenido ante el mismo Cosme que las críticas hechas a la estatua son de gente incompetente, que el monumento está en perfecta sintonía con la estructura del palacio de la Señoría, ahora el palacio del gran duque. El colosal edificio y sus piedras de gran tamaño armonizan con los músculos potentísimos de su «obra maestra». Está convencido de que se trata de una obra maestra.

Mientras continúan los enfrentamientos con Bandinelli, mientras avanza con dificultad la construcción del taller en la casa de Via della Pergola, Cellini espera con ansiedad noticias de París. Tiene que cobrar unas importantes sumas: no se fía demasiado de Ascanio y de Pagolo, sus ex ayudantes, a los que ha dejado como representantes de sus intereses en Francia. Y, efectivamente, no es que le hagan un buen servicio: a Francisco I, que les pregunta sobre Benvenuto y su regreso, para completar aquellas famosas estatuas de plata que le había encargado y por las que le había entregado grandes cantidades a cuenta, le dan a entender que, en su opinión, deberá resignarse a no volver a ver a Benvenuto en Francia, puesto que ahora se ha puesto a trabajar en Florencia para el duque mediceo. Es suficiente para desencadenar la ira de Francisco I; entretanto, los dos le ofrecen sus servicios. También ellos son buenos discípulos de Cellini y conocen todos los secretos de su arte. Evidentemente, es mucho lo que pueden ganar si Benvenuto no regresa a París. Se han convertido en dueños y señores de un taller y el regreso del maestro los devolvería a su condición de mozos. Ascanio, que es quien ahora vive en el Petit Nesle y se halla un peldaño por encima de Pagolo en el número de comitentes, recoge los frutos sembrados por Cellini: acapara sus antiguos clientes, trabaja cuanto puede y más. También ha heredado del maestro el deseo de llegar a las manos y de desenvainar con facilidad la espada, porque —por las noticias que tenemos— diez años después deberá huir de París, acusado de haber asesinado a un oficial al que se había enfrentado. Pero, tras refugiarse en Flandes, regresa a París porque, se comenta, había actuado en defensa propia, aunque resulta más fácil creer que los que le habían confiado un trabajo —y siempre se trataba de comitentes poderosos— pensarían que es mejor perdo-

Cellini: Apolo y Jacinto, *mármol, hacia 1547 (Florencia, Museo Nacional del Bargello).*

nar a un asesino que perder una preciosa obra de orfebrería por la que se ha desembolsado un buen anticipo.

Más allá de estas preocupaciones parisinas, parecería que los asuntos florentinos mejoran para nuestro artista; la construcción del taller avanza, el duque demuestra la misma benevolencia de siempre y Cellini no ve demasiado dinero, pero no le falta un sueldo digno. A la espera de poder trabajar en el *Perseo*, tiene la oportunidad de retratar al mismo duque, de cuya cabeza hace un dibujo, que servirá para empezar un hermoso busto en bronce y luego otro en mármol, obras que concluirá antes de 1548.

Pero una vez más la habitual mala suerte que persigue a Cellini viene a perturbar la estancia en su ciudad. Aunque quizá sería mejor decir que es él quien invoca la mala suerte, incluso cuando ésta no querría estar presente, con alguno de esos arrebatos que forman parte de su personalidad: es un imprudente que no sabe refrenar la lengua, que a toda costa quiere intervenir en asuntos en los que demostraría ser más sabio si se mantuviera al margen. Ahora sucede que el joyero preferido de Cosme, Bernardo Baldini, ha hecho que el duque comprara un diamante procedente del mercado de Venecia. Se ha pagado por él veinticinco mil escudos, y al desconsiderado de Benvenuto sólo se le ocurre comentarle a Cosme que le han cobrado el doble de su valor. Es demasiado: ¡que se meta en sus asuntos! Cosme se enfada y Baldini se enfada, el mayordomo del duque, aquel Ricci que había tenido que vérselas con Cellini, echa más leña al fuego. Es preciso que este metomentodo pague su afán de protagonismo. Se urde —casi con toda seguridad fue algo organizado hasta en sus más mínimos detalles— una trampa peligrosa. La madre de un mozo de Cellini, poco más que un recadero, alguien que barría el taller, amenaza a Benvenuto con acusarlo de haber abusado de su Vincenzo. Esta Margherita, apodada Gambetta, es una mujer de lo peor que Cellini podía encontrar. Ella le ruega que esconda a su muchacho, que si el Bargello llega a saberlo el primer arrestado será él. Cellini comprende por dónde van los tiros. ¡Para salvarse no le queda más remedio que tomarse unas pequeñas «vacaciones»! Es por eso que deja precipitadamente Florencia y se dirige a Venecia. Pero desde Ferrara escribe al duque Cosme que «si bien me había ido sin que me lo mandaran, regresaría sin que me llamaran». En resumen, que no se preocupe: se tratará de una ausencia breve, tendrá su *Perseo* y también aquel busto en bronce que ya han apalabrado.

Nueva estancia veneciana; nuevo hechizo de una ciudad que tiene mucho que decir a Benvenuto. Éste se lo pasa lo mejor que puede, pero también consigue usar el taller de gente conocida, pues tampoco en Venecia puede dejar de trabajar. Se encuentra con Tiziano y con Jacopo Sansovino, pero también con Lorenzino de Médicis, alias Lorenzaccio, que ha llegado a Venecia después de su estancia en París y permanece allí, a pesar de saber que los sicarios de Cosme le siguen los pasos para matarlo, pues está locamente enamorado de la bella Elena Centani, una patricia veneciana. Benvenuto ha conocido a Lorenzino en tiempos de la medalla de Alejandro y luego ha vuelto a verlo en París, pero es en Venecia cuando demuestra que se siente ligado al desafortunado joven, quien ha interpretado el papel de Bruto matando a un tirano y luego no ha hallado sino detractores. Cellini se considera amigo de Lorenzino y lo acoge en su estudio durante los días peligrosos y solitarios que el Médicis pasa en Venecia. Y Lorenzino lo observa mientras trabaja, admirado. Los dos parecen ligados por un hilo que los une; son dos rebeldes, siempre dispuestos a dejarse arrastrar por el entusiasmo y, también, por las crisis: dan ganas de pensar que aquella medalla veneciana —que es también el único retrato de Lorenzaccio que se conserva— fue hecha por el mismo Cellini. Hipótesis aventurada, que no encuentra el acuerdo de los críticos, pero que de todos modos exponemos por la fascinación que tendría el asunto. Benvenuto dibuja el rostro de Lorenzaccio, asesino de Alejandro, en una de sus obras. El premio que ofrece alguien que sabe qué supone verse arrastrado por las pasiones a otro que padece a causa de los mismos impetuosos sentimientos. Benvenuto demuestra desprecio por las habladurías que sus encuentros con Lorenzaccio puedan desatar. Sabe perfectamente que si alguien se las refiere al duque Cosme —y en Florencia siempre hay alguien que se entera de todo— no obtendrá ningún beneficio de ello, pero no traiciona al amigo ni su soledad. Sabrá defenderse ante el duque si éste lo reprende: le expondrá que un hombre, un hombre que pueda considerarse realmente tal, debe tener también espíritu caritativo. Y que él, Benvenuto, tan a menudo acusado de carecer de él, lo posee. Tal como demuestran los hechos.

En Venecia, como siempre, se encuentran los Strozzi; todavía tienen intereses comerciales en la ciudad y están protegidos por la República, que no vería con buenos ojos una injerencia de Florencia, que los considera enemigos cuando para la otra, en cambio, son expatriados «de lujo». Se trata de gente que todavía mantiene un gran volumen de negocio con los banqueros venecianos. Son los Strozzi quienes aconsejan a Cellini que regrese a París, son ellos los que quieren hacerle ver que está dejando una riqueza y una fama seguras para servir a alguien poco fiable, como es, según ellos, el duque de Florencia. Pero Benvenuto responde que ha decidido regresar a esta última, donde le aguardan importantes trabajos de escultura; sólo él conoce el significado de esto en sus antiguos sueños. De igual modo, espera que se sepa —los informadores también lo explicarán— que ha resuelto volver donde Cosme, rechazando la corte de Francia y prefiriendo la de Florencia.

Y para alguien como Cosme, que acaba de acceder al poder, no es poco que, frente al rey de una gran nación, él resulte el preferido de Cellini.

CAPÍTULO VEINTICINCO

Los días en la corte de Cosme

El primer trabajo que retoma, apenas llega a Florencia, es el busto en bronce de Cosme, que comenzó casi por casualidad de una idea surgida después de un encuentro con el duque. Florencia y su casa de Via della Pergola, el problema de su hermana que ha quedado viuda con seis hijos que criar, el dinero que nunca alcanza, haber de procurarse la plata y el oro con los que poder trabajar: éstos son los mayores problemas de Cellini, todo en su vida está bajo la enseña de una cotidianidad que ha asumido aspectos dramáticos.

La fundición del *Perseo* y en cierto modo también la del busto de Cosme son relatos que podrían haberse ofrecido en un teatro griego, habituado a oír historias de dramas que mezclan signos de vida con signos de muerte. En efecto, ambas obras comprometen a Cellini como nunca había sucedido. Sabe que le observaron ojos malévolos —ante todo, Bandinelli—, ojos que brillarían de alegría ante su fracaso. Desafía a estos envidiosos con valor, lanza contra ellos palabras burlonas y se declara seguro de lo que está haciendo, pero en su interior siente un miedo secreto: el que le dicta toda una historia, que le trae a la mente los fracasos padecidos por tantos otros artistas. Ahora confía en su buena suerte, es más, quiere hacer creer que está convencido de que tendrá de su parte a una fortuna benévola, tal como siempre ha ocurrido con su obra, pero también sabe que esta vez aquello que está a punto de hacer, aquello que debe realizar, es una operación que habrá de demostrar si su ambición de ser también un gran escultor es legítima o sólo una pretensión. Si él, aunque grande, es sólo un orfebre o también el creador de esculturas que sueña ser desde hace tiempo.

Se enfrenta a un nuevo desafío, a problemas de técnicas de fundición, que él quiere renovar, perfeccionar, demostrando que también en esto es grande, alguien que no se acomoda a lo que se ha hecho hasta ahora, sino que sabe descubrir nuevos caminos para hacerlo aún mejor. El gran busto de Cosme es una obra comprometida, quizá —lo cuenta él— aún más comprometida que la operación llevada a cabo para obtener el *Perseo*, pero no se percata de que esta dificultad deriva en particular del hecho de que, después de muchos experimentos realizados en secreto, ahora está saliendo a la luz. Un fracaso supondría asimismo su fin como artista. Y ahora entiende este término como el que define a un gran escultor. En su taller del Petit Nesle parisino ha hecho experimentos fundiendo una cabeza de Julio César, estudiando aquellas formas gratas a los antiguos, tratando de descubrir cuál era el mejor camino para darles una nueva fuerza. En resumen, mantenerse fiel a aquel mundo que había dado grandes maestros de la escultura, pero también imprimir a la obra actual un espíritu nuevo. Precisamente de esos años hay dos bustos de Cosme que lo retratan: una escultura de Bandinelli y una pintura de Bronzino. Ambos trabajos seguían patrones clásicos y mostraban al duque con la apariencia de buen soberano, armado, sí, y con signos que avisan de sus virtudes militares, pero en esencia los dos tendían principalmente a representar al hombre que había descubierto que lo que necesitaba su pueblo no era el fragor de las armas, sino un desarrollo tranquilo, logrado con obras que mejorasen sus condiciones de vida. En cambio, Cellini quiere ofrecer la imagen que de él ha captado: con el rostro tenso, propio de un jefe, de alguien que ha conquistado el poder y sabe lo que ello significa en cuestión de enfrentamientos, de un hombre que ha alcanzado la gloria pero que también conoce su precio.

Concluido en 1548, no parece que el busto haya tenido mucha fortuna. Sería interesante saber qué pensó Cosme de él y conocer también la opinión de Eleonora de Toledo. Quizá Cellini llegó a saberlo y puede que, más allá de las alabanzas, percibiera incluso algunas muestras de perplejidad o de vacilación. A nuestro juicio, la obra es bellísima: no se entiende por qué no se le dio de inmediato una ubicación adecuada. En efecto, permaneció en el guardarropa del palacio ducal, hasta que en 1557 se la colocó sobre la puerta de la fortaleza que Cosme hizo construir en Portoferraio. En 1781, deteriorada por haber estado expuesta a la intemperie, la trasladaron a la Galleria degli Uffizi. Hoy está en el Museo del Bargello.

Cellini realizó también un busto de mármol, esculpido a partir de un modelo en yeso de la obra en bronce. Todavía se conserva —forma

Autorretrato *de Giorgio Vasari, detalle de un fresco del artista en el Palacio Viejo, Florencia.*

parte de una colección en Estados Unidos—, mientras que ha desaparecido cualquier rastro, si bien se alude a él en el inventario confeccionado tras la muerte de Cellini, de un busto de mármol que el artista habría hecho por encargo de Eleonora de Toledo.

Ahora Benvenuto se prepara para dedicarse de lleno al *Perseo*. Se demora, pero no por temor, sino para estudiar algunos detalles. Sabe que se trata de una operación peligrosa, lo sabe porque piensa servirse de nuevos procesos. Quiere desafiar a la costumbre, quiere que se diga que él —que puede parecer vinculado a una vieja escuela— va en busca de técnicas nunca utilizadas. Es siempre el mismo: el Cellini que conjuga sus aires de fanfarrón con una habilidad absoluta, que se proclama grande ante los demás y que luego, cuando se halla a solas, duda de sí y se angustia.

Respecto del ambiente donde debe vivir, el de la Florencia de Cosme, hace tiempo que Benvenuto ha adoptado una posición precisa. No entiende de política, pero posee un sexto sentido que le hace comprender a los hombres, y de ello obtiene la lección que necesita para triunfar también en esas cuestiones. El ascenso de Cosme de Médicis no le ha sorprendido en absoluto. Le resultó fácil comprender que aquel joven que había accedido al trono —después de la muerte de Alejandro a manos de Lorenzino— triunfaría.

Entonces Benvenuto estaba en Roma. Hacía pocos días que se había conocido la muerte de Alejandro y algunos expatriados se burlaban de él —y lo amenazaban incluso— por mantener una estrecha amistad con el duque Alejandro en los días en que estuviera en Florencia. «Oh, necios —respondió Benvenuto a quienes le aseguraban que se había acabado el tiempo de los duques—, yo soy un pobre orfebre que sirve a quien le paga, y vosotros os mofáis de mí como si fuera el líder de un partido; pero por eso no quiero reprocharos la avidez, la locura y la mezquindad de vuestro pasado, aunque ante vuestras risas bobas os digo que antes de que hayan pasado a lo sumo dos o tres días tendréis otro duque quizá mucho peor que el anterior.»

Cellini entiende por «peor» no a alguien que sea peor administrador que Alejandro, o más cruel que él —algo difícil, considerando hasta qué punto lo había sido el desaparecido duque—, sino políticamente aún más fuerte, dispuesto a rechazar en mayor medida cualquier resistencia, más decidido a mantener alejados de Florencia a los expatriados.

Así ocurrirá: Florencia elige a Cosme para sustituir al desaparecido Alejandro. En Roma los expatriados conocen lo sucedido y compren-

Busto de Cosme I realizado por Benvenuto Cellini que se conserva en Florencia, en el Museo Nacional del Bargello.

den que para ellos las cosas se ponen feas. Sólo les queda una esperanza: que se otorgue el poder al joven Cosme, pero con ciertas condiciones. En resumen, que no ostente el poder absoluto, sino que el nuevo duque tenga que depender de una especie de consejo que comparta con él en la gestión del gobierno.

Y es de nuevo un Cellini «político» quien les imparte otra lección. Ellos piensan que este nuevo duque, Cosme, es una especie de títere al que se puede hacer mover a voluntad por el escenario, como alguien les ha hecho creer: pues bien, él no es de la misma opinión. «Estos hombres de Florencia han puesto a un joven encima de un maravilloso caballo, luego le han colocado las espuelas y le han dado las bridas en la mano, con total libertad, y tras ponerlo en un bellísimo campo donde hay flores y frutos y muchísimas delicias, le han dicho que no supere determinados límites: ahora decidme, quién será el que pueda pararle cuando él quiera superarlos.»

Y Cosme, el joven Cosme, elegido entre los nombres que se barajaban, quizá porque se creyó que alguien que ni siquiera había cumplido dieciocho años sería fácil de controlar, quiso efectivamente «superarlos». Y lo hizo con tal presteza que nadie pudo detenerlo. De la sangre de Juan de las Bandas Negras, su padre, heredó una denodada osadía; de su madre, Maria Salviati, aprendió la lección de aquella sabiduría política en la que ella lo había entrenado, como si se tratase de un atleta que se prepara para un certamen desde la primera infancia, la que pasó en la severa villa del Trebbio, donde lo educó en el culto al poder que ella esperaba que a continuación le correspondería.

Benvenuto ha acertado: su lección a los expatriados florentinos en Roma es de aquellas que impartiría un experto en política o, mejor aún, un hombre con sentido común. Y ya que el personaje en ocasiones parece no estar dotado de esta cualidad, pues lo malgasta en un exceso de ímpetu, más que de sentido común cabría hablar de una llamada a la reflexión. También el juego de la política tiene —al igual que el ánimo humano— mil facetas, pero en este caso —el de Cosme, convertido en duque de Florencia— no puede mostrar más que una: la del ascenso rápido del candidato elegido.

Ahora Cellini, en Florencia, puede acordarse perfectamente de su profecía, no para jactarse de ella, sino para verificar que no se había equivocado. ¡Este duque es «con mucho peor que el anterior»! En resumen, quiere contar más y —a la vez— que ningún otro cuente, aparte de él. Lo que lo convierte poco menos que en un déspota. Pero ilustra-

Baccio Bandinelli: Hércules y Caco *(Florencia, plaza de la Señoría).*

do, heredero, en el estilo y en el espíritu, de Lorenzo el Magnífico. Alguien que quiere dirigirlo todo, hasta las fiestas de carnaval. También porque está convencido de que es verdaderamente el mejor. En resumen, Cosme, no el Magnífico, pero sí el Mejor. Y también con Cellini el duque se comporta así: quiere que entienda todo esto. Benvenuto no tiene elección, no porque sea un siervo que deba obedecer, sino por la sencilla razón de que un artista necesita comitentes si quiere seguir creando obras. Y Cosme —tal como Francisco I en Francia— representa en ese momento al mejor cliente del artista, además de aquel que le está ofreciendo —al menos se las promete— las mejores condiciones.

Tener enemigos, gente que desee verle en dificultades, es el precio que debe pagar. Vivir cerca de un príncipe y de su corte significa granjearse odios: los celos y la envidia se alían e intentan, unidos, hacer el mayor daño posible. Cellini ha acumulado una buena cantidad de adversarios; son muchos los que no ven con buenos ojos que este orfebre, que se fue de Florencia sin fama ni dinero, ahora pida, y obtenga, encargos y honores del duque. Las ocasiones de enfrentamiento no faltan.

Bandinelli, ya lo avanzábamos, cuenta entre los oponentes más despiadados de Cellini. Y Benvenuto le paga con la misma moneda, mostrando su desprecio por todos sus trabajos de escultura, pero también tratando de demostrar que es un hombre inculto, de poco juicio, que vive gracias a la suerte y no por sus dotes naturales. A veces el duelo es encarnizado y los adversarios no escatiman los golpes bajos. Las palabras vuelan, pues no siempre es fácil controlarlas, y dejándose llevar por la ira vierten expresiones que son ofensas graves.

Así ocurrió que una tarde, en un día de fiesta, Cellini se hallaba en el palacio visitando a Cosme cuando se presentó Bandinelli. Esto podría haberse resuelto en uno de los habituales encuentros delante de Cosme, en los que cada uno juega sus bazas lanzándose antes o después alguna pulla, alguna estocada, pero con la punta del florete, si esta vez el azar no hubiera ofrecido algo mucho más sustancioso. En efecto, el duque acababa de recibir, en un cofrecito que está abriendo en ese momento, un obsequio de Stefano Colonna de Palestrina, su lugarteniente general y también amante de las artes. El cofrecito contiene una pequeña estatua de mármol, quizás un *Ganímedes*, una obra de la antigua Grecia. Cellini piensa que se trata de *Ganímedes* y se ofrece a restaurar aquella pequeña obra maestra, trabajando en ella y añadiéndole un águila de acuerdo con el personaje que cree haber identificado. Lo hace —expone— por afecto al duque y no porque sea un trabajo para él. «Si

Eleonora de Toledo, en un grabado de Adriano Haluech.

bien remendar estatuas no es lo mío —le argumenta a Cosme—, porque es un oficio de chapuceros, que lo hacen muy mal, la excelencia de este gran maestro me incita a servirle.» Amor, por lo tanto, hacia el duque y a la vez respeto por un artista del pasado, bueno como ha sido ése cuya obra tienen ante sí. Ahora Cosme quiere saber por qué Benvenuto atribuye tanto valor a esta obra y Cellini trata de explicárselo. Belleza, virtud e inteligencia: he aquí las dotes que han unido al trabajo y al artista que la ha llevado a término. El duque se siente feliz: el obsequio de su lugarteniente es verdaderamente de esos a tener en cuenta. Pero ahora interviene Bandinelli: Benvenuto ha dicho que esa estatua vale, ¡y entonces hay que decir lo contrario! Una mueca, una sonrisa de desprecio dirigida a la estatuilla, y luego una severa crítica de la pieza. Pobre en todo, obra de un artista que no conoce la anatomía; esa estatua no merece ningún gasto de restauración. Así pues, opinión claramente contraria a la de Benvenuto. ¡Era de esperar! La batalla está servida: uno a la derecha y el otro a la izquierda del duque, Benvenuto y Baccio lanzan golpes y contragolpes. Cellini desliza —lo tiene todo bien estudiado— la conversación hacia el *Hércules y Caco*, la tan discutida obra de Bandinelli. Es suficiente para que suba el tono de la discusión. Entretanto se han unido a ellos otras personas del séquito del duque; es como si nadie quisiera perderse el espectáculo que vendrá a continuación. Y se trata de una platea que sabe divertirse: el enfrentamiento será duro, y ninguno puede imaginarse cuánto.

Bandinelli defiende su obra, el *Hércules y Caco* no ha agradado al «populacho», ya que los sonetos escritos en su contra provienen de esa fuente. Cellini rebate que cuando Miguel Ángel terminó la Sacristía Nueva, en la iglesia de San Lorenzo en Florencia, también llegaron centenares de sonetos, pero en alabanza de la obra. ¿Eran del habitual «populacho» del que hablaba Baccio? Y luego los defectos de la obra de Baccio son tan evidentes que hasta un profano puede verlos. Esto basta para que Bandinelli pierda los estribos: ¡que Benvenuto le enumere esos defectos! ¡Que se atreva!

Y Benvenuto tiene valor para dar y regalar: «Te los diré, si tienes la paciencia de escucharme»; el comienzo es de esos que suenan a befa. «Que sepas que lamento tener que enumerarte los defectos de tu obra...» Lo lamenta, pero no descuida un solo detalle. Hércules tiene mucho cabello, pero no muestra en su rostro ninguna inteligencia; sus hombros son como dos monturas sobre el lomo de un asno; esos músculos que salen de todas partes de su figura parecen sacos de melones. Esto y lo otro: la ironía va por delante, pues Benvenuto no explica esos defectos empleando términos técnicos, sino que se divierte dando color al asunto. Bandinelli no aguanta; además, se ha percatado de que tanto el duque como el resto parecen seguir con excesiva atención e interés el razonamiento de Cellini. Y helo aquí saltando hacia delante, como si quisiera dar de puñetazos a Benvenuto, para terminar lanzándole una de las peores ofensas: «¡Cállate, sodomita!» Lo ha sacado de sus casillas; el duque y los demás lo miran contrariados: ése no es un argumento que oponer a las críticas de Cellini. Es una acusación sin sentido, no tiene nada que ver con la situación y revela una perfidia inútil, que se vuelve contra quien ha pronunciado palabras tan ultrajantes. Cellini encaja bien el golpe. Es más, logra continuar su razonamiento, volviendo sobre la belleza de aquella estatuilla de *Ganímedes*. Pero se consume por dentro. «Y aunque me mostré tan amable, sabed, benignos lectores —explica en su autobiografía—, que por dentro me estallaba el corazón, considerando que alguien, el cerdo más depravado del mundo, osara decirme, en presencia de tan grande príncipe, semejante injuria; pero sabed que injurió al duque y no a mí, porque si no hubiera estado ante una tan grande presencia lo habría matado.»

En resumen, Benvenuto habría escrito en la lista de aquéllos a los que había pasado por la espada también el nombre de un escultor. ¡Faltaría menos!

La historia de la disputa debe de haber recorrido toda Florencia. Era una ocasión para divertirse y los dos eran famosos por sus desavenencias. A Bandinelli siempre lo daban por perdedor cuando tenía que enfrentarse con la lengua de Benvenuto. El humor cruel, el gusto por la sátira, estaban entre las dotes del orfebre. Entrar en una discusión con él suponía arriesgarse en exceso.

Pero ya era tiempo de acabar el *Perseo*. Benvenuto siente aquel momento como uno de los más elevados de su vida de artista. Serían días de gran fatiga y también de mucho riesgo por las dificultades de la obra y por la posibilidad de fracasar. También Benvenuto debió de pensar en ello. Pero, seguramente, no alcanzó a imaginar la extraordinaria dimensión de todos aquellos peligros y dificultades. Fue, en efecto, una demostración de que tenía un temple de acero. Su cuerpo estaba hecho del mismo bronce en que fundía la obra.

CAPÍTULO VEINTISÉIS

Los días del Perseo

Una aventura, horas sin fin, una empresa que nunca hubiera imaginado tan dramática y arriesgada: Cellini no pudo sino pensar en ello durante los días precedentes y luego en aquéllos en que la estatua del *Perseo* estuvo al fin realizada.

Su experiencia en monumentos de grandes dimensiones se limitaba hasta ahora al *Júpiter*, que había hecho para Francisco I en París; pero en aquel caso se trató de una sola figura, mientras que esta vez debía dar carácter unitario a la figura de Perseo y la de la Medusa. Era algo similar a tener que trabajar primero en dos planos y luego hacerlos coincidir como si hubieran surgido en el mismo instante: ligados por una misma idea; debían conservar este espíritu también en el bronce.

Cellini sabía perfectamente que el duque Cosme atribuía una gran importancia a este trabajo suyo. Debía representar precisamente el primer símbolo de su gobierno, en aquella plaza que seguía siendo el emblema de la Florencia del presente y del pasado. Tenía que comunicar a quienes vinieran que el monumento lo había deseado Cosme de Médicis, duque de Florencia, sabio señor de Toscana, amante de las artes, excelente administrador y refinado político. Cellini es consciente de ello y también sabe qué se espera de él. Ésta es la razón por la que llegó a probar varios modelos, incluso uno en bronce. Pero la primera idea —la que discutió con el duque— preveía sólo un Perseo con la espada en la mano derecha y la cabeza cortada de la Medusa en la izquierda. Más tarde, en la obra definitiva que planea Cellini, aparece también el cuerpo de la Medusa, que yace bajo los pies de *Perseo*. La Medusa ya había sido preparada y fundida cuando le toca el turno al Perseo, pero es quizá precisamente esto lo que aumenta la dificultad del trabajo. Se trataba de integrar dos piezas —como ya se ha comentado— sin que se notara desunión alguna. Debía parecer que el cuerpo de la Medusa hubiera visto la luz al mismo tiempo que el del Perseo, que está encima.

La realización de los dibujos y los modelos había comenzado en 1545, cuando Cellini se consumía por culpa de aquel taller que crecía demasiado lentamente en el huerto de la casa de Via della Pergola que había obtenido de Cosme. Todo parecía confabularse para retrasar la obra, pues surgían las dificultades más impensables, a las que había que añadir la lentitud en los trabajos de montaje del taller y la demora por parte de la administración del duque en asignar los fondos necesarios para que los trabajos avanzaran más rápidamente.

A duras penas Cellini había conseguido formar un grupo de colaboradores de los que podía fiarse, y tampoco esto le había resultado fácil. Bandinelli, también entonces, le había puesto palos entre las ruedas al llevarse con él a muchos de los trabajadores que Benvenuto encontraba.

Pero, finalmente, el grupo parece constituido: allí trabajan ese maestro de la carpintería que era Giovanbattista Tasso y un discípulo de Cellini, Bernardo Mannellini, que desde hacía un tiempo estaba en su escuela, un escultor de Florencia, Alessandro Lastricati, a quien Vasari elogia como buen artista, dos operarios flamencos y un operario francés, todos ellos expertos en fundición. También Zenobi di Pagolo, a quien encontramos entre quienes echaron una mano para que el Perseo se convirtiera en una estatua, era un entendido en la materia.

La idea de Cellini es realizar el *Perseo* sirviéndose de un procedimiento cuando menos revolucionario. Sabe poco de fundición, pero en Francia ha observado atentamente a los grandes maestros y los ha encontrado superiores a los italianos. Ha ideado una aleación rica en cobre —en un noventa y cinco por ciento— y pobre en estaño —apenas el dos y medio por ciento—, lo que constituye una innovación respecto de la tradición que aconsejaba una cantidad de cobre menor y una proporción mayor de estaño.

La explicación nos interesa sobre todo para comprender que, para fundir el *Perseo* con aquella aleación, se necesitaba que el horno alcanzara una temperatura de mil quinientos grados, un tercio superior a la que habría sido suficiente en un proceso habitual. Cellini sabe que se arriesga, pero está convencido de que así el resultado de su obra será infinitamente superior. En su opinión, un exceso de estaño, que tiende a endurecer el material, habría sido perjudicial en la fundición de la estatua. Éste es el motivo de la reducción del porcentaje de ese metal. La dificultad de lo-

Esbozo del Perseo *atribuido a Cellini (Colección privada).*

grar que el horno alcance esa temperatura le preocupa bastante, pero acepta el riesgo.

También esta actitud es coherente con su pasado. En esta obra se refleja gran parte de su carácter. Una vez más la voluntad de desafío lo empuja a la osadía.

Ha mandado traer varios haces de madera de pino de la cercana Montelupo, «y mientras la esperaba, revestí a mi *Perseo* de aquellas tierras que había preparado meses antes a fin de que estuvieran en sazón». En su *Trattato della Scultura* Cellini ha explicado cómo quería que fuera esta tierra: «Mantenida en remojo al menos cuatro meses, y cuanto más, mejor, porque el fundido pudre y al estar tan podrida la tierra se convierte en un ungüento.» Un suave y húmedo empaste para su *Perseo*, pues, un traje que, llegado el momento, deberá desprenderse de él como un unto benéfico.

Corre el mes de diciembre de 1549 y el gran fuego del horno resplandece. Fuera, los árboles de los jardines contiguos a la improvisada fundición de Cellini muestran sus ramas secas; el hielo de la noche los ha cubierto con una delgada capa, pero dentro de poco el calor que saldrá de aquella casa, que parece haberse convertido en una sucursal del infierno, lo habrá derretido, como si se tratase de una primavera anticipada. Aunque en estos instantes dramáticos el ánimo de Cellini no está dispuesto a sentirse fascinado por tales referencias estacionales, pues está librando su mayor batalla y el ejército que ha puesto en movimiento, aquellos nueve o diez asistentes, lucha con todas sus fuerzas; la tensión es máxima. Pero, mientras en el taller el horno escupe llamas, rugiendo como si dentro de él soplaran miles de criaturas desconocidas, he aquí que en el cielo se desencadena una tormenta de agua y de nevisca, que se unen al resplandor de los rayos y luego se suceden con sonidos sombríos. Es un escenario que ningún director podría haber imaginado más apto para un trabajo con semejante trama. Y es entonces, cuando fuera arrecia el temporal y dentro las llamas se avivan con ensañamiento, que todo parece encaminarse al fracaso: Cellini, como un Belcebú que quiere ver crecer el fuego destinado al «condenado» *Perseo*, lanza sin descanso madera al horno. El fuego ilumina con su resplandor todos los rincones del angosto taller; se eleva hasta el techo y prende en él, estropea una viga que sostiene el tejado y la lluvia entra con violencia; agua y fuego se entremezclan, con el resultado de enfriar repentinamente el horno. El ejército de desesperados en torno a Cellini se está derrumbando, pero él con sus gritos los apremia a seguir combatiendo, es él quien trepa a una escalera y a duras penas con-

Benvenuto Cellini: Perseo con la cabeza de la Medusa *(Florencia, Pórtico dei Lanzi).*

sigue tapar la vía de agua del tejado. Las llamas se reavivan, la temperatura del horno vuelve a subir, ahora no queda más que esperar para ver el resultado. Los ayudantes de Cellini se sientan en el suelo, buscan un instante de reposo, él se desmorona aún más que ellos, la tensión de aquellas horas ha podido con él y su vigor, aunque admirable, no ha resistido. Bernardo Mannellini lo sustituye durante unas horas. Benvenuto, echado sobre una cama improvisada, sueña quién sabe con qué, mezclando —como en sus tiempos de prisionero en Castel Sant'Angelo— dulcísimos paisajes con tierras desoladas, cuando oye en su agitado sueño un grito: es Mannellini que brama que corra, pues su criatura, el *Perseo*, se muere.

Como si de repente se le hubiera pasado todo mal, salta del jergón, corre al taller y se encuentra con que su equipo de trabajadores está como si de verdad se hallara ante un cadáver. ¿Su *Perseo* está realmente muerto? A primera vista, sí. El metal que debía componer el cuerpo se está encogiendo, como si una mano lo comprimiera para convertirlo en una pasta informe. El ejército recupera las fuerzas a la vista de su comandante: «Ordenadnos, que todos os ayudaremos, mientras conservemos un soplo de vida.» Éste es el grito, ésta la promesa. Es decir, caeremos junto a ti, dispón qué debemos hacer.

Benvenuto los conduce hasta la casa de un carnicero que está delante de la suya: que cojan toda la madera seca que puedan de la pila que se encuentra en el huerto de Capretta —tal el nombre del carnicero— y que alimentan las llamas con ella.

La encina arde mejor que cualquier otra madera y el fuego cobra vida de nuevo. El metal que estaba desligándose vuelve a licuarse y a borbollar. Es una buena señal, la vida torna a su cuerpo. Todos se afanan, y Cellini más que nadie: parece un endemoniado. Entretanto, el techo vuelve a arder, pero esta vez por suerte no queda al descubierto, pues la lluvia, que aún cae, habría encontrado nuevamente el camino libre para entrar en la habitación y hacer más daño al horno.

Ahora Cellini agrega más estaño: un lingote que le quedaba y todos los platos que encuentra entre los enseres de su casa. Parece que la cosa mejora, pero entonces se produce un último estremecimiento de miedo: el horno se destapa como si fuera una olla que no aguanta el calor. También a esto se pone remedio como mejor se puede. Al fin, el metal se derrite suavemente, igual que una fiera que acaba por rendirse al domador. El *Perseo* vivirá. Es más, ya vive. La obra está realizada. Cellini es un gran escultor. Se lo dice una voz desde el interior de su corazón.

Dánae y su hijo Perseo, *una de las cuatro esculturas de Cellini destinadas a la base del* Perseo.

Los bronces representando a Júpiter y Minerva, *en dos de los nichos de la base del* Perseo.

Y Benvenuto se arrodilla, da gracias al Cielo y después parece querer hacerlo también a la Tierra, porque presa de un repentino apetito se sienta a la mesa junto a sus ayudantes. Faltan dos horas para el amanecer.

El *Perseo* está acabado. Florencia sabe que tendrá una nueva obra bajo el pórtico de su plaza mayor y que el trabajo lo ha realizado uno de sus hijos: Benvenuto Cellini. El mayordomo del duque, Pier Francesco Ricci, se congratula con él, pero a Cellini le parece que lo hace porque se lo imponen las circunstancias, porque no puede dejar de hacerlo. Quizás hubiera preferido compadecerse del fracaso de la empresa. Es un enemigo derrotado, junto a quienes también esperaron que la obra se malograse. Dos días después comienzan a descubrir la estatua; está perfecta, tanto que ni siquiera habrá necesidad de retoques. Al menos todo hace pensar que sea así, pero la sorpresa irrumpe cuando se llega al pie derecho: los dedos aparecen deformes, y hay que poner remedio a eso. Sin embargo, es una cuestión sin importancia que no perturba el entusiasmo por un trabajo bien resuelto.

Cosme y Eleonora, que en aquellos días se encuentran en Pisa, reciben a Benvenuto. Congratulaciones también de su parte, pues el duque ha conseguido su *Perseo* y legará a la posteridad otra muestra de su amor por las artes. En cuanto a la estatua, deberá esperar otros cinco años para ser colocada bajo el pórtico de la plaza de los Señores. La inauguración, entre los aplausos de los florentinos, se producirá el 28 de abril de 1554.

Es una nueva página que se añade a las de una historia ideal del arte italiano. Cellini queda inscrito en el apartado de los escultores del Renacimiento y el *Perseo*, en el de sus más célebres monumentos. Seguramente, desde ese día Benvenuto habrá mirado con menos envidiosa admiración la efigie de su idolatrado Miguel Ángel.

Busto de Bindo Altoviti (Boston, Isabella Stewart Gardner Museum).

CAPÍTULO VEINTISIETE

El caso Altoviti

El *Perseo* marca el punto más alto de la parábola de la buena suerte del Cellini artista. Podría decirse que con él se ha cumplido su mayor ciclo. Pero el artista vivirá veinte años más después de esta obra y lo veremos trabajar en infinidad de ocasiones, hasta sus últimos días, sin ceder nunca al cansancio.

Un episodio no irrelevante de la vida de Benvenuto es el que está ligado a la complicada vicisitud que ha implicado a un rico florentino vecino de Roma: Bindo Altoviti. Cellini espera dinero de él, dinero que necesita, pues los gastos del *Perseo* han superado lo que hasta ahora ha conseguido recibir de las arcas, bastante avaras, del estado de Cosme, el duque de Florencia. Pero Roma, la Roma de sus tiempos pasados, la Roma de sus primeras empresas artísticas y demás, lo decepcionará. Esta vez no se trata de estar encerrado en una prisión, sino de ver cómo se le escapa de las manos una bolsa de dinero, que representa una antigua cuenta por una obra que no le ha sido pagada.

Ahora gobierna Roma Julio III: Giovan Maria Ciocchi di Monte San Savino, elegido por el Cónclave el 22 de febrero de 1550. En cuanto a Bindo Altoviti, en 1550 Cellini había terminado su busto en bronce, una obra que fue del agrado de todos, incluido el gran Miguel Ángel, y por la que se fijó un precio que, vista la riqueza de Altoviti, Benvenuto jamás imaginó que tendría dificultades para cobrar. Pero también en otra ocasión la suerte está contra él.

El asunto de Altoviti es complicado. Para empezar hay que explicar quién es el personaje. Bindo Altoviti desciende de una de las familias más conocidas y más ricas de Florencia. Es rico y poderoso, pero por desgracia un adversario declarado de los Médicis; y el dinero que ha gastado para financiar la causa de los expatriados florentinos casi lo ha conducido a la ruina. Al igual que los Strozzi, tampoco Altoviti ha dudado en ofrecer su ayuda a los exiliados que, hasta hacía poco, abrigaban la esperanza de regresar a Florencia y derrocar de nuevo a los Médicis. Pero la empresa había fracasado y daban por perdida la causa. Lo malo para Cellini era que también se habían perdido las riquezas de Altoviti. Cuando el artista regresa a Roma en 1552 Altoviti ya no es aquel rico mercader de antes. El nuevo papa aún lo protege, pero son continuas las presiones desde Florencia para que se tomen medidas contra él por haber colaborado con quienes atentan contra el estado de Cosme de Médicis. Por ahora Julio III resiste e intenta protegerlo, pero no se sabe hasta cuándo podrá hacerlo. Con Bindo Altoviti se repite el destino que ya ha golpeado a Felipe Strozzi: los Médicis no admiten tener adversarios que disputen su poder, pues no olvidan que siempre que han sido tolerantes se han visto perjudicados. La experiencia del pasado debe ser útil en el presente. En el caso de Altoviti esperan una ocasión propicia, que no faltará.

Y es precisamente en aquellos años entre 1552 y 1553, cuando se ofrece la que parece la mejor. Los franceses están ayudando a Siena a resistirse a Florencia, que se sirve de la ayuda de España. Llega a oídos de Julio III que Bindo Altoviti está sufragando la causa; le cuentan que Altoviti ha contravenido sus disposiciones. En efecto, después de que Cosme hubiera solicitado al pontífice que le entregara a Altoviti como prisionero en Florencia, por las graves ofensas que éste había pronunciado contra él, Julio III había negado la extradición, pero haciendo que Altoviti le prometiera que se mantendría apartado de cualquier acción contra el señor de Florencia. Helo aquí, en cambio, de nuevo en liza, mandando dinero e incluso a un hijo suyo, para combatir por la libertad de Siena. El papa se ve obligado a declararlo rebelde y a confiscarle todos sus bienes, junto con los de su mujer, Fiammetta Soderini, que no eran pocos. Cuando Benvenuto va a Roma, con la esperanza de obtener de Altoviti la suma que años antes ha dejado en sus manos para rentabilizarla, ya es tarde y la suerte de Altoviti está echada.

No hay más remedio que conformarse y extraer el máximo provecho de una sabia admonición: no pensar que quien es rico hoy pueda serlo igualmente mañana. Así se esfuma la cantidad que se le debía por el hermoso busto en bronce de Bindo, la obra que tanto había agradado a Miguel Ángel.

En cuanto a Miguel Ángel, durante su estancia en Roma Cellini re-

Roma: El palacio de los Altoviti, actualmente desaparecido.

cibe el encargo de parte de Cosme, duque de Florencia, de persuadir al artista de que vuelva a Florencia, donde será acogido con todos los honores. Miguel Ángel se niega cortésmente; no discute con Cellini, que le habla de la grandeza y del sentido de justicia de la Florencia gobernada por Cosme de Médicis, pero le explica que sigue pensando como antes. Cree en la libertad de la República y nunca aceptaría regresar a una Florencia que contribuyó a defender en 1530, cuando la ciudad estaba asediada precisamente por aquellas fuerzas que reconducirían a los Médicis al poder y anularían toda libertad republicana.

Para Benvenuto Roma ya no posee la fascinación de antaño; ha desaparecido gran parte de su mundo, la ciudad misma ha cambiado —al menos eso le parece—, y hasta sus costumbres. No se da cuenta de que todo está igual, de que quien ha cambiado es él. Han pasado muchos años y el Cellini de ayer ya no existe. La sangre de sus treinta años, las ganas de armar jaleo, las noches en la taberna, las prostitutas a las que tenía en su casa como si fueran sus esposas, ya no forman parte del Cellini de ahora. Ha pasado mucha agua bajo los puentes del Tíber, pero ha sido el agua del Sena parisino y luego la del florentino Arno la que ha marcado una nueva época. El Cellini de los grandes comitentes, al que

Benvenuto Cellini conversando con Cosme de Médicis, gran duque de Florencia
(grabado de Iavez a partir de un dibujo de Sanesi).

reciben en las cortes de toda Europa, ya no tiene vínculos con el orfebre venido a Roma en busca de fortuna, con el intérprete de pífano elegido por Clemente VII para suplir a un músico enfermo, ni tampoco con el combatiente de Castel Sant'Angelo que estaba a cargo de los cañones. Ya no podría bajar por los muros de la vieja prisión, romperse una pierna y conseguir arrastrarse por las calles romanas en busca de refugio.

Regresa, pues, a Florencia. Y en Florencia, salvo en contadas ocasiones, permanecerá.

CAPÍTULO VEINTIOCHO

La Florencia redescubierta

¡Sí! Es como si Florencia hubiera caído de nuevo rendida en sus brazos, como un amor que regresa: redescubre la ciudad en sus calles, en sus callejones, en sus palacios. No es un paraíso de riqueza; de hecho, el duque lo hace sufrir para darle una pequeña parte de lo que le adeuda, o que —según sus cuentas— le adeudaría. Pero las cuentas que hace Cellini son siempre dudosas. Gasta mucho y tiene una familia que le pesa: ha de ocuparse de los seis hijos de su hermana viuda y, además, de la maraña que forman los suyos propios, los que deben añadirse a la niña que tuvo en Francia con Jeanne, la criada que le sirviera de modelo para la *Ninfa* de Fontainebleau, tras la traición de Catalina.

La primera niña, Costanza, había nacido cuando él tenía cuarenta y siete años; luego llegó el resto. Parece como si hubiese querido emular a su conciudadana Catalina de Médicis, la reina de Francia, que durante años no tuvo hijos, pesando sobre ella la amenaza de un divorcio por la sospecha de que pudiera ser estéril —¡una culpa que no puede perdonarse a una reina!— y luego trajo al mundo una decena. Con la diferencia de que ella lo hizo de joven, mientras que Benvenuto había descubierto el deseo de ser padre (¡o quizá todo se deba al azar!) con casi cincuenta años y le duró veinte más, ya que su último hijo, Andrea Simone, nació cuando el artista contaba cerca de setenta años. Lo tuvo con Piera Parigi, una criada que tampoco era joven y que permanecerá unida a este vigoroso y prolífico Cellini en la tarea, que parecían haberse impuesto, de enriquecer el mundo con nuevos habitantes. En este caso concreto, florentinos. No conocemos, en cambio, el nombre de la mujer con la que Benvenuto tuvo, en 1553, un varón que recibió el nombre de Giovanni. En 1546 —apenas alude a él en su autobiografía— tuvo un «hijo natural», con una mujer que quizá se llamara Dorotea. Pero si el nombre de la mujer no es seguro, el de este hijo nos es completamente desconocido. Piera Parigi, en cambio, es un personaje que se hace un hueco en la vida de Benvenuto, quien se sintió preparado para el matrimonio bastante tarde, aunque más vale tarde que nunca, podría apostillar alguien. De Piera, con la que se casó el 24 de marzo de 1566, Benvenuto, de sesenta y seis años, tuvo —además de Andrea Simone, el último de la serie— otro varón que también se llamó Giovanni, luego una niña, Elisabetta, y otra a la que se puso el nombre de Maddalena. Pero el apellido Cellini se extinguió, porque el único hijo varón legítimo —que viviera más allá de la infancia— fue precisamente este Andrea Simone que, si bien se casó, no tuvo descendencia. He aquí el motivo por el cual la herencia de Benvenuto le corresponderá a Jacopo Maccanti, hijo de la hermana de Cellini.

Una multitud de mujeres y de hijos, en la confusa vida de alguien como Benvenuto, a quien se le impusieron multas y condenas por sodomía. Una vez más el personaje juega a asombrarnos: una vez más logra confundir los rasgos de su posible retrato. ¡Una vez más, en resumen, es «él»!

Lo hemos dejado, después de la decepción económica de Altoviti, amargado y descontento, volviendo a Florencia. Quizá con la esperanza de que el duque pusiera remedio a la deuda que Altoviti tenía con él. Los bienes florentinos del banquero, y particularmente los de su esposa, Fiammetta Soderini, podrían hacer reaparecer —¡un milagro, en el que no puede creerse demasiado!— aquellos mil escudos, más aún, dados los intereses vencidos, mil doscientos, que representan la cifra que le debe el banquero romano.

La respuesta es no. Ricci, que lleva los libros de gastos del duque, declara que es inadmisible. El estado no puede garantizar ninguna deuda contraída por un expatriado, sobre todo considerando el conjunto de los bienes confiscados.

Todo esto Cellini lo sabrá un poco más tarde, pero el intento de remover las aguas en ese sentido debió de llevarlo a cabo nada más llegar a la ciudad. Por lo demás, se le presenta la habitual rutina, la habitual vida cotidiana, las preocupaciones para mantener el taller y la familia, sus visitas al palacio, para que no pueda recriminársele que no rinde honores a la majestad del gran duque.

También estos encuentros pueden entrañar algún peligro. Es más, a menudo son peligros. Benvenuto es demasiado atrevido en sus palabras, no tiene sentido de la diplomacia, ataca sin vacilar y quiere decir la verdad, su verdad quizá, pero en cualquier caso aquélla en la que en ese instante cree. El caso de la disputa con Bandinelli, a la que ya aludimos, la que se produjo a propósito de la estatuilla griega, cuando el escultor le ofendió trachándolo de «sodomita», es uno de los muchos que le ocurren mientras está en compañía de gente. Se trata de funcionarios de la corte, de colegas que son también artistas, de mozos de su taller, de personas que ocasionalmente encuentra en los talleres de otros, él no tiene límites. Todos le vienen bien; tampoco quiere que piensen como él, es más, podría creerse que lo que le gusta es enfrentarse con alguien y que va buscando las opiniones que se oponen a las suyas: se trata de su sangre, que ya no es joven, pero que aún corre por sus venas, una sangre que para no morir parece necesitar calentarse a menudo, no en las llamas de un hogar o en la tibieza de una casa acogedora, sino en el fuego de las disputas que no pueden faltar, conociendo al personaje. En el fondo, si se reflexiona, en Cellini esta voluntad de pelea es como una especie de medicina que involuntariamente toma de vez en cuando y que prolonga su vida, que lo revitaliza. Sin sus peleas, sin estar a la greña con alguien, quizá no hubiese vivido setenta años.

Pero no siempre, repetimos, su voluntad de decir lo que piensa le procura favores. Por ejemplo, acaba de volver de Roma, después de la decepción con Altoviti, y su deseo de ser sincero a toda costa le mete en uno de los peores líos que puedan imaginarse. Se enemista con una mujer. Lo cual tampoco sería nuevo en el panorama de la vida celliniana. Pero lo malo es que esta vez se trata nada menos que de la duquesa: Eleonora de Toledo, la hermosa española que ama tanto las perlas y que le ha pedido una opinión sobre un collar que considera de gran valor. Querría oír que le aseguran que verdaderamente «es de gran valor». Benvenuto la decepciona al intentar demostrarle que esas perlas son defectuosas. Le muestra, aquí y allá, una opacidad que ella no ha detectado, una rayadura que se le ha pasado por alto, etcétera. El comerciante que quiere venderlo ha pedido seis mil escudos, arguyendo que valdría el doble. Cellini sonríe y le aconseja que no lo compre —será lo mejor—, o que en cualquier caso no pague por él más de dos mil escudos. Ella no se muestra satisfecha, pues le gusta y lo desea; oír que alguien lo desprecia la ha irritado, pero ahora no querría que Cellini, siempre demasiado diligente —eso debe de haber pensado Eleonora—, le estropee la adquisición yendo con el cuento a Cosme, el duque, y desaconsejándole la compra de las perlas. Le ruega, pues, que se mantenga callado y deje las cosas como están. Ella le pedirá a su marido que le compre las perlas y todo estará en orden.

Ocurre lo contrario. Aunque no es él quien toma la iniciativa, sino el mismo duque, que le ha pedido su parecer acerca de la joya, Cellini expone lo que efectivamente piensa. En resumen, que no ha de pagarse por esas perlas más de dos mil escudos. Que tienen los defectos que ya enumeró a la duquesa. Pero que el duque no lo involucre, que su opinión se mantenga en secreto. Que Eleonora, la duquesa, no sepa que se ha entrometido. El duque le promete que guardará silencio.

Tampoco esto ocurre. La comedia descubre ahora una polémica entre marido y mujer: él pone objeciones a la adquisición, mientras que ella la defiende. Ninguno de los dos dice la verdad, pero al fin es el duque quien suelta lo que Benvenuto temía: que el collar no vale esos seis mil escudos, pero tampoco dos mil. Que se lo ha dicho Cellini. Y que un orfebre de su valía entiende de estas cosas. En resumen, una opinión que no admite réplicas. Primer resultado: la joya se queda en el mercado. Eleonora lo obtiene todo del duque, ¡salvo ese collar!

Segundo resultado: ahora el apestado es Cellini, que se habrá dicho a sí mismo, una vez más —¡cuántas veces se lo ha repetido en su vida!— que debería ser más prudente al hablar. Pero ya está hecho, y el final es de los que parecen inventados por un escritor de comedias, mejor aun, de farsas, de la época. En efecto, la duquesa ordena a los sirvientes que en adelante se prohíba a Benvenuto el paso a las estancias ducales, mientras que el duque, quizá sospechando esta represalia por parte de ella, ha mandado que cada vez que llegue Cellini se le dé acceso inmediato. La que ahora se encuentra en apuros es la servidumbre, que no sabe por quién tomar partido. El duque es severo, pero también lo es Eleonora. Y se presencia a un Cellini que llega al palacio y no se le permite el acceso para, un instante después, rogársele que pase, según aparezcan el duque o la duquesa. Nuestro imprudente héroe está perplejo en el umbral de la casa de los Médicis. Quizás, a veces, sienta la tentación de emular a su *Perseo* y cortarle la cabeza a alguien. Pero el ejemplo de Lorenzaccio lo desaconseja. Y además no va a la caza de los poderosos: se enfrenta con ellos por causas distintas. Riñas callejeras, de taberna, de taller.

Le dan ganas de marcharse de Florencia: Francia aún lo querría y también otros señores italianos, que no podrían pedir nada mejor, pero Benvenuto se ha sentido de nuevo florentino. Aquí ha redescubierto sus antiguas raíces, de nuevo —él, vagabundo— ha echado raíces en su tierra. Como un árbol, que sabe que los frutos debe producirlos en el campo que siente como suyo.

Además, ha sonado la alarma. En una ocasión Cellini se había ido de Florencia en el momento del asedio de las fuerzas imperiales, mereciendo la acusación de traidor de la ciudad por parte de sus defensores —entre los que estaba Miguel Ángel—, pero ahora un nuevo peligro, aunque de distinta magnitud y menos preocupante, acecha la capital del estado toscano de Cosme. Siena está en guerra y Florencia podría ser atacada —es preciso pensarlo, aunque la posibilidad parezca remota—; debe, por tanto, reforzar sus muros y otras edificaciones. No ocurrirá, no puede ocurrir, dadas las fuerzas en liza, pero es mejor ser prudentes. Cabe la remota posibilidad de que los franceses, que por el momento sólo han ofrecido relativa ayuda a los defensores de Siena, decidan intervenir directamente, lo que supondría, ahora sí, un verdadero peligro para Florencia.

Ser prudente en cuestiones de guerra es signo de sabiduría. El enemigo siempre es imprevisible. La lección es antigua: las fuerzas francesas son más numerosas de lo que se había pensado y el territorio que circunda Florencia sufre una amenaza real. Pisa, Prato y Arezzo viven momentos de miedo.

Se confía a Cellini los trabajos relativos a la fortificación de la Porta al Prato, de la Porticciola d'Arno y también de las Mulina. Nuestro artista es un «experto» en asedios: ha combatido en las escarpas de Castel Sant'Angelo y ahora organiza la defensa de las dos puertas que le han confiado con cañones y distribuye los encargos a quienes deben mandar las tropas. Son días de gran confusión, animados y ricos en episodios de los que entusiasman a Cellini, que siente revivir años ya lejanos. Y luego debe dar órdenes, debe discutir con capitanes y disputar con los arquitectos que han diseñado —¡en su opinión, mal!— las fortificaciones de muros y puertas. Basta para tenerlo contento. En la confusión siempre descubre el alimento que más le agrada. ¡Ahora incluso debe regular el tráfico! En efecto: los ciudadanos de Prato, asustados por haber visto cerca de la ciudad a algunos soldados franceses, se marchan precipitadamente a Florencia, con sus carros, en los que han metido sus trastos y cuanto han encontrado para comer. La afluencia es constante y se hace preciso regularla en las puertas. Existe el riesgo de que, en caso de ataque, éstas no puedan cerrarse, obstruidas por el trasiego de carros. Cellini da órdenes precisas, parece un experto en tráfico, cuando se dirige a los encargados de la vigilancia lo hace con el aire de quien está al mando y cita ejemplos y fechas. Que recuerden —advierte— cuando en 1543 en Turín, ocupada la ciudad en aquel momento por los franceses, los españoles consiguieron entrar a través de una puerta obstruida por algunos carros de heno, contando con la complicidad de uno de los defensores que había aceptado ayudarles. Y es probable que Benvenuto haya mirado, maliciosamente, a los encargados de las puertas, como aventurando que entre ellos también podía haber algún traidor.

El asedio de Siena, largo y doloroso para la ciudad, acaba con la rendición. La antigua ciudad libre pierde su autonomía y los franceses se retiran. En París, los Strozzi lloran: han perdido a uno de los suyos en la defensa de Siena, donde han combatido junto al heroico Piero, uno de los pilares que sustentaban la oposición al excesivo poder de Cosme de Médicis. La misma Catalina, reina de Francia, ha seguido la peripecia. Se sabe que ha estado a favor de Siena. Es una Médicis que se opone al Médicis que gobierna en Florencia, pero ante todo una reina de Francia, alguien que pertenece a la familia de los Valois, que otorga importancia al prestigio de la nación sobre la que reina. Una Francia derrotada en esta guerra de Siena, una vez más por las armas de los ejércitos imperiales, que después de tantos años hacen imposible una victoria militar de sus tropas.

Para Cellini supone volver a ocuparse del *Perseo*, pues debe dar los últimos retoques antes de su exposición bajo la Loggia dei Lanzi. También ha de ejecutar otro trabajo que no le desagrada, aunque pueda considerarse de menor importancia para un artista de su categoría. Le han confiado algunas pequeñas estatuas etruscas halladas cuando se fortificaba Arezzo, al excavar el terreno que rodeaba los muros. Ahora están junto a la bellísima Quimera, que por deseo del duque ha sido colocada en una sala de la zona nueva del palacio de la Señoría, del lado de Via dei Leoni, aquella en la que Vasari había pintado los momentos relevantes de la vida de León X. El duque confía a Cellini las estatuillas y le pide que las limpie de la escoria que las cubre y luego se ocupe de restaurarlas, añadiendo las partes que faltan, pero sin alterar la belleza y la antigüedad que revelan. Benvenuto descubre que las figurillas tienen otra utilidad para él: puesto que tiene que discutir con el duque a medida que avanza en la restauración de las piezas, éstas le facilitan el acceso a las estancias más secretas de Cosme. Eleonora y su prohibición —motivada por la discrepancia de las perlas— encuentran un nuevo obstáculo. Y Cellini parece satisfecho de haber podido sumar otra pequeña victoria a la guerra palaciega emprendida con la augusta señora.

Luego llegan días repletos de gloria. Su *Perseo* queda instalado bajo

Giovanni Stradano: El Mercado Viejo, *hacia 1561 (Florencia, Palacio Viejo).*

la Loggia dei Lanzi. ¡Es un triunfo! Quizás el día de mayor exultación para Cellini. El primero de su vida que recibe un aplauso tan coral, que viene de la gente, de una ciudad que lo reconoce como gran artista. No ha habido alabanzas de reyes o de príncipes, ni de papas, ni de nobles de gran linaje que puedan haber henchido su pecho de este orgullo de ahora. El 28 de abril de 1554 inscribe una fecha con letras de oro en su diario de artista.

Y es él mismo, en la *Vita*, quien narra las distintas fases del acontecimiento, secuencias que a veces parecen extraídas de una novela, tan azarosa ha sido la ubicación del *Perseo*. Entre los grandes y pequeños tropiezos, uno le ha parecido el más peligroso de todos. Para hacerlas admirar —¡le gusta, ay!— , antes de que se las coloque en su sitio, ha llevado a la habitación donde está trabajando en aquellas estatuillas etruscas, en el palacio del duque, sus estatuillas de bronce: las que deberán acoger los nichos de la base que sostiene a su *Perseo*. Representan a *Júpiter, Dánae con su hijo, Mercurio* y *Minerva*. Las ha puesto de manera que quien entre en la habitación no pueda dejar de verlas, y espera las alabanzas. Y así sucede. Pero en esta ocasión la gracia es incluso demasiada. Es Eleonora de Toledo —aunque ahora no hay ninguna señal de animosidad hacia Cellini— quien insiste para que esas estatuillas, tan bellas, permanezcan en palacio. Es más, quiere que se las ubique en sus habitaciones, donde ella pueda admirarlas. Además, estarán más seguras, afirma la duquesa, pues afuera corren el riesgo de deteriorarse a causa de su exposición a la intemperie. En el fondo no se equivoca: prevé los daños ocasionados por el paso del tiempo sobre la obra. Pero imaginaos a Cellini, que ve cómo le quitan de la obra aquellas estatuillas que —está convencido de ello, y no le falta razón— suponen gran parte de su belleza. Debe reaccionar; es más, parece incluso que podría iniciarse uno de los habituales, corteses y decisivos duelos verbales entre él y la esposa de Cosme, pero es tarde y los duques se retiran. Y ahora a Cellini, convencido de que sólo así logrará salvar sus esculturas, no le queda más que una solución, arriesgada pero única: coger las estatuillas y a la mañana siguiente, aprovechando que Cosme y Eleonora no se hallan en palacio, hacerlas emplomar en los nichos de la base del *Perseo*, que era su destino en el proyecto original.

La ira de Eleonora no se hace esperar: Benvenuto es el mismo maleducado de siempre —afirma—, que no tiene en cuenta lo que le han ordenado sus príncipes. Resultado: si últimamente la duquesa parecía haber adoptado una actitud más favorable a Benvenuto, hela aquí volviendo sobre sus pasos. A partir de ahora se reanudan las escaramuzas entre Cellini y los criados del palacio. De nuevo se le prohíbe la entrada y sólo si puede intervenir Cosme se le abren las estancias de los duques. Es el habitual columpio que insiste, en el transcurso de la vida de nuestro hombre, en mantenerlo eternamente en vilo, pues nunca sabe si está suspendido en el cielo de la fama o si aún no ha dado un solo paso desde que era un pobre aprendiz, rebelde al sonido del pífano. Benvenuto siempre está con el mismo nudo en la garganta: el de un drama que se consuma a diario, el de un artista que debe ajustar las cuentas de su balance privado y percatarse de que, sumando los días de fama a aquéllos en los que le parece no haber obtenido ningún consenso, siempre corre el riesgo de encontrarse en números rojos. Un banco que quiebra, como el de los Bardi, privados del dinero prestado al rey de Inglaterra.

También él, Benvenuto, ha prestado dinero: el extraído de la riqueza de su fantasía de artista, de su habilidad de maestro, por los poderosos del mundo. Y tampoco éstos tienen la intención de devolver a su acreedor esa riqueza, totalmente suya, que les ha confiado.

El *Perseo*, el mismo que recibe las alabanzas de la gente, es, no obstante, un momento de los que reconfortan, una bocanada de aire puro que tonifica. Sirve para ir tirando, no disipa las dudas, pero consigue retrasar el momento de la crisis más grave. Benvenuto teme quedarse quieto, ésa es la verdad; ahora lo descubre. Su espíritu sin tregua, su sentirse siempre impulsado por el deseo de cambio, aquello que creía que era desasosiego, dictado por una naturaleza que lo ha condenado a esta inquietud perenne, es, en cambio, el producto de su secreto terror a sentirse solo. Sin embargo, a veces ha creído que apartarse, no tanto para poder reflexionar, sino sólo por el gusto de no tener gente alrededor, era signo de que este miedo nunca le sobrevendría. Y ahora se percata de que necesita de los demás. Y que siempre lo ha expresado, incluso de manera violenta: hasta sus enfrentamientos eran prueba de que necesita de los otros, incluso en el odio. Del amor, del verdadero, siempre ha tenido miedo. Quizá precisamente porque amar es también correr el riesgo de no sentirse correspondido y por lo tanto probar de nuevo la amargura de la soledad, agravada, esta vez, por el dolor de la desilusión.

La Loggia dei Lanzi se ha abierto a su *Perseo* y ha escuchado los comentarios de la gente. Ha recibido testimonios de alabanza, le han llegado más «de veinte sonetos»: la loa en verso está de moda. Herederos de Petrarca, herederos de una tradición:

> *Caminante, detén el paso y presta atención*
> *a la gran obra que hizo el maestro;*
> *hoy no sólo Medusa, sino Perseo*
> *dejan de piedra a la gente...*

De este modo ha querido ensalzarlo Benedetto Varchi, entre otros. Así, con el mismo consenso, le han llegado cartas, lo han parado por la calle; incluso la gente del pueblo, que es la suya, la corriente, aquélla de la que proviene, lo ha aplaudido. El despecho, la envidia, esta vez no le provocan la ira que hasta entonces había experimentado. Sabe que este triunfo suyo no puede ser aceptado por todos, que los adversarios «en arte» son numerosos, que Bandinelli y sus amigos tratarán de emplear todos los medios a su alcance para rebajarlo, para empequeñecerlo ante los ojos que ahora lo están admirando. Le han hecho leer el terceto que Alfonso de' Pazzi ha lanzado contra él:

> *Cuerpo de viejo y piernas de muchacha*
> *tiene el nuevo Perseo. Todo junto*
> *puede parecernos bello, pero no vale nada.*

Que se diviertan, escupiendo hiel, pues su *Perseo* está ahí: con sus defectos y virtudes. La posteridad será la que lo juzgue. Benvenuto no cree en la obra perfecta; siempre hay alguien mejor que tú, pero lo que importa es que tú hayas sido mejor que otro. Las historias de la existencia se suceden como relatos sin fin. Aquel *Perseo* tiene una doble vida: muchacha y viejo, podría verdaderamente ser el compendio de la humanidad. Benvenuto ya prevé que también los venideros estarán divididos, que el placer de la crítica se halla en el corazón de todos los seres vivos, y está dispuesto a aceptar las opiniones. Ahora le basta una sola cosa: ver su escultura en aquel templo de la belleza que es la espléndida Loggia dei Lanzi. Después se verá.

Y el después ya está al alcance de la mano. Durante la ceremonia del descubrimiento del *Perseo* abordan a Cellini dos caballeros que lo buscan en nombre del virrey de Sicilia: don Juan de la Vega, un español. Que Cellini acuda a su llamada y lo hará rico. Una vez más una invitación que resuena como un tintinear de monedas. Pero Benvenuto tiene la cabeza en otra parte. Las alabanzas lo han confundido y por primera vez se siente melancólico y vuelven a su memoria los largos sueños en la celda de Castel Sant'Angelo, cuando era prisionero del papa.

Declina la oferta con una sonrisa, y los dos sicilianos quedan desilusionados, pero comprenden que ya no tiene en su espíritu el anhelo de intentar nuevas aventuras, de buscar nuevas tierras a las que ir. Sólo desea una cosa: reflexionar, sentirse solo, poderse medir con aquel infinito que, como todo verdadero artista, existe en su corazón.

Es el momento místico, es lo que anotarán los biógrafos de Benvenuto. Nosotros no lo denominaríamos así. Nos parece más bien que ha llegado el momento —breve o largo— de ajustar las cuentas y hacer balance.

Debe destinar a ello algunos de los días posteriores a éste de gloria terrenal. Necesita reflexionar sobre la divinidad del mundo, lo cual no tiene nada de místico, no prevé ninguna conversión, es un momento que, antes o después, habría de llegarle a un espíritu inquieto como el suyo. Una exigencia de la que no podía escapar.

CAPÍTULO VEINTINUEVE

En el nombre de Dios
y de la buena suerte

Esta vez la buena suerte, el sueño de acrecentar cada vez más su fama de artista, deja espacio a una reflexión que parece dividir a Cellini en dos troncos, como si se tratase del mismo árbol que, a través de los años, se ha visto expuesto a dos climas: el que trae consigo el viento de la gloria y el que hace disfrutar de las alegrías de la vida, especialmente la carne. ¡No acusemos de traidor al personaje! No es que esté desapareciendo el Cellini de barricada, prepotente, pendenciero, despreocupado, a menudo loco, siempre imprevisible, cuyo retrato hemos venido dibujando con todo detalle. Es más, Benvenuto está ofreciéndonos con esta nueva conducta —aunque la representación no durará mucho— el otro aspecto de sí mismo —la copa del árbol, podríamos pensar— que hasta el momento ni siquiera él había sabido que existiese.

Ahora realiza una especie de peregrinación, en la que Benvenuto va una vez más en busca de Benvenuto. La aventura mística —porque siempre se trata de una aventura— se mezcla con episodios que la salpican de pinceladas mundanas, con encuentros, con interludios que, aun perdiendo los tonos rojo sangre que caracterizaban las telas del Cellini hombre, todavía muestran los reflejos encendidos de un espíritu que no se resigna, que no quiere resignarse. Y es de nuevo el Cellini que conocemos, el que vuelve a escena, o acaso nunca haya salido de ella. Es el capitán Fracasse que se ha puesto la piel del cordero, que ha renunciado durante algunas veladas a recitar sus crueles ocurrencias y quiere convencerse, especialmente a sí mismo, de que esta inclinación al misticismo será de ahora en adelante su nueva manera de estar en el mundo. En el nombre de Dios. Pero a la salida le aguarda su habitual «suerte», que él desearía «buena», cargada de más honores y, también, de dinero. Vallombrosa, Calmaldoli, Bagni di Santa Maria delle Grazie y Sestile: son los lugares píos que visita un Benvenuto que parece ir en busca de un agua que apague en su ánimo el excesivo fuego del *Perseo* o la ira de haber perdido gran parte de su capital con la quiebra de Bindo Altoviti. «En el nombre de Dios partí de Florencia, cantando salmos en honor de Dios durante todo el viaje, que resultó muy placentero porque la época era bellísima, estival, y el trayecto hasta el pueblo, donde nunca había estado, me pareció tan hermoso que quedé maravillado y contento.» Por primera vez dan ganas de pensar en él como en alguien verdaderamente feliz. Feliz en la conquista de una dimensión desconocida hasta el momento. ¡Un Benvenuto que al fin disfruta de aquello que nos gustaría llamar unas vacaciones! Como cuando, en Bagno, le da alojamiento Cesare de' Federigi, también escultor, uno de los que lo habían ayudado en el trabajo del *Perseo*, y que ha seguido al maestro en su vagabundear místico. Se habla de minas de oro que estarían en la zona de Calmaldoli y de Pedro Strozzi que corretea con sus tropas —mezcladas con franceses y sieneses— por la Valdichiana, con peligro para Arezzo y el fortificado castillo de Poppi.

Este mes de julio de 1554, que ve a Benvenuto «de asueto», no permite, en cambio, que el duque Cosme se retire a descansar a la villa de Poggio a Caiano: hace años que los Strozzi no le dan respiro. Y tiene que vérselas con Catalina de Médicis, que, en París, no oculta que las ayudas para que Strozzi siga con la campaña militar que ha puesto en estado de alarma a toda —o casi toda— la Toscana, provienen de las arcas del estado francés.

Tanto el Cellini cantor de himnos sacros como el del beato reposo místico o el que visita conventos duran todavía menos que el verano. Benvenuto regresa a Florencia: esta vez debe pensar en un encuentro concreto, en el que se hable de los gastos para hacer el *Perseo* y de la recompensa que le corresponde como artista. Su Perseo había matado a la Medusa, pero ahora corría el riesgo de que hiciera lo mismo con su autor. Debe pasar cuentas con Jacopo Guidi, uno de los secretarios del duque Cosme, a quien se ha confiado la tarea de hacer de intermediario entre ambos y que prudentemente espera que la cifra solicitada sea lo bastante alta para tener que discutir al respecto. El encuentro con Guidi, un volteriano, es de los que sólo Benvenuto puede contarnos: «Me llamó con su boca torcida y su voz altanera, encogido y rígido.» Es Guidi quien comienza su «regateo», pues, en efecto, se mercadea con el *Perseo*, una obra de arte, como si se discutiera de una partida de paños que

Giorgio Vasari: Cosme I de Médicis con sus ingenieros, arquitectos y escultores, *hacia 1557 (Florencia, Palacio Viejo, Sala Cosme I).*

vender o comprar. «Tú pides y yo te digo si el precio me conviene. Si no hay acuerdo, te buscas otro comprador.» Ésta es la esencia del razonamiento, pero el *Perseo* no puede ser quitado de su emplazamiento y trasladado como unos fardos de paños. Ésta es la ventaja de Cosme: la obra está allí, terminada y bien colocada. Las riendas de las negociaciones las lleva el duque. Primero, porque es el que manda; después, porque en este momento Cellini necesita urgentemente dinero. Solicita una cantidad que efectivamente es aventurada: diez mil ducados. Más tarde especificaría en una carta que incluso aceptaría cinco mil en metálico y el resto en bienes inmuebles. El baile de cifras ha comenzado, pero aún estamos en el baile de las debutantes y antes de llegar al de final de temporada pasará el tiempo. Comienza una discusión que durará años: promesas, pactos, acuerdos aparentes, algún pago; el «asunto» del *Perseo* ha dado a Cellini fama, pero poco dinero. Aunque quizás el desaguisado comenzó precisamente por esta demanda exagerada, tal vez a causa de la rabia de tener que negociar con un personaje como Guidi, al que sabe ligadísimo a su enemigo Bandinelli y que se alegrará si las negociaciones fracasan.

Finalmente interviene el duque. Y lo hace con dureza, sin rastro del «afecto» que siempre ha demostrado hacia Benvenuto. «¡Con diez mil escudos se hacen ciudades y grandes palacios!», son las palabras de Cosme; más claras no podían resonar en los oídos de Cellini. Y es un toque de difuntos, pues anuncia el funeral de sus esperanzas de que el *Perseo*, después de haberle dado fama, le procure también cierto bienestar económico. Pero no se desanima, es más, responde a Cosme con un ademán y un tono que devuelven al torneo al antiguo Benvenuto, que desde hacía tiempo no aparecía en escena. Su razonamiento es de los que no admiten réplicas: «Su Excelencia encontraría —arguye Benvenuto a Cosme— infinidad de hombres que sepan hacerle ciudades y palacios, pero quizá no encontraría ningún otro hombre en el mundo capaz de hacerle semejante Perseo.» Quizás exagera, pero debe haberlo dicho convencido, más convencido imposible.

Las aguas se estancan. ¡Un duque que ha de sacar de su caja fuerte diez mil escudos, aunque sea divididos en metálico y propiedades, no sería un duque! Para gobernar también es preciso ser dignamente avaro. Y Cosme es ducho en tales lides. Una vez más responde que no. Que se nombre a un experto y que sea él quien establezca la cifra justa que pagar al artista, que parece haber perdido el juicio con sus pretensiones.

Así pues, se confía el *Perseo* a un experto, que no lo es en absoluto, sino que pertenece al más estrecho círculo de acólitos de los Médicis: Girolamo di Luca degli Albizi, ahora funcionario en la administración del estado de Cosme. Al principio Cellini parece satisfecho con la persona elegida, está convencido de que estará de su parte y cree que en el fondo podría haber ido peor, porque la cifra establecida por Albizi es de tres mil quinientos escudos de oro, que, si bien se aleja mucho de los diez mil solicitados por Cellini, es desde luego superior a la que habría podido aconsejar al duque un personaje como Guidi, el primer negociador.

Corren los primeros días del mes de septiembre de 1554. Cellini no está contento: se ha regateado con una obra de arte, se siente derrotado y debe aceptar porque las circunstancias le obligan; esta vez no tiene defensa. No puede imprecar, no puede echar mano de la espada o el puñal y siente que le hierve la sangre, pero sabe que un irreflexivo gesto de ira es precisamente lo que espera quien le ha tendido la trampa.

Tres años después, en un escrito fechado el 25 de septiembre de 1557, nos explica cuáles fueron sus sentimientos verdaderos ante el arreglo por la cuestión de lo que le correspondía por el *Perseo*: «Fue valorada por Jerolimo, que se puso más de parte del duque que de la santa justicia y de la razón, en tres mil quinientos escudos de oro... El príncipe, movido por la avaricia a darme lo menos posible, la hizo valorar por este Jerolimo degli Albizi, de profesión soldado y hombre de mala vida, que murió asesinado; deposité en Dios mis venganzas, porque es demasiado el mal recibido con este agravio.»

¡Éste sí que es el verdadero Cellini! ¡No ha desenvainado la espada, pero las maldiciones que ha enviado contra Albizi han funcionado! Dios es justo: ¡él sí que habría valorado el *Perseo* en su exacto precio! Ésta es la razón que le ha llevado a decidir —¡se trata de un Dios completamente celliniano, que protege a los artistas!— que Albizi muera, apenas un año después de tan descarada tasación, asesinado, como se merece quien quiere estafar a un artista. Y encima a un artista llamado Cellini.

Un Cellini que, si había pensado que iba a tener aquellos tres mil escudos contantes y sonantes, debió quedarse decepcionado, porque en seguida le dijeron que el erario no podía encontrar en sus arcas una cantidad semejante para abonarla en seguida, que el estado tenía presupuestos mucho más urgentes que aquellos que había que destinar a una estatua. Debía conformarse, pues, con que le pagaran a plazos. Los fijó uno de los habituales y diligentes funcionarios. Diligentes en favorecer al duque. Cien escudos mensuales: algo que no pactaron ambas partes, sino que decidió una de ellas. Cien escudos al mes, en vez de los diez mil, y al contado, que había pedido Cellini. ¡Era, más que un descuento, una liquidación de mercancías! Para cobrarlo todo debería esperar unos quince años. Poco a poco los cien escudos mensuales fueron menguando. Es más, en 1555 Cellini vio cómo le denegaban esta especie de pensión. El saldo quedó pendiente hasta 1567, y luego, irregularmente, avanzando tan lentamente como una tortuga, el *Perseo* quedó saldado. Cuánta agua había pasado bajo los puentes de Florencia. Cuatro años después Cellini desaparecía del mundo; el *Perseo* había querido acompañarlo, en lo bueno y en lo malo, hasta la muerte.

Con aquellos cien escudos al mes, y trabajando en nuevos encargos, el orfebre Cellini volvía a hacerse orfebre. Aún sin comprender que su mayor fama le vendría a continuación de este arte y no de la escultura. Y que alcanzaría la gloria por ser de verdad un gran artista. Artista en todo lo relacionado con su trabajo. Sulpizia Chigi se había quedado extasiada ante sus trabajos, el monarca de Francia, embelesado con aquel espléndido salero que aún hoy puede admirarse en uno de los museos más refinados del mundo, y la gente del pueblo, maravillada cuando se descubrió el *Perseo* y los ánimos se conmovieron ante aquella historia de la espada ensangrentada y la mano sosteniendo la cabeza cortada; cada uno eligió su hechizo. El arte de Benvenuto es como el jardín de Armida, donde el heroico guerrero Rinaldo se pierde, soñador, con la complicidad de la poesía del Tasso de la *Gerusalemme liberata* [Jerusalén liberada]. Pero aquí la magia no se produce porque esté planificada al detalle, sino por una señal espontánea: proviene de una extraordinaria necesidad de ser hechizados. Podemos estar seguros —y la Chigi podría habérnoslo indicado— que si Benvenuto hubiera dedicado parte de su tiempo a la pintura, también en este campo habría dejado obras memorables. Ecléctico, pues, pero ecléctico sin que el término señale a un artista que se aplica un poco a todo, porque lo mueve la voluntad de hacer negocio, sino porque así es como lo siente en su interior, porque es un curioso en el sentido más exquisito de la palabra, porque lo impulsa ese frenesí que parece que no le concediera respiro al querer destacarlo todo en el mundo que le rodea y trasladarlo a sus obras de arte.

En su vida cotidiana es el de siempre. El paso de los años ha matizado, a veces, los tonos, y ya no emite aquellos agudos que lo convertían en protagonista de una ópera lírica, en un bravucón al estilo de Sparafucile, en un Trovador envilecido por la mala suerte. Pero, aunque con distinta modulación, a intervalos que se hacen cada vez más largos, no puede dejar de asomarse al proscenio, como para advertirnos que, si creíamos que el lobo había mudado los dientes, recordemos que no ha perdido las mientes.

Y con eso de las mientes se refiere la imputación que se le viene encima —es febrero de 1557— de sodomía. ¡Vuelta a empezar! Esta vez el «cómplice» en el pecado es de nuevo un ayudante del taller: Fernando di Giovanni de Montepulciano. Son sus familiares, el padre y la madre, quienes han denunciado a Benvenuto. El tal Fernando, que trabaja para él desde hace años, desde 1551, es despedido del taller. No se sabe por qué. Lo mejor es vengarse, entonces; por eso, con toda probabilidad, los familiares de Fernando habrán intentado chantajear a Benvenuto. Luego, puesto que éste no cede —¡no debía de tener demasiado dinero!—, se produce la acusación. Benvenuto no tiene tiempo de abandonar Flo-

Benvenuto Cellini: Narciso *(Florencia, Museo Nacional del Bargello).*

rencia. Se repite una escena que ya ha vivido varias veces: la de los guardias del Bargello y el arresto. Benvenuto está de nuevo en prisión y esta vez no en Castel Sant'Angelo, sino en las Stinche florentinas. ¡De la sartén a las brasas! Una de las peores cárceles de Italia. En el proceso le caen cuatro años, una pena dura, si no hubiera intervenido Cosme, el duque. Esta vez no se trata de pagar escudos de oro. Su intervención es la de un buen príncipe, que se ha movilizado para ayudar a su artista preferido. El que ha hecho para él su tan amado *Perseo*. Amado, pero luego mal pagado. Aunque también un duque benévolo puede cansarse de que se le ponga siempre en situación de tener que demostrar su gracia. Y era la segunda vez, en menos de un año, que Cosme debía ejercer su poder ante los magistrados en favor de Benvenuto. En efecto, siete meses antes —en agosto de 1556— el exaltado Cellini había molido a palos, en un altercado, a Giovanni di Lorenzo Papi, también orfebre. Seguramente por un asunto de trabajo. No se sabe cuál, pero es fácil suponer que aquél le había dicho algo que no le había agradado. Y él de muy joven había aprendido a zanjar los asuntos como un David que siempre se encuentra ante su personal Goliat. También en el caso de este orfebre, Giovanni, la consecuencia fue una cabeza quebrada. Con su recuperación, aunque estuvo a punto de morir, el pobre libró a Cellini de una severa condena. Es más, ni siquiera tuvo lugar un proceso ordinario, pues se comunicó a Cellini que debía pagar una multa, aunque alegó que no tenía dinero, que lo enviasen a las Stinche tanto tiempo como quisieran. Y fue entonces cuando intervino Cosme. Dos meses de cárcel: eso es lo que le costó a Benvenuto haberle roto la cabeza a su competidor.

Y ahora está de nuevo entre rejas; el delito es otro esta vez, pero de nuevo va a la cárcel. Suficiente para agotar al duque, quien, además, corre el riesgo de ganarse la hostilidad de su propia magistratura: sus adversarios secretos podían acusarlo con razón de hacer uso de su poder de forma arbitraria, arrogándose el derecho de liberar de la cárcel a los reos confesos. En efecto, Cellini se había declarado culpable durante el proceso, quizás esperando obtener una pena menor de los cuatro años que luego le habían impuesto.

Un oportuno Cosme reapareció —ya lo avanzábamos— en el horizonte y Cellini quedó de nuevo en libertad. Se le conmutó la pena: en lugar de las Stinche, arresto domiciliario. Con la obligación de no moverse de casa y de presentarse regularmente ante los guardias. Esta vez fue encerrado apenas un mes. Realmente puede afirmarse que, si bien el duque le había pagado mal el *Perseo*, Benvenuto se lo cobró al final con la moneda de la libertad, que puede valer aún más que aquellos diez mil escudos que había pedido por su trabajo. Añádase que la condena preveía también la pérdida de todo derecho civil dentro del estado de Toscana y, por lo tanto, también la anulación de aquel famoso crédito del *Perseo*.

De nuevo Florencia le despojaba de sus derechos de ciudadano a todos los efectos y luego reconsideraba su postura. Era como si Benvenuto Cellini hubiese nacido tres veces. Primero, como hijo de Giovanni, maestro carpintero e intérprete de pífano; luego, de Clemente VII, que repetidamente había conseguido limpiar sus antecedentes penales, y por último de un Médicis, Cosme, el gran duque. Nacer en tres ocasiones no le sucede a cualquiera. Y la posibilidad de recuperar el derecho a poder decir «soy florentino», después de haberlo perdido dos veces, también forma parte de las notas biográficas de un Cellini que no escatima ninguna clase de sorpresas.

Benvenuto permanece en arresto domiciliario en Via della Pergola muy poco tiempo; el necesario para que las aguas se calmen, pues pronto regresa al habitual ambiente de amistades y de encuentros. Sabe que le queda mucho por hacer y que a sus casi sesenta años de vida no ha perdido un ápice de su extraordinaria calidad artística. Está en juego un monumento que le agradaría hacer: es el de la gran fuente de *Neptuno*, que debe ubicarse en la plaza de la Señoría. Aunque Benvenuto sabe que ya hay un elegido, que los modelos de los demás escultores, incluido él, sólo representarán trabajos «de placer» para quien los realice, pues el vencedor designado es su enemigo número uno: Baccio Bandinelli. En cualquier caso, Benvenuto no se rinde y utiliza, como es su costumbre, todas sus armas, intenta todos los caminos. Se reúne con Eleonora —sabe que es la gran partidaria de Bandinelli para aquella obra— y se las ingenia para que junto a ella se halle también el duque Cosme. Quiere exponer lo que piensa: que confiar a alguien como Bandinelli semejante escultura significa erigir otro monumento equivocado, como el de *Hércules y Caco*. La plaza de la Señoría ya tiene bastantes obras horrendas de un escultor decadente como ese Baccio. Que Sus Señorías reflexionen acerca de lo que están haciendo. Se lo dice con suavidad. Sabe que juega con fuego. Le acaban de librar de las Stinche, debería estar en su casa, sin salir, y en cambio va por ahí sembrando cizaña y hablando mal de su competidor.

Pero sucede lo que a Benvenuto le parece un milagro: su tenacidad

se ve recompensada. El duque —que es quien tiene la última palabra—
acepta la idea de que se presenten varios modelos y descarta la elección
a priori del nombre de Bandinelli. Cellini lo ha convencido con el argumento de que aunque Bandinelli sea el elegido, el hecho de que sepa
que los demás propondrán su modelo le servirá de estímulo y así también él se esforzará al hacer uno, el mejor que pueda. En caso contrario,
con el trabajo asignado sin prueba alguna, puede jurarse que se pondrá
manos a la obra aun cuando carezca de un programa preciso. Los argumentos de Benvenuto convencen a Cosme —lo repetimos—, quien solicita los modelos. Bandinelli, contra todos.

Será el último enfrentamiento con Baccio, pues uno de los dos
desaparece del campo de batalla: Baccio Bandinelli morirá algunas semanas después de conocerse la decisión del duque. Cellini no puede
ahorrarle la última pulla: «Murió Bandinelli —escribe en su autobiografía—, y se dijo que, además de sus enfermedades, el hecho de perder
aquel mármol fue una buena causa de ello.» Quien venció, hubiera
añadido con gusto Cellini, fue precisamente el espléndido bloque de
mármol destinado a la fuente de *Neptuno*, pues se había salvado del
peor de los destinos, el de caer bajo el cincel de alguien que había realizado el horror de *Hércules y Caco*. En resumen, si los mármoles pudieran hablar, se congratularían de su buena suerte. Que había coincidido
con la muerte de Baccio. Por otra parte, no es que hubiera muerto joven, sobre todo para aquellos tiempos: tenía sesenta y dos años. También a él le hubiera gustado decir algo desde el otro mundo, poco tiempo después, dirigiendo su discurso a Benvenuto. Esta vez podía ser él
quien se mofara, pues, tras tantas fatigas y maniobras para obtener el
encargo de la fuente, ésta corresponderá a Bartolomeo Ammannati.

Evidentemente aquel mármol estaba condenado: así habría respon-
dido Cellini. ¡De mal en peor! De las posibles manos de Baccio a las de
alguien que haría un uso todavía menos adecuado de él: Ammannati. Y
ciertamente esta vez no se trata de una maldad de Cellini: su *Neptuno* es
una obra de escasísimo valor.

Quizá no fue a causa de la decepción por no haber logrado realizar
el *Neptuno*, sino por quién sabe qué secreto impulso del ánimo, una de
esas llamaradas que de vez en cuando iluminan de religiosidad al inquieto Benvenuto, pero lo cierto es que, de pronto, decide tomar el há-
bito. Lo recibe en Florencia, de monseñor Serristori. Más tarde, en
1560, pide la revocación y vuelve a ser el de antes: el orfebre Cellini.
Exclaustrado por su propia voluntad, de igual modo en que se hiciera

sacerdote. Continúa el balanceo de las que sería ingenuo llamar extrañezas. En efecto, en la vida de Benvenuto todo está programado, todo —podría decirse— está escrito. Basta haberlo seguido en el curso de los años para percatarse de ello. Ahora el momento de religiosidad se conecta con aquellos días en que —veinte años antes—, en Castel Sant'Angelo, había pedido a su carcelero un poco de cera para hacer un crucifijo. Entonces había nacido en él la idea de que, en la inmensidad de sus creaciones, «debía» haber también esta doliente representación de Cristo en la cruz. Una de las obras más hermosas que haya realizado Cellini. Y en estos años florentinos realiza el Cristo en la Cruz, un Benvenuto de sesenta años, que mezcla en su existencia lo sagrado y lo profano, entre tonsuras de fraile y altercados por la compra de propiedades en el campo, entre plegarias sublimes y bribonerías, cometidas y padecidas. Insiste en el relato la historia de esta alternada evolución de la comedia humana del orfebre.

El crucifijo —ya lo apuntábamos— es una obra bellísima. La inspiración se remonta a aquellos días de la prisión romana. Un soneto como primer anuncio de la obra:

> *Si yo pudiera, Señor, mostraros lo verdadero*
> *de la luz eterna, en esta baja vida.*

Y lo «mejor», ahora, es esta alabanza al Cristo que se eleva junto al crucifijo. El carcelero loco, que entonces le hiciera pasar los días con alternados cambios de fortuna, fue quien recibió el primer mensaje de la obra, que antes o después Benvenuto tenía que realizar. Todo —insistimos— aparece como predestinado en la existencia de alguien como Benvenuto.

«Tras acabar por completo mi crucifijo de mármol —escribe Cellini en la *Vita*—, [...] comencé a mostrarlo a quien quisiera verlo. Dado que Dios quiso que se hablara de él al duque y a la duquesa, un día, de vuelta de Pisa, Sus Excelencias Ilustrísimas vinieron inesperadamente a mi casa, con toda la nobleza de su corte, para ver dicho crucifijo...» Y el crucifijo debió maravillar a todos, incluso a Eleonora de Toledo que —como ya sabemos— no es que tuviese predilección por Cellini. Es más, ella le dice que quiere esa obra. Benvenuto no renuncia a su talante: hace notar, con cierta dosis de orgullo, mezclado con resentimiento, que fue afortunado al perder el encargo de hacer la fuente de *Neptuno*, porque de otro modo no habría realizado ese crucifijo que ahora exta-

Desnudo masculino *dibujado por Cellini hacia 1560 (Berlín, Staatliche Museen Preussischer Kulturbesitz, Kupferstichkabinett).*

siaba a sus señorías. Es de nuevo, más allá del estereotipado cumplido habitual, una de sus efectistas salidas. ¿Qué gracias podrían esperarse de alguien a quien aún no le han pagado un trabajo tan importante como el *Perseo*?

Pero no tiene en cuenta —¡el balance del debe y el haber de Cellini no siempre cuadra!— cuánto ha hecho Cosme por él, en especial con motivo de sus últimos encarcelamientos. Sea como fuere, el duque no acepta que el crucifijo sea un obsequio, sino que en seguida compra la obra de Cellini por mil quinientos escudos de oro y quiere colocarla en el palacio Pitti. Seguirá allí cuando —muertos Cellini y Cosme de Médicis— gobierne en Toscana Francisco I, hijo de Cosme. Será él quien se lo regale al rey Felipe II de España en 1576; la obra de Cellini será ubicada detrás del coro de la iglesia de San Lorenzo de El Escorial. La cruz, que sustenta el cuerpo de Cristo, es de mármol negro y en uno de sus lados tiene grabados el nombre del autor de la obra y la fecha de la misma.

Siempre en relación con el crucifijo, en una carta para Francisco de Médicis, del tiempo en que el hijo de Cosme ya había accedido al poder, Benvenuto habla de esta obra suya como de un mensaje dirigido a la humanidad.

Es aquí donde Cellini reproduce, para que el nuevo príncipe lo recuerde, un soneto que le había llegado al corazón, que quizá le gustase más que otros: el autor es Paolo del Rosso. Benvenuto halló en él el vínculo que lo acercaba a su Cristo en la cruz:

> *Contemplando a vuestro Redentor marmóreo*
> *clavado en la cruz y, a primera vista,*
> *tan real que parecen no del todo apagadas*
> *las virtudes del corazón, sentí mi cuerpo*
> *como si fuera de mármol y dentro de mí*
> *un torrente de lágrimas, y quise gritar y callé;*
> *el grito vino de la mente, y dijo: he aquí el suspiro,*
> *ahora muere, ¿y hoy podéis transmitir, Cellini,*
> *como Apeles y Fidias, a través de la imagen marmórea*
> *los sentimientos del corazón en el momento*
> *de nacer, puesto que no son inmortales?*

El cuerpo de mármol y el interior del ánimo que se ha disuelto en el torrente de lágrimas. Reflexionar sobre la vida y extraer conclusiones de los recuerdos, amargos o dulces, que se entremezclan. El filtro está en

Benvenuto Cellini: Crucifijo, *1556-1562 (El Escorial, Monasterio de San Lorenzo el Real).*

este crucifijo que narra toda la historia del hombre, pero a la vez aquélla más secreta de un Cellini que, a través de los largos años de preparación de la obra, ha dejado en ella aún más datos de los que aporta su auto-biografía. Basta saber leer en ella: eso parece que quisiera asegurarnos Cellini.

CAPÍTULO TREINTA

La Medusa se venga

Ahora Cosme-Perseo parece ver frustrado su sueño de derrotar a la Medusa. El príncipe de Florencia, el hombre que está al frente de una Toscana que, bajo su gobierno, se ha procurado un orden administrativo y se ha hecho políticamente fuerte, habrá de perder gran parte de su familia en una tragedia, que muestra la desaparición —mientras cae el telón— de Eleonora de Toledo y también de dos de sus hijos, el cardenal Juan y don García. Un tercer hijo, Fernando, también está al borde de la muerte, pero luego milagrosamente logrará salvarse. La historia de estos decesos, acaecidos uno tras otro entre el 21 de noviembre y el 18 de diciembre de 1562, y lo repentino de los acontecimientos no podían sino hacer correr la voz de que no habían sido naturales. A la gente le gusta fantasear acerca de los hechos y construir sobre una historia, que no es más que un episodio familiar, una leyenda —mejor si es de tintes sombríos— resulta fascinante. En cambio, el suceso cuenta entre aquellos que, más allá de la tragedia que afectó a Cosme de Médicis, debemos calificar de ordinarios, entre aquellos ligados a la mala suerte que han de anotarse en el balance de la vida que cada uno debe aceptar en su devenir.

En el otoño de 1562, Cosme, el gran duque, había ido a comprobar personalmente cómo avanzaban aquellos trabajos de saneamiento de la Marisma y, al igual que casi siempre, también la duquesa Eleonora lo había acompañado. Y junto al padre y a la madre, tres de sus hijos: Juan, de diecinueve años, García de quince y Fernando de trece. Parecen unas vacaciones, una manera de estar juntos padres e hijos, mientras reciben honores de las ciudades y pueblos en los que se detienen durante el viaje, una familia gran ducal unida que iba a visitar a sus súbditos, un acercamiento entre el pueblo y sus gobernantes, un modo de expresar que quien dirige la Toscana se preocupa de las condiciones de sus conciudadanos.

La tragedia estalla de repente: los tres jóvenes enferman de fiebres palúdicas. Se los traslada al fuerte de Livorno, pues se piensa que allí podrán disfrutar de mejores cuidados que en el castillo de Rosignano, donde han enfermado, pero su mal se va agravando y Juan, en primer lugar, y García, más tarde, mueren. Pocos días después fallece también Eleonora. El mal y el dolor se han aliado para derrotar a su organismo, ya de por sí debilitado a causa de una tuberculosis que padeciera años atrás. Cosme está abatido: en 1557 había sufrido la pérdida de una hija de diecisiete años, María, y a esa misma edad también había fallecido —de tuberculosis— otra de sus hijas, Lucrecia, casada con el duque de Ferrara. Fernando y Francisco son los dos hijos varones que le quedan con vida. El primero, había sido el único superviviente de las muertes por malaria; el otro, Francisco, afortunadamente no se había unido al grupo del fatídico viaje a la Marisma porque se encontraba en España desde mayo de 1562, a donde había ido para rendir honores al rey español y para recordarle que los Médicis seguían siéndole fieles.

En cuanto al «amarillismo» del que quiso teñirse a estas muertes, se dijo que se habían producido por causas muy distintas de las fiebres palúdicas. Se fabuló que, habiendo ido de caza Juan y García, dos de los hermanos, este último en un acceso de ira, tras una disputa relacionada con una pieza de caza, habría asesinado a Juan y que el padre le habría dado muerte a él al conocer lo sucedido de sus propios labios. Finalmente, Eleonora habría muerto de pena. Una especie de cadena de anillas que se estrechan, hasta formar un lúgubre collar. Leyendas de crónica negra. Pero las muertes se debieron a la malaria. Nada más. Las cartas de Cosme a Francisco, en España, son testimonio de un terrible dolor. El duque está destrozado.

Benvenuto participa en la tragedia de los Médicis, con sincero pesar. Ha tratado a los jóvenes príncipes en sus visitas al palacio y ha jugado y bromeado con ellos. Por eso, tan pronto como se entera de las muertes, se encamina rápidamente hacia Pisa, pues desea estar entre los que acompañen en el sentimiento al duque.

Esta tragedia en el seno de los Médicis concluye como una historia que está ligada a una época. Con Eleonora muerta y con Cosme que ya no es el mismo, con la desaparición de otros protagonistas del relato, la trama cambia. Benvenuto sabe que tampoco él es el de antes. Han pasa-

Benvenuto Cellini: Retrato de Francisco I de Médicis *(Florencia, Museo Nacional del Bargello).*

do los años: ésta es una de las razones. Pero también lo es su vida, su manera de vivirla, que lo ha consumido. A pesar de todo no se rinde, pues no sería propio de su carácter, y sigue trabajando; su taller no se cierra, el viejo orfebre y escultor aún crea cosas hermosas, todavía sueña con trasladarse a París, a Roma o a otras cortes reales, a las que aún ve dispuestas a acogerlo, a pesar de su edad.

Francisco de Médicis, que tras la renuncia de Cosme es delegado en el gobierno de Toscana desde junio de 1563, parece estar en buenas relaciones con Cellini. Lo estima como artista y se sirve de él. Es de Benvenuto —al menos son muchos los que están de acuerdo en considerarlo de su mano— aquel retrato de Francisco hecho en cera, colocado sobre una piedra negra, destinado a estar entre las cosas más gratas a la bella veneciana Bianca Cappello, que ahora es la amante —según sabe toda Florencia— de Francisco de Médicis. Cellini presenta al joven príncipe de perfil, con el cabello y la barba negros, del mismo color que el jubón de terciopelo que viste, enriquecido con cordoncillo de oro, y con su mano izquierda en un gesto que parece indicar que Francisco quisiera acariciar la cruz de la Orden de San Esteban que lleva sobre el pecho.

Y fue así como Benvenuto hizo feliz a un príncipe enamorado y a una aventurera veneciana, aquella Bianca Cappello destinada a convertirse en gran duquesa. Pero cuando esto suceda Cellini llevará muchos años muerto.

Los últimos años del artista ya no brillan con el esplendor del pasado. Cellini se ha recogido en sí mismo, a la espera del día en que todo acabe. Aunque se ha embarcado en nuevos negocios, pues se ha asociado con otros orfebres: Antonio y Guido Gregori. Ha renunciado a aquel individualismo que siempre lo había distinguido, no queriendo atarse a otros, pero ahora siente la necesidad de trabajar en equipo. En su taller, abierto en Via Calimala, no faltan los clientes: su fama y el hecho de haberse unido a gente más joven atraen a nuevos comitentes. Por fin, la casa de Via della Pergola es suya. Han tenido que transcurrir muchos años y ha sido una ardua lucha, peor que la librada por el dinero —nunca recibido— del *Perseo*. Ha tenido que suplicar e incluso solicitar la intervención del duque Cosme, pero al fin, desde el verano de 1561, posee una casa, además de un buen número de clientes y cierto bienestar, aun cuando —es su carácter— insista en hablar de su descontento por la marcha de su economía.

En 1566 se casa con su concubina, Piera Parigi, aunque la boda sólo

Diana de Éfeso, dibujo de Cellini para un sello de la Academia del Dibujo de Florencia en 1563.

se hará pública al año siguiente. El viejo Cellini, ya lo hemos visto, no se siente viejo para traer hijos al mundo. A su lado tiene a una mujer que en este campo también parece excepcional, pues tampoco es precisamente joven. Sin embargo, la prole aumenta casi cada año. El vivero de la casa de los Cellini se enriquece de hijos. Es como si Benvenuto hubiera deseado, de golpe, poner remedio al hecho de no haber querido nunca fundar una familia y tener sucesores, incluso por qué no, en su oficio de orfebre. Tal vez alguno de sus hijos le salga artista. Alguien a quien enseñar cuanto sabe. Y, quizá para demostrarnos que ha pensado en transmitir sus conocimientos, escribe los *Trattati*, el de orfebrería y el de escultura, y más tarde los *Discorsi sopra l'arte* [Discursos sobre el arte], iniciados en 1566. Es el momento de reflexionar acerca de su pasado como artífice de cosas bellas: su espíritu está en calma y su mente serena y dispuesta a recuperar el ayer. En efecto, en los tratados y en estos últimos escritos no hay rastro alguno de aquel vehemente y siempre inquieto Cellini, que sí aparece, en cambio, en la *Vita*.

Pocos días antes de la Navidad de 1570 hace testamento. Leyéndolo descubrimos que en su casa había reunido muchos trabajos que deseaba tener junto a él. Hoy constituirían un patrimonio de inestimable valor: joyas, pinturas, dibujos, cartones en los que proyectó algunas de sus obras, un modelo en yeso del *Perseo*, una cabeza de mármol, inacabada, del gran duque, la estatua de mármol de un *Narciso*. Se trata de una pequeña y preciosa colección, que en la actualidad está prácticamente dispersa en su totalidad, o casi. Piera Parigi habría de ser su legítima heredera. Benvenuto pedía que lo sepultasen en la iglesia de la Santísima Anunciación, en una capilla a la que hoy se denomina «de los artistas».

Era consciente de que se acercaba el último de sus días. Y sentía su peso, no tanto por el miedo a la muerte, como por el despecho de sentirse aún fuerte. O por lo menos con la ilusión de poder serlo todavía. La elección del lugar donde ubicar su sepultura la decidió el hecho de sentirse estrechamente ligado a aquella Academia del Dibujo de la que formaba parte. Y los inscritos en la Academia tenían derecho a recibir sepultura en la Santísima Anunciación: fueron los académicos en grupo quienes siguieron su féretro hasta aquella iglesia. Los cónsules, los superintendentes, los consejeros de la Academia fueron el último símbolo de honor a un artista que desaparecía de la faz de la tierra.

Benvenuto Cellini murió el 13 de febrero de 1571. «Yo, el fraile Ridolfo de' Frati de' Servi de Florencia —así consta en la nota compilada

Benvenuto Cellini: Figura femenina, *dibujo realizado hacia 1563
(París, Musée du Louvre, Cabinet des Dessins).*

Florencia, interior de la iglesia de la Santísima Anunciación, en una de cuyas capillas recibió sepultura Benvenuto Cellini.

por los frailes de la Santísima Anunciación—, doy fe de que la buena memoria de Benvenuto Cellini, tan celebrado como escultor, yace aquí en nuestra casa de la Anunciación en el Capítulo y capilla de la compañía y congregación de los escultores, pintores y arquitectos, según queda constancia en los libros de nuestra sacristía.» Fray Ridolfo, así firma el compilador de la nota, hizo un último favor a Cellini: lo llamó «escultor». Dondequiera que estuviese, en aquel instante debió de ser feliz.

En cuanto a la «buena memoria» de la que habla el fraile, quizás habría que pasar por alto demasiados episodios de su vida para afirmar que fuera tal. En cuanto a sus relaciones con la humanidad, nos referimos. Aunque tampoco creemos que le haya preocupado demasiado. Es más, nada le habría disgustado más que mostrarse con el ropaje de un hombre «bueno». En cambio, siempre lo convenció el papel, sentido, connatural, instintivo, de aquel que descubre los peores aspectos en el mundo y lo desafía. Para que éste no lo derrote.

Si por «buena memoria» se entiende, en cambio, la del artista que llegó a ser, entonces el fraile fue justo. Bastaría su *Perseo*, bajo la Loggia dei Lanzi, en la plaza de los Señores de Florencia, para servir de testimonio. Su *Perseo* «de oro»: tal como seguramente lo vio en su sueño de artista. En su corazón de hombre, amante de la Belleza.

Éste fue Benvenuto Cellini. En lo bueno y en lo malo. Si es que en su vida resulta posible diferenciar ambos términos, y siempre, con exactitud.

Apolo con la serpiente Pitón *dibujo de Cellini para un sello de la Academia del Dibujo de Florencia (Londres, British Museum).*

[A Iacopo Guidi, secretario de Cosme I]

Dado que mi ilustrísimo y excelentísimo amo y señor me ordena que solicite y ponga precio a mi Perseo, que en el mes de abril de 1554 dejé descubierto y completamente acabado en la logia de la plaza de Su Excelencia, Dios sea loado, con entera y universal satisfacción; puesto que hasta el día de hoy obra alguna de ningún otro maestro que se tenga noticia había alcanzado, ni de lejos, tanta satisfacción: digo que humildemente ruego a Su Excelencia que me dé por mis esfuerzos de nueve años tanto cuanto a su santísimo y discretísimo juicio parezca y plazca; y sea lo que sea, viniendo de su buena gracia, estaré contentísimo, con mi mayor satisfacción, que solicitando, aunque obtuviera mucho más de mi solicitud.

Ahora bien, para no aplazarlo más (pues ya ha pasado demasiado tiempo), como forzado por ella, para obedecer, digo que, si tuviera que hacer una obra semejante para cualquier otro príncipe, no la haría por un valor de quince mil ducados de oro; y si cualquier otro hombre no la supiera admirar, no la haría. Pero por ser devoto y amoroso vasallo y siervo de Su Ilustrísima Excelencia, estaré contentísimo si le place darme cinco mil ducados de oro en metálico y cinco mil en su equivalente en bienes inmobiliarios; porque durante el resto de mi vida he resuelto vivir y morir al servicio de ella. Y si le he hecho una primera y tan hermosa obra, esta otra espero hacerla maravillosa, y dejar a los antiguos y modernos por detrás de mí, cuando por el mundo yo sea juzgado: todo ello en inmortal y loable gloria de Su Ilustrísima Excelencia. Sólo le suplico, por el valor y potencia de Dios, que se dé prisa, porque, manteniéndome así, me mata; y recuerde que siempre le he dicho que quería que me guardara el resto de mi pobre subsidio, que me había quedado de mi felicísimo estado, en que me encontraba, queriendo contento correr junto a su felicísima fortuna. Considere Su Excelencia qué gran cantidad de oro habría reunido yo hasta este día, con las grandes comodidades que tenía con aquellos bárbaros. No obstante, me contento mucho más con un escudo de Su Excelencia que con cien de cualquier otro príncipe; siempre rogando a Dios, que felicísimo lo conserve.

Florencia, 1554

BENVENUTO CELLINI

[AL DUQUE COSME I, 1548]

Ilustrísimo y Excelentísimo Señor Duque.

Habiendo estado Benvenuto Cellini al servicio de Su Excelencia como orfebre y escultor, desde hace unos dos años, si bien muchas incomodidades le han hecho alargar las obras, no por eso ha dejado de darle buena muestra de sí; y viendo en parte a Su Excelencia satisfecho de sus esfuerzos, se permite solicitar (según los acuerdos entre Su Excelencia y él) la retribución de parte de sus obras. Pero deseando poder instalarse para siempre aquí a su servicio, devotísimo le suplica que, haciendo uso de su habitual liberalidad, tenga a bien concederle, en todo caso, una propiedad vitalicia que le dé manutención para seis u ocho bocas, ordenando que le sea comprada o atribuida de algún otro modo, como más le convenga; lo que le dará motivos para amarlo cada vez más, y poder servirlo aún mejor. Que Dios lo haga felicísimo y lo conserve siempre.

Muy reverendo señor Mayordomo.

Lo que necesito con urgencia esta semana, habiéndolo considerado muy bien, son cinco liras y media; porque entre el mármol y el bronce somos continuamente seis mazos. Para el bronce se precisan muchas limas grandes y pequeñas, las cuales muy a menudo se hacen recortar; y muchos cinceles de distintas clases, que de continuo se hacen cocer y reparar, mucho más de lo que se hace en el mármol. Además empleamos muchos martillos grandes y pequeños, y otros para tallar; hoces, alambre, algo de tierra y borra, y otras cosas semejantes, que cada día se precisan.

Para el mármol, taladros, saetillas, cinceles, punteros, toda clase de escofinas, y otras herramientas similares.

Carbones, ya que cada semana consumimos al menos media carga.

Velas, pues cuando en invierno dura la vigilia, quemamos en los talleres al menos cinco libras semanales.

Pero cuando se funda o se arregle el Perseo, o el horno, o las pequeñas figurillas, las necesidades serán mucho mayores.

Que Su Excelencia tenga a bien que yo sea provisto de limas, cinceles, escoplos, martillos y otras herramientas necesarias para tales artes, que yo no puedo hacer.

Además, al tener ahora que cerrar las prensas, de donde se ha extraído el alma del Perseo, y rehacer el medio pie de éste, necesito un par de fuelles grandes, y 4 hombres prácticos en el manejo de este fuego, como los que trabajan con la maza de fragua, durante cuatro días; ruego a Su Excelencia que dé la orden para que se me ayude en tales necesidades y, si es posible, y no disgusta a Su Excelencia, ponga a mi servicio a Francesco, hijo del señor Iacopo; en caso contrario, obedeceré la voluntad de Su Excelencia.

(RESCRIPTO) *Búsquense los acuerdos; y según se haya acordado, el Mayordomo se los haga observar, y que se acomode en todo aquello que se pueda acomodar: según los antedichos acuerdos.*

Al Mayordomo de S. E.
Iacopo Guidi, día 16 de diciembre de 1549

[AL DUQUE COSME I, 27 DE JUNIO DE 1552]

Ilustrísimo y Excelentísimo Señor Duque Amo mío siempre Meritísimo.

Habiendo yo, mi singularísimo Señor y Amo, servido a Su Excelencia cerca de siete años, dado que el dignísimo servicio comenzó el día primero de agosto de 1545, por tanto los siete años se cumplirán a fines de julio del 52, y además este día comenzó mi provisión de doscientos escudos de oro en moneda de siete liras por escudo, la cual en su tiempo me ha sido cortésmente pagada. Su Excelencia y yo convenimos de común acuerdo que esta provisión se me pagara por mi plato, y a continuación se me pagaran todas las obras que hiciera para Su Excelencia, según el mérito de ellas. Y para certificar este convenio, pedí a Su Excelencia, en su propiedad de Castello, que me diera a cuenta de mis obras ochocientos escudos para comprar una propiedad: Su Excelencia me los hizo pagar, con gusto, por orden de micer Lelio, por Mattio delle Macchie el día 30 de octubre de 1548. Yo gasté ese dinero en una propiedad, con la ayuda de Su Excelencia, porque de otro modo, con tan poco dinero, no habría podido vivir. Ahora bien, mi Señor, en estos siete años he trabajado día y noche, tanto como he podido, con tanta diligencia como puede soportar un cuerpo robusto como el mío. Y si no hubiera querido profundizar en tan maravilloso arte, yo, enamorado de él, habría hecho muchas más obras; y encima habiendo estado, salvo durante dieciséis meses, en que se me pagaron tres colaboradores, siempre solo, y sin embargo, a pesar de todas esas dificultades, se ve tanta obra que Su Excelencia y yo debemos estar muy contentos: porque son obras buenas y no cosas sin valor, como se ve en otros, que han tenido todas las comodidades y ayudas que han querido; lo cual, si se me hubiera dado a mí, como se me prometió, habría llenado Florencia de valiosas obras. Devotamente ruego a Su Excelencia que recuerde que le dije que no quería ir a la zaga de ninguno de dichos profesionales, y así se me prometió: esto significaba que se me dieran todas las comodidades de que disponían los demás, de las cuales nunca tuve ninguna, o pocas. Siempre he pensado que Su Excelencia lo había hecho para probar si yo solo sabía llevar a cabo una obra, y si era un hombre que sabía tener paciencia; habiéndola tenido siete años, me parece que no se me puede pedir más. Ahora que he concluido mi obra espero que se me conceda mucho más de lo que me fue prometido, tanto como le parezca y plazca a Su Excelencia. De rodillas, sólo le ruego que se digne a quererme a su servicio según dichos pactos; sólo le suplico, por ahora, entre Su Señoría y yo, que liquide cuanto he empleado en joyas, oro, plata, hierro, mármoles, murallas, maderas y otros gastos similares, realizados por mi cuenta al servicio de la obra hecha para Su Excelencia; aparte del estaño y el cobre, de los que rendiré cuentas al término del Perseo. Una vez más le ruego que me especifique qué sucederá con la casa, de una de estas dos maneras: la primera, que es la que más me agrada, tal como usted me prometió, le ruego que me la entregue a cuenta de mis obras; si esto no le satisface, le ruego me especifique, puesto que he trabajado en ella, casa y taller, por qué cada día soy molestado, sin ninguna razón, pues la obtuve de Su Excelencia, y por ello le estoy reconocido, y se la devolveré cuando le plazca. Manteniéndome en esta duda no puedo trabajar ni vivir de ninguna manera: por tanto le ruego una resolución, y que me remita a alguno de sus ministros, de los que sean amantes de las conclusiones. Entretanto ruego a Dios que le dé larga vida.

BENVENUTO CELLINI

[25 DE SEPTIEMBRE DE 1557]

Hoy, 25 de septiembre de 1557, tomo nota de que Pier Maria dalle Pozze me ha retenido una carta, escrita por Girolamo degli Albizzi, Comisario de las Bandas de Su Excelencia Ilustrísima; y dicha carta es un compromiso establecido por encargo de Su Excelencia Ilustrísima entre él y yo para la realización de mi Perseo, y como caución del tesorero para poder pagarme; me la ha retenido, y me ha hecho dar copia, como he dicho, palabra por palabra. Y porque a veces dichas copias y escritos se pueden extraviar, así lo he apuntado; porque ellos, por tratarse de su profesión, no pueden perderlas ni extraviarlas, porque tienen el deber de copiarlas en sus libros, los cuales no se pierden. Fue juzgada por dicho Girolamo, tomando más el partido del Duque que el de la santa justicia y de la razón, en tres mil quinientos escudos de oro en oro, a siete liras y diez sueldos por escudo, y tan es verdad que he sido robado y vejado, que dicho Duque (placiéndole a Su Excelencia, desde que la obra fue terminada, hacerla estimar, diciendo que me la quería pagar tanto como fuera estimada) la hizo estimar por hombres y profesores muy expertos en dicho arte, los cuales me la estimaron, con todos sus gastos, en dieciséis mil escudos de oro. Y sus estimadores fueron hombres solicitados por dicho príncipe; los cuales, al ser mis rivales, me malquerían bastante, por envidia: pero la fuerza de la bondad de la obra los forzó a decir y a juzgar la verdad. Entonces el príncipe, movido por la avaricia, para darme lo menos posible, la hizo juzgar, tan injustamente, por Girolamo degli Albizzi, quien era de profesión soldado y hombre de mala vida; así fui vejado, y he depositado en Dios mis venganzas, porque es excesivo el mal que me han hecho.

Al magnífico señor Tesorero de Su Excelencia Ilustrísima micer Antonio de' Nobili, muy meritísimo.

Magnífico micer Antonio y muy meritísimo.

Vuestra Señoría me espanta tanto que no me atrevo a presentarme ante vos; sin embargo, considerando mis desmesuradas razones, cómo permite Dios que Vuestra Señoría me trate con tanta deshonestidad y crueldad, que Vuestra Señoría no quiera darme el resto del dinero del Encargo recibido hace ya tantos días de Su Excelencia Ilustrísima, puesto que aún no he recibido seiscientos escudos de oro en oro, y han pasado cerca de cuatro años desde que Vuestra Señoría, según dicha orden, debía haber terminado de pagarme. ¡Oh!, qué gran desgracia, porque Vuestra Señoría tiene en sus manos la cuarta súplica de la casa en que habito, y nunca ha querido ni informar ni devolverme mis súplicas. Es más, para hacerme un favor, Vuestra Señoría ordenó que me cobraran el alquiler por dicha casa, sin ninguna razón. ¡Oh, qué impiedad! Incluso me habéis pedido las cuentas de todo lo relacionado con Su Excelencia Ilustrísima, que con muchas molestias y gastos he entregado a Vuestra Señoría, pensando que llegaría a algún fin: después de lo cual me encuentro más lejos de este maldito fin que antes. A veces pienso si Vuestra Señoría es humano y si tiene alma: que lo juzgue Dios. O como cuando en los pasados meses me encontraba en cama herido por un caballo, que me había pisoteado mortalmente, Vuestra Señoría me mandó decir por su confesor que debía proveerme de otro mármol para otro Neptuno: buena manera de darme mi dinero. ¡Oh, qué gracia hacen a Vuestra Señoría esas dos maldades! Que el mundo lo juzgue. Algunas veces he querido encomendarme a vuestro Pier Maria dalle Pozzanghere, el cual ante mis amabilísimas palabras se ha vuelto contra mí como hacen algunos perros gozques cuando ven a un pobre niño que por necesidad pasa cerca de ellos con temor. Oh, Rinaldo Rinaldi, Bartolommeo del Tovaglia y todos aquellos que aún son hombres de bien, ¿por qué siempre me han tratado amabilísimamente y con gran modestia excusado a Vuestra Señoría? Pero yo deposito en Dios todas mis venganzas, y que él me defienda. Mañana no dejaré de mandar a la Tesorería a aquel gruñón, si así se me ordena. Entretanto que Dios os muestre la verdad de la razón. Servidor de Vuestra Señoría

En casa, el día 10 de enero de 1559

BENVENUTO CELLINI

[A LA DUQUESA, 10 DE JUNIO DE 1562]

Nota para vos, Ilustrísima y Excelentísima Señora Duquesa, ama mía siempre meritísima.

Habiéndome enterado de que Vuestra Excelencia Ilustrísima quiere que le dé por escrito todo lo relativo a la Fuente sobre la que Vuestra Excelencia habló en mi casa, y mostró que le agradaba ese modelo del Neptuno con esa Fuente. En seguida me preguntó en cuánto tiempo le prometía acabar dicha obra, a lo cual respondí que semejante obra no requería menos de seis años, que a Vuestra Excelencia Ilustrísima parecieron demasiados; y puesto que no deseo otra cosa en el mundo, ni pienso en otra cosa que en servirla con toda mi vida, en un encuentro con micer Sforza, le dije a Su Señoría que le hiciera saber a Vuestra Excelencia Ilustrísima que me bastaban dos años para acabar dicha obra, siempre que pudiera contar con diez trabajadores seleccionados por mí, que fueran pagados cada semana; y en cuanto al resto de la muralla perteneciente a dicha Fuente, no debe entenderse que sea obra de dichos diez hombres: esos diez hombres sólo deberían ayudarme a mí, puesto que con mis manos y las suyas haríamos las figuras con los bajorrelieves y los caballos y aquellos monstruos que Vuestra Excelencia Ilustrísima vio en el modelo; pero el resto de la muralla de dicha Fuente, dando yo las medidas y los dibujos, Vuestra Excelencia debería ordenarla a alguien que le pareciera que puede ocuparse de tal empresa; y pienso que estaría terminada oportunamente, con su grandísimo contento.

Bien mirado, dada la necesidad de restringirse a tan breve tiempo para una empresa tan grande, por muchas y diversas circunstancias que pudieran ocurrir, le rogaría a Vuestra Excelencia Ilustrísima que se conformara con darme un plazo de hasta cuatro años; y le prometo, en la medida que permitan el valor de mis fuerzas y de mi vida, actuar de manera que mucho antes de esos cuatro años la haya satisfecho. Pero dado que, como digo, la obra es grandísima, y soy el mayor enamorado del arte que haya habido nunca, y cuando veo que una obra me sale bien (si bien me dejo transportar por el amor al arte a algunos meses más de lo que haría cualquier otro), le digo a Vuestra Excelencia Ilustrísima que incluso dichos meses se ven doble en dichas obras. Espero que la obra pueda resolverse lo más pronto posible, porque, si bien dije a Vuestra Excelencia Ilustrísima que lo creo, tanto lo querría, sólo para tener más conocimiento de la eternidad de Dios, y para poder servir más largamente a Vuestra Excelencia Ilustrísima.

En cuanto al premio a mis esfuerzos, no pido más que la buena gracia de Vuestra Excelencia Ilustrísima, y de rodillas le ruego por amor a Dios que se digne a interceder ante el gran Duque, mi señor, para que el saldo de la factura que Su Excelencia Ilustrísima decidió darme por mi Perseo, y algo de dinero gastado de mi bolsa, y mi salario de unos tres años, placiera a Su Excelencia Ilustrísima no desembolsarlos en dinero, sino darme en recompensa alguna pequeña propiedad, para que yo pudiera criar y alimentar a mis tres hijos, sus servidores; y después que Su Excelencia Ilustrísima se conformase y me hiciera digno de que yo le sirviera, y de inmediato se hiciera tabla rasa, y se borraran todas las cosas pasadas. Y porque micer Antonio de' Nobili, tesorero de Vuestra Excelencia Ilustrísima, al pedirle durante varios meses el dinero que había sido asignado por Su Excelencia Ilustrísima, dicho micer Antonio me ordenó que le diera diligentemente las cuentas de aquello que pretendía obtener y de aquello que había obtenido, así se las di; y nunca más, desde que las deposité en la Tesorería, se me contestó nada, es más, ha dado siempre la callada por respuesta. Por eso imploro a Vuestra Excelencia Ilustrísima para que despierte de este silencio tan largo, y de mí se sirva, que no deseo otra cosa en el mundo, rogando a Dios que la conserve felicísima. En casa, el día 10 de junio de 1562. Su Humilde Servidor

BENVENUTO CELLINI, escultor

[29 DE OCTUBRE DE 1562]

Tomo nota de que este día a las 3.45 horas de la mañana nació una hija mía y de Piera di Salvatore de' Parigi, que estaba conmigo; y al sá-

bado siguiente al día anteriormente dicho la bautizamos; y le puse Elisabetta, en recuerdo de mi madre; y los padrinos fueron Bernardo, hijo
de Giovanni Vecchietti, Zanobi, hijo de Francesco Buonagrazia, y
Luca, hijo de Girolamo Mini.

[AL DUQUE COSME I, 1564]

Ilustrísimo y Excelentísimo Señor Príncipe.

Benvenuto Cellini, escultor, humildísimo siervo de Vuestra Excelencia Ilustrísima, a la que reverentemente expone que, habiendo hasta
el pasado octubre de 1564 suplicado a Vuestra Excelencia Ilustrísima
que se dignara a hacerle pagar el saldo que tenía con Vuestra Excelencia
Ilustrísima por cuenta del pago del Perseo, y habiendo Vuestra Excelencia Ilustrísima recibido información de micer Agnolo Biffoli, Depositario, de que al que suscribe se le siguen adeudando quinientos escudos
de oro en moneda, Vuestra Excelencia Ilustrísima ordenó a dicho Depositario que le pagara. Y al no haber dicho nada este Delegado y encontrándose en la actualidad en una situación desastrosa, a fin de que
pueda alimentar a su familia, suplica a Vuestra Excelencia Ilustrísima
que se digne por el amor de Dios a ordenar a dicho Depositario que le
quiera pagar, que todo redundará en gracia y benignidad por parte de
Aquél, al que ruega toda felicidad.

BENVENUTO CELLINI

[SÚPLICA EXPEDIDA EL DÍA 14 DE FEBRERO DE 1565]

Ilustrísimo y Excelentísimo Príncipe, Señor Gobernador de Florencia y de Siena.

Benvenuto Cellini, escultor y fidelísimo servidor de Vuestra Excelencia Ilustrísima, expone, con miedo a granjearse la indignación de
Vuestra Excelencia Ilustrísima, que, sabiéndose cargado de demasiados
años, al oír que se le fijaba un tan breve plazo para una obra de grande

importancia, no se atrevió a prometer que lo haría en ese determinado tiempo. Pero quizá Vuestra Excelencia Ilustrísima se acuerde de que se ofreció a encerrarse con gusto en una habitación de su Palacio y a emplearse con todas sus fuerzas, incluso por encima de ellas. Y puesto que a Vuestra Excelencia Ilustrísima no plació aceptar ninguna de estas excusas, y ahora libremente lo ha retirado de su servicio (si bien éste, por encima de todos sus demás afanes, le pareció el mayor, por haber servido a vuestras Excelencias Ilustrísimas durante veinte años, los mejores de su vida); no obstante, siendo la voluntad de Dios y de Vuestra Excelencia Ilustrísima, genuflexo con todo mi corazón que se lo agradece a Dios y a Vuestra Excelencia Ilustrísima. Sólo le ruega que, con su habitual, santísima e infinita bondad se digne a ordenar a uno de sus hombres, al que considere justo y razonable, que santamente pueda saldar todas sus cuentas, y así se liquiden. Y en cuanto a lo que a él pueda sucederle, se encomienda a la infinita bondad de Vuestra Excelencia Ilustrísima, la cual es tan buena y tan discreta que está segurísimo de que no le hará faltar el pan en sus últimos años.

BENVENUTO CELLINI

[AL DUQUE COSME I, 11 DE JUNIO DE 1565]

Ilustrísimo y Excelentísimo Señor Príncipe y Gobernante.

Benvenuto Cellini suplica a Vuestra Excelencia Ilustrísima por el hecho de que se han revisado las cuentas que le afectan, las cuales fueron revisadas varias veces en tiempos del recordado micer Antonio de' Nobili, y sus simples apuntes siempre han coincidido con los registros del Palacio. Ahora porque se ha extraviado una carta de Girolamo degli Albizzi, la cual declaraba tres mil quinientos escudos de oro en oro a cuenta de la factura del Perseo: lo cual nuestro felicísimo y justísimo Duque debe de recordar perfectamente; porque estos ministros ahora no quieren darme más que escudos de moneda: como queda claramente demostrado por el hecho de que todos los pagos de cien escudos mensuales, ordenados por Su Excelencia Ilustrísima, han sido en escudos de oro en oro.

(RESCRIPTO). *Si demuestra que corresponde, se le pagará.*

Aún dice a Vuestra Excelencia Ilustrísima que dichos ministros dudan de los siete años de su salario, cuya provisión si bien fue quitada a Lattanzio Gorini, Su Excelencia la hizo pagar, por orden del Depositario micer Antonio de' Nobili, a razón de cuarenta escudos mensuales hasta que se adecuara el tiempo que dicho Benvenuto había estado sin dicha provisión; porque según la orden no le correspondían más que dieciséis escudos y dos tercios por mes, pero se determinó que fuera de cuarenta para adecuar el tiempo, como se ha dicho: cosa pedida por la feliz memoria de la Ilustrísima Duquesa para dicho Benvenuto, y por Su Excelencia Ilustrísima nuestro Duque liberalísimamente suscrita y ordenada; y en todos los recibos de los cuarenta escudos siempre dice específicamente «para el salario y provisión de dicho Benvenuto»: y ésta es una cuenta aparte, como la del Perseo era una cuenta aparte, establecida sólo por la hechura de dicho trabajo. Por tanto es bastante verosímil que dichas provisiones se hayan hecho efectivas regularmente y Su Excelencia Ilustrísima haya sido informado de ello, como Su Excelencia Ilustrísima explícitamente declara cuando, refiriendo que Su Excelencia Ilustrísima saldó todas las provisiones de sus servidores, a dicho Benvenuto se le saldaron las cuentas por parte de micer Tommaso de' Medici, caballero, y de micer Agnolo Biffoli, Depositario hasta ese día de dichas provisiones; y la de dicho Benvenuto fue apartada de las demás por orden de Su Excelencia Ilustrísima, la cual benignamente Su Excelencia suscribió, y ordenó que se le pagara. Con lo cual queda claramente demostrado que a éste nunca se le retiraron las provisiones. E inmediatamente después de que Benvenuto hubiera acabado el Perseo, micer Lelio Torelli, Auditor, le encargó, de parte de Su Excelencia Ilustrísima, que hiciera los modelos de los púlpitos de Santa Maria del Fiore, los cuales hizo, tal como se pueden ver. Luego le encargó los modelos de los bajorrelieves de los cuadros del coro, los cuales hizo. Y entretanto dicho Benvenuto hizo un retrato de Su Excelencia en bronce, de un tamaño del doble del natural, el cual hoy está en Elba, y además restauró el Ganímedes que está en el Pitti. También hizo las siguientes cuatro estatuas de mármol: el retrato de la Ilustrísima y Excelentísima Duquesa, de tamaño natural; un Apolo junto con su Jacinto igualmente de tamaño natural; un Narciso de mármol griego, ya terminado; y por encima de todas las demás obras, un Crucifijo de mármol totalmente a expensas de dicho Benvenuto, donado a Su Excelencia Ilustrísima, y también el modelo de la Fuente de Neptuno, e infinitas pequeñas obras, con uno de los cuadros de bajorrelieve para Santa Maria del Fiore, el cual ya está próximo al fin: y todas estas cosas llevan muchísimo tiempo, sobre todo habiendo estado siempre solo a partir de la realización del Perseo, en la cual Lattanzio Gorini le pagó tres trabajadores durante varios meses; y dicho Lattanzio dijo a Benvenuto que los despidiera porque no tenía permiso para seguir pagándolos, ni nunca ha llegado a sus oídos otro despido que éste de los trabajadores; no obstante, se remite a la tanta y feliz bondad y justicia de Vuestra Excelencia Ilustrísima, rogando a Dios que lo conserve siempre feliz.

Ilustrísimos y Excelentísimos Señores míos.

Os he amado con toda la fidelidad que Dios nos enseña.
Os he servido con toda la solicitud jamás concedida a un hombre.
Os he obedecido con la mayor humildad que pueda imaginarse.
Me he honrado sobremanera de todos los favores que me han hecho Vuestras Excelencias Ilustrísimas.
Y con grandísima modestia y paciencia me he callado todas las injurias que me ha hecho mi cruel fortuna. No creáis a quien me quiere mal.

[3 DE SEPTIEMBRE DE 1566]

Tomo nota de que este día, 3 de setiembre, nació una hija mía, Maddalena, a las 11.45 horas en punto, y a las 22.30 horas, del mismo día, la hice bautizar; y el padrino fue el señor Baldassarre, hijo de Pietro Soares, mercader español, y la madrina doña Margherita, la esposa de Antonio Crocini.

[AL DUQUE COSME I, 27 DE JUNIO DE 1567]

Ilustrísimo y Excelentísimo Señor Príncipe.

Benvenuto Cellini, fidelísimo servidor de Vuestra Excelencia Ilustrísima, a la que humildemente suplica que, encontrándose ya cercano a los setenta años, y muy cansado de su vida por las numerosas penalidades y fatigas soportadas, pero por una y otra causa deseando dejar, cuando

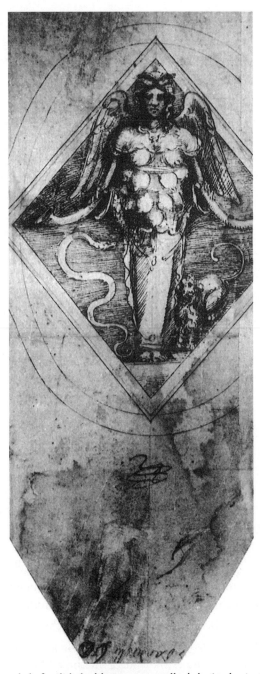

Diana como diosa de la fertilidad, *dibujo para un sello de la Academia del Dibujo de Florencia (París, Musée du Louvre, Cabinet des Dessins).*

Dios quiera, a su desventurada familia con las menores estrecheces posibles, ruega a Vuestra Excelencia Ilustrísima que por su infinita bondad se digne a hacerle saldar todas las cuentas desde que lo ha servido. Y para facilitar algunas dificultades que en dicho asunto pudieran aparecer, el suplicante dice que el recordado micer Antonio de' Nobile solicitó a Su Excelencia Ilustrísima este dinero, que varias veces diligentemente le dio, que son 571 liras y 5,18 denarios, gastados de su bolsillo, sólo para poder terminar el Perseo, que por las numerosas dificultades tenidas se había quedado sin fondos para tal fin, y tuvo que gastar dicha suma, como claramente puede demostrar. También hizo un retrato en bronce de la cabeza del ilustrísimo Señor Duque de un tamaño del doble del natural, y de medio busto; con muchas otras obras y pequeños modelos: todas cosas que se pueden ver y juzgar. Si a su gracia le parece bien, se podría facilitar dicho asunto de este modo: este suplicante se conformaría con que Vuestra Excelencia Ilustrísima por todas estas cuentas le diera ocho escudos mensuales durante toda su vida, y con tal provisión se extinguieran todos sus créditos, con la excepción de la valoración y estimación de su Crucifijo de mármol, que se reserva para compensarlo con la casa, cuando parezca oportuno a Vuestra Excelencia Ilustrísima. Y de esto humildemente suplica y se encomienda, rogando siempre a Dios por su felicidad.

[Al duque Cosme I, 31 de octubre de 1567]

Ilustrísimo y Excelentísimo Príncipe, que Dios os conserve largo tiempo feliz en su gracia.

Dado que Dios inmortal ha puesto a Vuestra Excelencia Ilustrísima como su lugarteniente en esta nobilísima y virtuosísima provincia florentina, sabed, señor mío, que lo más grato a los ojos de Dios es mantener equilibrada la balanza de la justicia, y tener mucho cuidado con aquéllos de los que Vuestra Excelencia Ilustrísima se fía, para que no echen a perder esta balanza, porque esto disgusta mucho a Dios. Bien deben vuestros amorosos pueblos atender gustosos a limosnas y tributos, porque Vuestra Excelencia Ilustrísima vela por ellos noche y día; y bajo sus fieles ojos se duerme muy seguro; y yo quizá más que cualquier otro lo amo y admiro, y más gustoso que cualquier otro acudo a pagar la justa porción que me toca, la cual santamente Vuestra Excelencia Ilustrísima debe de conocer muy bien. He aquí, señor mío, que la mayor parte de los de mi profesión no ha superado los veinticinco escudos; en cambio yo, pobrecillo desventurado, he pagado hasta cuarenta, sino más; y cuando esperaba ser puesto lo antes posible al mismo nivel que los demás, me encuentro con que se me piden hasta setenta y cinco. Ahora bien, señor mío, sabiendo que si la balanza de la santa justicia es desigual esto disgusta mucho a Dios, el cual es verdaderamente el procurador de los pobres desventurados, como yo; y debo reconocer que estando cercano a los setenta años, nacido en esta gloriosísima ciudad, he sido vejado por mi mala estrella, pero habiéndome siempre encomendado a Dios, derramando lágrimas, siempre me ha sostenido mostrándome incluso asombrosas venganzas. Cuando descubrí mi Perseo, que llevé a cabo entre tantas extremas dificultades, toda esta valerosa y virtuosísima Escuela con voces gloriosas y con tinta me dio el mayor premio que pueda desear en el mundo. Oh, ¿cómo, señor mío, ha tenido tanta fuerza uno solo, que a vuestros santos oídos ha dicho mal de mí, para superar a tantos que hablan tan desmesuradamente bien? Sólo me conforta que la mayoría dijo la verdad, y la minoría una falsedad. Vuestra Excelencia Ilustrísima en su Rescripto dice que ya no quiere verme, yo, en cambio, le ruego que me conceda volver a verlo, porque siendo ya demasiado viejo, estoy forzado a morir donde nací; y más me obligan dos desventuradas y bellísimas hijas que Dios me ha dado. Ahora bien, felicísimo señor mío, si Vuestra Excelencia Ilustrísima dice que debo pagar hasta la suma de 75 escudos, yo estoy contentísimo: sólo le ruego que por el amor de Dios se digne a saldar todas mis cuentas, y de ellas se cobre, porque de otro modo no me queda con qué pagar, al no querer que todos mis bienes se desvanezcan y mis hijas acaben mendigando. Esto no pasaría ni con vuestro honor, ni con la benevolencia de Dios, que lo conserve siempre en su santísima gracia.

BENVENUTO CELLINI

[1570]

Magníficos y dignísimos señores Síndicos Mayores.

Hace cerca de veintiséis años que, como plugo a Dios, al ser en aquel tiempo el gran rey Francisco incordiado por insoportables guerras, y al ver yo tal inconveniente, rogué a Su Majestad Cristianísima que me hiciera la gracia de permitirme trasladarme a Italia, donde quería cumplir algunos de mis votos. Su Majestad se oponía a ello, diciendo que no me alejase de él en modo alguno, porque en breve cumpliría la promesa que me había hecho, consistente en una abadía de más de tres mil escudos de renta anuales: pero yo le rogué tan humildemente que, con su buena gracia, me vine a Italia; y para cumplir mis votos, di alojamiento a mis seis sobrinitas, hijas de una hermana mía; y a ella, además, tuve que volver a casarla: en lo que empleé todo el dinero que había traído, dinero que no era de las obras que había hecho para el Rey, sino de joyas compradas en aquella maravillosa ciudad de París, de las cuales nuestro Gran Duque me concedió que hiciera una subasta. Y puesto que el benignísimo Señor, siempre enamorado de las virtudes, me solicitó que le hiciera el modelo de un Perseo; y puesto que nuestras actividades están tan cargadas de disciplina que jamás se les da asueto, quedé grandísimamente obligado con Su Alteza; y mi intención fue siempre volver al lugar que ocupaba en Francia, dado que otro semejante a aquél no habría podido encontrar en el mundo. Por entonces supe que algunos ingratos discípulos míos, a los que había dejado como custodios de mis bienes y trabajos, habiendo planeado robármelos junto con la buena gracia de aquel Rey, muy temerariamente ensuciaron aquellos sagrados oídos diciendo a Su Majestad que me había puesto a trabajar para el Gran Duque. Y debieron tergiversar las palabras de modo que hicieron que me desdeñara; por lo cual respondió que dado que me había puesto a trabajar con el Gran Duque, él tenía el propósito de no llamarme nunca jamás.

Mi Gran Duque, como benignísimo y santísimo, lleno de cortesía, nacido sólo como ejemplo del bien, osadamente me dijo: No te preocupes por nada, Benvenuto mío, que yo te trataré mejor que el Rey, si eres capaz de trasladar al Perseo grande la pericia que veo en este pequeño modelo. Yo le prometí mejorar el modelo; y así en nombre de Dios comencé a trabajar el primero de agosto de 1545. Entretanto aquel rarísimo, es más, único en el mundo, rey Francisco, visto que las grandísimas obras comenzadas estaban paradas, y conocida en parte la malignidad de la ruin y cruel envidia, trató de limpiarse los oídos manchados por la mentira, y llenarlos de la santa verdad. Al hacerse evidente, ésta me fue de gran valor a los ojos de aquel buen hombre: Su Majestad Cristianísima me hizo escribir por micer Giuliano Buonaccorsi, su tesorero, que habiendo comprobado Su Majestad mis razones, y expulsado de sus oídos el pésimo veneno de las envidias, me hacía saber que si quería regresar al castillo que me había dado, con buena voluntad de terminar las obras comenzadas, ordenaría que se me remitiera una gran cantidad de dinero para que pudiera consolar a mi hermana y sobrinas, y volver a su servicio. Ahora bien, yo, que no deseaba otra cosa en el mundo, por mil lícitas causas, puesto que así podría recuperar veinticinco mil escudos míos que habían quedado en Francia a cuenta de Su Majestad, una parte de las facturas de las obras que le había hecho, y más de tres mil escudos en vasos de oro, de plata y joyas que habían quedado en mi casa, en mi castillo, bajo la custodia de aquellos dos susodichos traidores; yo ya había fundido, aquí en Florencia, la gran cabeza de Su Alteza en bronce, que está en Elba; y ya había fundido la Medusa, que está debajo del Perseo, y teniendo todos los moldes en condiciones para fundir el Perseo, estaba dispuesto a fundir dicho Perseo, y podía dejarlo con mis órdenes a quien lo hubiera terminado, sólo para regresar junto a aquel gran rey, donde estaba mi mayor gloria y mi tesoro, con toda la buena gracia de Su Alteza nuestro Gran Duque. Mientras las cartas iban y venían, la crudelísima muerte quitó a aquel gran rey del mundo, con lo cual perdí todo lo que me había quedado en Francia. Comenzaron mis grandes tribulaciones aquí, y defendiéndome de ellas lo mejor que podía, como Dios quiso, acabé mi Perseo en el año 1554, que me fue alabado de viva voz, de manera unánime, por toda la Escuela, y sobre todo por mi benignísimo señor nuestro el Gran Duque, el cual dijo que yo había superado aquello que había prometido, y que estuviera tranquilo pues él me daría tal recompensa que yo quedaría más que satisfecho y maravillado. A esto respondí a Su Alteza que el mayor premio que yo hubiera podido desear en el mundo para esta tan fatigosísima obra, había sido agradar a la gran Escuela, y sobre todo a Su Alteza, y que por eso había hecho votos de ir a agradecer a Dios durante ocho días seguidos a Valombrosa, a la Vernia, a Camaldoli y a Bagni di Santa Maria. Entonces mi benigno Gran Duque dijo que fuera, y que a mi regreso encontraría determinado todo aquello que él tenía en su ánimo darme. Así en nombre de Dios fui y regresé dos días antes de lo que había prometido, sólo por el amor que sentía por Su Alteza y por su gloria, y le mostré en diseño ciertos importantes peligros, como los que había en Camaldoli en el paso de Pedro Strozzi, donde se corría el riesgo de tener grandes pérdidas. Vistos estos diseños de planos, Su Alteza me lo agradeció mucho, y con gran benignidad me dijo que por la mañana me haría presente aquello que quería darme. Y como todos los hombres que virtuosamente se afanan, también yo con grandísimo deseo esperaba la deseada mañana. Pero una vez más Su Alteza no pudo defenderse de las venenosas envidias, ni de que ensuciaran sus gloriosos y virtuosísimos oídos. Por tanto, dijo a micer Iacopo Guidi, su secretario, cuál era su idea: este micer Iacopo a la puerta del Palacio, cuando me acerqué a él, con todo su cuerpo tieso, me dijo con el rostro torcido y la mirada torva que Su Alteza quería que yo dijera qué precio quería por mis fatigas. A lo cual me negué, diciéndole que si Su Alteza me concedía una gracia, yo me conformaría, porque el mayor premio lo había obtenido de mi gran honor de haber satisfecho a la Escuela y a Su Alteza. De nuevo me habló dicho micer Iacopo con las más tremendas palabras, ordenándome de parte de Su Alteza que dijera qué precio quería por mis fatigas so pena de caer en desgracia de Su Alteza. Y así forzado por muchos padecimientos, que serían demasiado largos de contar, puse precio a mi obra: lo cual provocó un cierto enfado de Su Alteza. De nuevo me hizo saber por dicho micer Iacobo que Su Alteza quería hacerla estimar por personas expertas. A esto respondí que no se podía tener dos premios: es decir, la gloria y el oro. Y así Su Alteza ordenó al obispo de Bartolini y a micer Pandolfo Stufa que dijeran al caballero Bandinelli que examinase bien mi obra, y que me pagaría tanto como éste reconociese en virtud del arte que ella mereciera. Bandinelli era mi mayor enemigo en el mundo, porque le movían sus rabiosas envidias, comenzadas en Roma y aumentadas aquí cien veces. Con todo, forzado por la fuerza de la virtud del arte, estimó el trabajo de mi Perseo en dieciséis mil escudos, pues, con toda su pésima naturaleza, y con todo el grandísimo odio que nos teníamos, la virtud cegó todas las malignidades; de modo que hizo esta estimación, que fue de cerca del doble de aquello que yo había pedido; y esta verdad me la refirió el recordado Obispo y dicho micer Pandolfo, maravillándose de que Bandinelli hubiera hecho esta estimación, siendo tan capital enemigo mío. También me lo dijo, encolerizado, el propio Bandinelli, al cual respondí que no me importaba ser alabado por aquel hombre que hablaba mal de todo el mundo. Entretanto, conversando con Su Alteza, micer Girolamo degli Albizzi, comisario de las Bandas, por ser muy amigo mío, prometió que yo haría lo que él quisiera; de modo que como soldado, y no como artista, me hizo prometerle que quedaría contento de todo lo que él hiciera en este asunto, lo que yo suscribí. Y de la estimación de dieciséis mil escudos, como soldado, y no como entendido en esta profesión, quiso que yo estuviera contento con tres mil quinientos escudos de oro en oro, con lo que sólo se pagaba mi trabajo. A lo que contesté: Yo no deseo mayor premio que la gracia de Su Alteza. A estas palabras el Gran Duque varias veces me dijo que tenía toda su gracia, y que no lo exhortara más, sino que le pidiera alguna otra cosa, que él me demostraría en el mismo día cuánto me quería. Y yo le dije que en la gracia de Su Alteza estaban todos mis deseos y todas mis necesidades, y que durante el día, con mis trabajos, esperaba recibir de Su Alteza su buena gracia, del mismo modo que había tenido la de aquel gran Rey, al cual no había pedido jamás cosa alguna; puesto que Su Majestad, en cuanto estuve en su presencia, me dio quinientos escudos contantes de oro en oro, y me hizo una provisión de dos mil francos, que son mil escudos de oro en moneda anuales con la condición de que todas las obras que hiciera Su Majestad me las pagaría aparte, según su mérito. Por consiguiente, tuvo tanta fuerza el valor de mis trabajos en la infinita liberalidad de Su Majestad que nunca le pedí nada; pero era tanta su buena predisposición hacia mis trabajos que yo estaba sobremanera maravillado: y al cabo de dos años de estar al servicio de aquella Majestad, Antonio Massone, con grandísima alegría, un día me trajo, inesperadamente, de parte de Su Majestad las Cartas de Ciudadanía, que yo no le había pedido, ni siquiera sabía qué eran. Con lo cual dicho micer Antonio Massone se maravilló mucho, porque yo no había manifestado mi contento como merecía una cosa semejante; lo cual fue causa de que ocho días después Su Majestad me hiciera donación, con Cartas regias, del Castillo donde yo vivía, que en París es llamado el Pequeño Nello. Por eso explico a Sus Señorías la gran adquisición que hice al conocer a Su Alteza, y la tremenda pérdida que fue para mí alejarme de Su Majestad Serenísima, aunque no haya sido por mi culpa. No muchos años después murió el rey Enrique, y yo había acabado el Perseo (tras el cual, para mi devoción, había hecho el Crucifijo de mármol, cosa nunca antes hecha por otros artistas; hoy en poder de Su Alteza), la Serenísima Reina, que todavía hoy vive, me mandó decir por micer Bartolomeo del Bene, que si quería hacer el sepulcro del rey Enrique, su marido, ella me daría todas las facilidades y aún más de las que tenía con el rey Francisco. Esto no agradó a mi Gran Duque, con lo que perdí una admirable ocasión. Así que, Magníficos señores Síndicos Mayores, si yo quisiera narrar a Vuestras Señorías todas mis razones, sería demasiado largo; por eso, lo más sucintamente que he podido os he escrito esta breve relación, con la cual me duelo, no de Su Alteza, porque en ella he conocido todas las divinidades que nunca haya habido en hombre alguno; tampoco me duelo de ninguna culpa mía, porque, considerando todos los hechos de este asunto, reconozco expresamente que ellos han obedecido a la malignidad de la adversa fortuna. Porque si yo me hubiera quedado en Francia, hoy tendría más de cincuenta mil escudos; por el contrario, al haberme quedado en mi dulce patria, arrastrado por mi mala suerte a tantas penalidades, siéndome imposible marcharme por infinitas causas justas y razonables, además de las injustas y crueles, me he sometido a mi mala suerte; sólo digo a Vuestras Señorías que nunca he trabajado más que para mi Gran Duque, con el acuerdo de que mis obras fueran siempre pagadas por encima de lo poco de provisión y de mantenimiento que me ha dado Su Alteza. Por eso no me parece necesario que Vuestras Señorías tengan que buscar en qué momento he hecho aquellas obras por las que pido una miserable remuneración. Siempre confiaré en que si Vuestras Señorías someten a la santísima memoria de Su Alteza mi breve relación, él, junto con sus otras benignísimas y santas gracias, dará cumplimiento a ésta del modo que Dios lo inspire, sin requerir otras diligencias de aquellos tiempos en que he recibido o no he recibido mis provisiones. De modo que ruego a Vuestras Señorías que pidan a Su Alteza la gracia de que, en todos los modos que Dios lo inspire, lo determine y ponga silencio a todos mis graves afanes; que sea como fuera que él lo resuelva, yo le agradeceré a Dios y a Su Alteza. Sólo os ruego que le recordéis que tengo tres hijos pequeños y setenta años de edad. Puesto que mi vida podría ser breve, ruego por el amor de Dios a Su Alteza que le ponga remedio: que nuestro Señor lo conserve feliz.

BENVENUTO CELLINI

[18 DE DICIEMBRE DE 1570]

Nota y copia del Testamento y Codicilos de micer Benvenuto, hijo de micer Giovanni Cellini, traducido en lengua vulgar tal como sigue.

In Dei nomine Amen. El año de la Encarnación de Nuestro Señor Jesucristo MDLXX en la indicción XIIII y en el día XVIII del mes de diciembre, bajo el gobierno de Pío V, Pontífice Máximo, y del Serenísimo Cosme de Médicis, Gran Duque de Toscana. Hecho en Florencia, en el barrio de San Michele Bisdomini de dicha ciudad, y en la casa del infrascrito Testador, sita en dicho barrio, estando presentes los infrascritos testigos, convocados, venidos y rogados para los infrascritos asuntos por boca del infrascrito Testador, cuyos nombres son:

Maestro Antonio di Romolo, hijo de Antonio Crocini, carpintero; Vincenzo di Raffaello, hijo de Francesco Braccini, ciudadano florentino; Domenico di Niccolò, hijo de Cristofano Mannozzi, ciudadano florentino; Stoldo di Giovanni, hijo de Gino d'Antonio Lorenzi, escultor florentino; Bastiano di Niccolò, hijo de Giovanni Montigiani, mensajero florentino; Tommaso, hijo de Domenico da Pistoia, albañil, del barrio de San Quirico a Legnaia; y Lorenzo di Chimenti, hijo de Giovanni del Pont' a Sieve, carpintero, habitante de Florencia.

Al no haber en esta vida nada más cierto que la muerte, ni nada más incierto que la hora de la muerte, es de hombres sabios pensar en la hora de la muerte. De aquí que, constituido en mi presencia, notario inscrito, y de los testigos suprascritos, el Magnífico hombre Benvenuto, hijo del maestro Giovanni d'Andrea Cellini, escultor y ciudadano florentino, sano de la mente, del intelecto y de la vista, pero bastante enfermo del cuerpo, sabiendo que está sujeto a la muerte, y queriendo disponer de sus bienes, mientras tiene la mente sana, por este testamento nuncupativo, lo cual significa de palabra, así dispuso e hizo como sigue:

En primer lugar, sabiendo que el alma es la parte más noble del cuerpo, cuando se separe del cuerpo, la encomendó a Dios Omnipotente y a Jesucristo Redentor y a la Virgen María; y decidió que su cuerpo debía ser sepultado en la iglesia de la Santissima Annunziata de' Servi de Florencia, y en la sepultura que quizá dicho Testador durante su vida proveerá que sea edificada; de otro modo, de no estar hecha esta sepultura en el momento de su muerte, decidió y quiso ser enterrado en la sepultura de la Compañía de la Academia de los Escultores, Pintores y Arquitectos, situada en el Capítulo de dicha iglesia de la Annunziata, con los gastos funerarios que consideren oportunos los infrascritos ejecutores.

Item, en concepto de legado dejó y legó a la Obra de Santa Maria del Fiore de la ciudad de Florencia, y sacristía, y nuevas construcciones de los muros de dicha iglesia de dicha ciudad, y a todos dichos lugares, un total de tres liras pequeñas, como es habitual.

Item, quiso y dispuso que la señora Piera, su legítima esposa, después de su muerte obtenga una dote de trescientos florines de oro en moneda de siete liras por florín, suma que ha declarado para la dote antedicha, y tras haber sido pagada su gabela.

Item, en concepto de legado, y del mejor modo, dejó y legó a la antedicha señora Piera, su legítima esposa, todas las ropas de lana y de lino, y de cualquier otra clase, y todos los demás muebles, para uso de dicha señora Piera acondicionados y destinados.

Item, quiso, dispuso y ordenó dicho Testador que dicha señora Piera, su esposa, tenga y consiga después de su muerte, mientras permanezca viuda y observe una vida viudal y honesta, y resida con sus infrascritos hijos y de dicho Testador, además del suprascrito legado dejó, en casa de dicho Testador, los víveres y los vestidos convenientes, y que sea bien tratada; dichos alimentos los dejó para los casos antedichos, y en el caso de que permanezca viuda, como se ha dicho, y mantenga y eduque a Andrea Simone, su hijo varón, y a sus infrascritas hijas mujeres, y no en caso contrario ni de otra manera; en caso contrario, privó a dicha esposa del presente legado.

Item, en concepto de legado, y por el amor de Dios, y movido por la piedad, del mejor modo, dejó y legó a Lucia, hija de Bernardo da Civitella y de la señora Caterina, esposa de dicho Bernardo, ciento veinte liras; y esto en el caso de que siga siendo sirvienta, como en la actualidad, al servicio de los hijos de dicho Testador, hasta la edad de XVII años de dicha Lucia; y quiso que por entonces la antedicha suma se pague al futuro marido de dicha Lucia, y también quiso que hasta dicha edad sea alimentada, como es habitual para dichas sirvientas; y en caso de que no continuase al servicio de dichos hijos hasta la suprascrita edad, la privó del presente legado.

Item, en concepto de legado, y por el amor de Dios, y movido por la piedad, del mejor modo, dejó y legó a Francesca, llamada Cecchina, hija de Giuliano Bardelli, hoy trabajador de dicho Testador en Trespiano, cien liras pequeñas para casar a dicha Francesca, que deben pagarse al futuro marido de dicha Francesca como dote que deberá declararse para él por instrumento público, y no en otro caso, ni de otro modo.

Item, quiso, dispuso y ordenó dicho Testador que si llegado el momento en que Reparata y Maddalena, sus hijas legítimas y naturales (nacidas de él y de dicha señora Piera, su esposa), deban casarse, dicho Testador no viviese, fueran entregadas en matrimonio por sus infrascritos tutores, a cada una de ellas y a cada uno de sus respectivos maridos, como dote de cada una, se den mil florines de oro en moneda de siete liras por florín; y así a sus dos maridos igualmente dos mil florines, parte en dinero contante y en regalos de boda, y parte del producto y precio de dos casas de dicho Testador, una comprada y adquirida a Fiorino, ropavejero, sita en Via Benedetta, y la otra sita en la plaza de Santa Maria Novella de la ciudad de Florencia, y en parte en Via del Sole comprada a Giovanni Carnesecchi: en cuyo caso ordenó que dicha casa debía ser vendida por dichos tutores, siempre que sus respectivos maridos, y cada uno de ellos, declaren dicha dote en dicha suma de mil florines de oro en moneda, a través de un notario público de manera amplísima. Y así, en concepto de legado, dejó a cada una de ellas mil florines, que debían pagarse como dote, según se ha dicho, y tasó la dote de cada una de ellas en una suma de hasta mil florines, si y en el caso de que, en el momento de sus bodas, Andrea Simone, su hermano y heredero infrascrito, no consiguiese, ni hubiera conseguido, y adquirido, por cualquier título lucrativo de algún pariente de dicho Testador, la suma de al menos tres mil florines de oro en moneda. Pero si dicho Andrea Simone en ese momento hubiera adquirido por cualquier título lucrativo la suma antedicha, de cualquier pariente, de dichos por lo menos tres mil florines, en tal caso quiso que dichos tutores den a dichas hijas y a sus maridos una dote de cuatro mil florines, y a cada una de ellas y de sus respectivos maridos igualmente la suma de dos mil florines, en caso de que dicho Andrea Simone haya logrado dicha adquisición, y no otra cosa ni de otro modo. Pero si sus antedichas hijas, o cualquiera de ellas, se hiciera monja, en tal caso quiso, dispuso y dejó al monasterio en el cual cada una de ellas tuviera a bien entrar y hacerse monja, la habitual limosna que reciba dicho monasterio de las demás; y así impuso y ordenó que dichos tutores dieran y paguen a dicho monasterio o monasterios la habitual limosna que reciban de las demás.

Instituyó sus herederos universales a Andrea Simone, su hijo legítimo y natural, nacido de él y de dicha señora Piera, su esposa legítima, y cualesquiera otros hijos legítimos y naturales que nacieran de él y de la antedicha señora Piera, su mujer legítima, o de cualesquiera otra mujer legítima suya, con igual porción; y los sustituyó uno a otro vulgar, pupilarmente y por fideicomiso: y al último de dichos hijos que muera sin hijos y descendientes, primero varones y luego mujeres legítimas y naturales, lo sustituyó por la Reparata y Maddalena suprascritas, sus hijas mujeres legítimas y naturales, y por las demás hijas mujeres legítimas y naturales que nazcan de él y de dicha señora Piera, su esposa, o bien de cualquier otra esposa legítima suya; y sus hijos y descendientes legítimos y naturales, primero varones y luego mujeres, y al último en morir de dichos hijos varones, según se ha dicho, y de no vivir las antedichas hijas mujeres, y sus descendientes, según se ha dicho; en tal caso, si entonces vive, y no en otro caso, sustituyó e instituyó heredero a micer Librodoro, hijo de Annibale de Librodori, doctor, habitante de Roma, su sobrino de hermano de padre. Y dispuso y declaró dicho Testador que en caso de que las suprascritas hijas suyas sustituidas vengan a la suprascrita sustitución, no se pueda en modo alguno pedir a sus respectivos maridos derecho alguno sobre dicha herencia, ni en la tercera parte, ni en la otra parte, ni en el usufructo, que en modo alguno de derecho y según la forma de las estatutos pudieran adquirir aquéllos.

Como tutores y durante el debido tiempo albaceas de los suprascritos Andrea Simone, Reparata y Maddalena, hijo e hijas de dicho Testador y de los hijos e hijas que pudieran nacer, hasta que lleguen a la legítima edad, o bien se casen, nombró, constituyó y quiso que fuesen los respetables señores Oficiales de Pupilos y Adultos de la ciudad de Florencia que por entonces ocupen el cargo. Y dispuso, ordenó, impuso y mandó a dichos señores Oficiales, y grandemente les suplicó, que se constituyan en apoderados de dicha herencia y de dichos hijos e hijas el reverendo micer Piero della Stufa, canónigo de la catedral de Florencia, y el Magnífico micer Librodoro, hijo de Annibale Librodori, doctor, habitante de Roma, y Andrea, hijo de Lorenzo Benivieni, ciudadano florentino, y al menos dos de ellos. Y puesto que dicho micer Librodoro es abogado en la ciudad de Roma, y quizá no quiera aceptar dicho cargo, dispuso que dichos señores Oficiales constituyan en apoderados, en lugar de dicho micer Librodoro, a quien él elija y nombre; en cuyos apoderados dicho Testador dijo confiar mucho. Y a los mencionados micer Piero, micer Librodoro y Andrea, dicho Testador los hizo, constituyó y ordenó ejecutores y comisarios del presente Testamento y última voluntad, y dos de ellos de común acuerdo con plena y libre administración. Y ésta dijo, etc., y si no vale, etc., y si de razón de los Concilios, etc., borrando, y anulando, etc. *Rogans*, etc.

Ego, etc.

[15 DE FEBRERO DE 1571, *ab. Inc.*]

Tomo nota de que hoy, en el día antedicho, se enterró a micer Benvenuto Cellini, escultor; y fue enterrado por orden suya en nuestro Capítulo de la Nunziata, con gran pompa funeraria: a la cual asistió toda nuestra Academia, junto con la Compañía. Y habiendo ido a su casa, se los hizo sentar con orden, y cuando hubieron pasado todos los frailes, de inmediato fue asido el féretro por cuatro Académicos y llevado con la habitual solemnidad hasta la Nunziata; y una vez allí se hicieron las debidas ceremonias de la iglesia, fue asido y llevado por los mismos Académicos a dicho Capítulo, y una vez allí fueron repetidas las ceremonias del culto divino, subió al púlpito un fraile, al que, en la noche anterior al entierro, se había hecho el encargo de hacer la oración fúnebre para dicho micer Benvenuto, en alabanza y honor de su vida, y de sus obras, y de su buena disposición del alma y el cuerpo, públicamente; que fue muy comentada y con gran satisfacción por toda la Academia y el pueblo, que competía por entrar en dicho Capítulo, tanto para ver y santificar a dicho micer Benvenuto, como para escuchar sus buenas cualidades. Y todo fue hecho con grandísimo aparato de cera y luces, tanto en la iglesia como en dicho Capítulo. Y no dejaré de apuntar la cera que fue dada a la Academia, y en primer lugar: a cada uno de los Cónsules una antorcha de una libra; a cada uno de los Consejeros una antorcha de ocho onzas; al Escribano y al Camarlengo ocho onzas a cada uno; al Provisor, una de libra. Todos los demás tenían una antorcha de cuatro onzas, hasta un total de cincuenta; y de todo lo cual tomo nota.

[Nota de los bienes e inventario de los muebles, 16 de febrero de 1571]

Nota de los bienes que dejó Benvenuto Cellini a su muerte, es decir:

Una casa con huerto y una casita anexa, con la que constituye una unidad, situada en el barrio de S. Pagolo en Via Benedetta, con sus lindes, con impuestos de 5.10.0 liras, alquilada a Niccolò, hijo de Donato Cocchi, por 38 escudos en moneda anuales.

Una casa, con taller de pintor, en Via della Colonna, en el barrio de San Michele Bisdomini; en 1. Via, en 2..., en 3. Francesco da Castello, según Pliego 1571, en el n.º 120 con impuestos de 0.18.11 liras. Otra parte de dicha casa, 1.11.6 liras, cuya parte inferior está alquilada al señor Biagio Cecini, notario en la Marcatanzia por 18 escudos en moneda anuales; y el antedicho taller anexo a Girolamo, hijo de Francesco Macchietti, pintor, por 31.10 escudos anuales.

La mitad de varias parcelas de tierra cultivable en el paraje llamado Poggio al Zeta, en el barrio de S. Bartolommeo a Farneto, con olivos y pequeñas encinas, con sus términos y confines, como son sus impuestos en herencia de Pier Maria, hijo del señor Vespasiano d'Anterigoli, por una suma de 1.10.0 liras, de las que se da 0.4.6 liras por un campo llamado el Valle.

La mitad de dos parcelas de tierra en dicho barrio y paraje, con impuestos de 3.6.0 liras.

La mitad de una parcela de tierra en dicho barrio y paraje, con impuestos de 2.10.0.

La mitad de otra parcela de tierra en dicho barrio y paraje, con impuestos de 0.0.8 liras.

Estos bienes los ha recibido en herencia de su padre y los ha comprado a Pier Maria, hijo del señor Vespasiano d'Anterigoli, por 200 escudos en moneda, según acta notarial del señor Andrea Recuperati, el día 14 de diciembre de 1556, según Pliego 1571 n.º 424.

Una parcela de tierra cultivable, con viñas y huerto, con caminos, de unas 3 fanegas sembrables, situada en el barrio de San Miniato a Piazzano, Ayuntamiento de Vicchio di Mugello, paraje antedicho en el Piano di Piazzano; en 1. Via Maestra, en 2. M. Minati, en 3. Bastiano Tassi. Comprado a Matteo, hijo de Francesco Tassi, por 38 escudos, con pacto resolutivo de tres años: estipulado por el señor Giovanni da Falgano el día 1 de febrero de 1568, con impuestos de 0.4.7 liras, según Pliego 1572 n.º 55.

Inventario de los muebles, objetos y bienes de la herencia de micer Benvenuto, hijo de Giovanni Cellini, escultor, hecho y escrito de mano del señor Lodovico, hijo de micer Pietro di Lodovico Gemmari, el día 16 de febrero de 1570, y dejados en poder de la señora Piera, su esposa, en su habitual vivienda sita en Florencia.

N.º   9. Un cofre pintado.
     10. Un cuadrito de media braza de la Virgen en bajorrelieve, de yeso.
     12. El Juicio de Miguel Ángel, pequeño, en papel, con adorno de albar.
     67. Dos Privilegios del rey de Francia concedidos a Benvenuto.
     74. Una Virgen de yeso pequeña.
     75. Un tondo de la Virgen dorado.
     77. Un par de cofres pintados.
     80. Un Crucifijo de barro.
     93. Un Dante en pluma, en madera.

111. Una cabeza de yeso, sobre la chimenea.
118. Un cofrecito pintado por dentro.
131. Una Virgen de tabernáculo, muy antigua.
153. Una bolsita de orfebre, con un diamante engastado en oro con dos pequeñas esmeraldas sobre las aristas en forma de mesa, a la antigua, valorado en cincuenta florines.
155. Un anillo de oro con un níquel y una turquesa engastada en dicho anillo con el sello del caballo alado.
156. Un Escapulario en oro, una cruz y letras, con una cadenita de oro en forma de ruedecillas.
161. Un escudo del papa Julio Monti, forrado, de oro.
177. Un rubí engastado en oro, de un valor de seis escudos, similar a los de boda.
178. Una alianza de oro, de un valor de seis florines.
196. Una Virgen de madera con un san Antonio.
208. Un modelo de madera de la base de Perseo.
226. Un par de cofres unidos pintados por dentro.
233. Un retrato de micer Benvenuto, con adorno de nogal.
236. Un par de sillones de nogal empajados, con respaldo, de unas ocho brazas.
237. Una camita de nogal tallada, hermosa, de mano de Tasso.
241. Un cornisamento de... brazas en tres piezas de nogal talladas, hermosas.
242. Un sillón de nogal de unas seis brazas con respaldo dorado.
244. Dos sillones de nogal tallados de unas dieciséis brazas.
247. Un modelo de yeso del Perseo, grande.
248. Una Cleopatra.
290. Una historia en bajorrelieve de cera, en un cuadro de piedra muerta, de Adán y Eva, que está en el taller.
291. Un pequeño modelo de Cleopatra, de cera.
292. Un pequeño modelo de un Silencio, de cera.
293. Otro pequeño modelo, de cera.
294. Un modelo no acabado de un Neptuno, de cera.
295. Dos o tres pequeños modelos de Púlpito de S. Maria del Fiore, de cartón.
296. Un modelo de un Crucifijo, de barro.
297. Un modelo de la Fuente de la Plaza, es decir, Neptuno, de cera.
298. Un modelo de Crucifijo no acabado, de cera blanca.

299. Dos pequeños modelos de una Juno, de cera amarilla, no acabados.

300. Un pequeño modelo de Andrómeda, de cera en bajorrelieve.

301. Un modelo de yeso de un Crucifijo no acabado, grande.

302. Una estatua de mármol de la Ilustrísima Señora Leonora Duquesa de Florencia, de tamaño natural.

303. Una estatua de mármol de un Narciso.

304. Una estatua de Apolo con estatua (Jacinto) de pie.

305. Una cabeza de mármol del Gran Duque, no acabada.

307. Una cabeza de mármol, esbozada.

316. Un modelo del Caballo de Padua, de barro.

324. Una cabeza de Medusa, de broncc.

325. Un pequeño modelo de la Virgen, de cera.

326. Un Narciso de cera.

327. Un Jacinto de terracota.

328. Un modelo de Hércules que derriba a Anteo, y otro Hércules mayor, de cera.

329. Un modelo de una fuente, de cera.

330. Un modelo de un sepulcro del Papa, de cera, con varias figuras.

331. Una Minerva, de terracota.

332. Una figura de mujer, de cera.

333. Un modelito de una Caridad.

334. Dos estuches con retratos del Serenísimo Príncipe, esbozados.

335. Una estatua de una Caridad de mármol, esbozada.

336. Un modelo de cera.

337. Dos Cristos en la cruz inacabados; uno de barro y otro de cera.

338. Una cabeza de cera del Gran Duque.

339. Un tondo de una Luna, de barro.

BIBLIOGRAFÍA

ALLODOLI, E., *Giovanni dalle Bande Nere*, Florencia, 1929.

ALLODOLI, E., *Cellini*, Florencia, 1930.

ARNALDI, I., *La vita violenta di Benvenuto Cellini*, Bari, 1986, pp. 857-890.

BACCI, O., «Cellini prosatore», en *Rassegna nazionale*, 16 de octubre de 1896, pp. 857-890.

BARGELLINI, P., *La splendida storia di Firenze*, Florencia, 1964.

BEARZI, B., «Benvenuto Cellini e il Perseo», en *Benvenuto Cellini artista e scrittore*, Roma, 1972.

BELLONCI, M., *I segreti dei Gonzaga*, Milán, 1947.

BELLONI, C., *Un banchiere del Rinascimento: Bindo Altoviti*, Roma, 1935.

BERTI, L., *Il principe dello studiolo*, Florencia, 1967.

BERTOLOTTI, A., *Benvenuto Cellini a Roma e gli orefici lombardi che lavorarono pei papi nella prima metà del secolo XVI*, Milán, 1875.

BERTOLOTTI, A., *Arti minori alla corte di Mantova*, Milán, 1889.

BRUCKER, G.A., *Firenze nel Rinascimento*, Florencia, 1980.

BULGARI, G., *Argentieri, gemmari e orafi d'Italia*, I: *Roma*, Roma, 1958.

BURCKHARDT, J., *La civiltà del Rinascimento in Italia*, Florencia, 1968.

BURKE, P., *Cultura e società nell'Italia del Rinascimento*, Turín, 1984.

CALAMANDREI, P., «Benvenuto Cellini, il pittore e il frate», en *Il Ponte*, 7, 1951, pp. 146-164.

CAMESASCA, E., *Tutta l'opera di Cellini*, Milán, 1955.

CATTANEO, I., «El Cellini critico d'arte», en *L'Arte*, 32, 1929.

CHASTEL, A., *I centri del Rinascimento*, Milán, 1965.

CHASTEL, A., «L'artista», en *L'uomo del Rinascimento*, Bari, 1988.

DEL VITA, A., *Figure del '500*, Florencia, 1944.

DEL VITA, A., *Vita gaudente e bizzarra nella Rinascenza*, Arezzo, 1961.

FABIETTI, E., *Cellini*, Milán, 1948.

GARIN, E., *La cultura del Rinascimento*, Milán, 1988.

GARIN, E., *L'uomo del Rinascimento*, Bari, 1988.

GRAF, A., *Attraverso il '500*, Turín, 1888.

GRECI, L., «Benvenuto Cellini nei delitti e nei processi fiorentini riconstruiti attraverso le leggi del tempo», en *Quaderni dell'Archivio di antropologia criminale e medicina legale*, 2, 1930, pp. 1-79.

HEIKMAP, D., «Benvenuto Cellini», *Maestri della Scultura*, n.º 30, Milán, 1966.

HERBERT, F., *Le Château de Fontainebleau*, París, 1937.

LENSI, A., *Palazzo Vecchio*, Florencia, 1912.

LEPORATI, E., *Benvenuto Cellini e la sua autobiografia*, Florencia, 1920.

MADELIN, L., *François Ier*, París, 1937.

MAIER, B., *Svolgimento storico della critica su Benvenuto Cellini scrittore*, Trieste, 1950-1951.

MAIER, B., *Umanità e stile di Benvenuto scrittore*, Milán, 1952.

MARCHI, C., *L'Aretino*, Milán, 1980.

MEDEA, A., *Arte italiana alla corte di Francesco I*, Milán, 1932.

NOCENTINI, A., *Cenni Storici sull'Accademia delle Arti del Disegno*, Florencia, 1963.

PAOLI, C. y CASANOVA, M.E., «Cósimo de' Medici e i fuorusciti del 1537», en *Archivio Storico Italiano*, V, XI, 1893.

PAOLOZZI STROZZI, B., *Monete dalla Repubblica ai Medici*, Florencia, 1984.

PASSERINI, L., *Genealogia e storia della famiglia Altoviti*, Florencia, 1871.

PECCHIAI, P., *Roma nel Cinquecento*, Bolonia, 1948.

PICOT, E., *Les Italiens en France au XVI siècle*, Burdeos, 1818.

PLON, E., *Benvenuto Cellini, orfèvre, médailleur, sculpteur*, París, 1883.

POPE HENNESSY, J., *Cellini*, Milán, 1986.

PORTIGLIOTTI, G., *Porpore, pugnali, etère*, Milán, 1924.

RENDINA, C., *I Papi*, Roma, 1983.

RENDINA, C., *Il Vaticano*, Roma, 1986.

SIMONETTA, B., «Le medaglie di Benvenuto Cellini», en *Rivista italiana di numismatica*, 63, 1961, pp. 69-78.

SOMIGLI, G., *Notizie storiche sulla fusione del Perseo*, Milán, 1959.

SPINI, G., *Cosimo de' Medici*, Florencia, 1945.

STRONG, R., *Arte e potere*, Milán, 1984. [*Arte y poder: Fiestas del Renacimiento*, Alianza, Madrid, 1988.]

SUPINO, I.B., *Il medagliere mediceo nel Museo Nazionale di Firenze, nei secoli XV-XVI*, Florencia, 1899.

SUPINO, I.B., *L'Arte di Benvenuto Cellini, con nuovi documenti sull'oreficeria fiorentina nel secolo XVI*, Florencia, 1901.

TENENTI, A., *Il senso della morte e l'amore nella vita del Rinascimento: Francia e Italia*, Turín, 1957.

VANNUCCI, M., *Lorenzaccio*, Roma, 1985.

VANNUCCI, M., *I Medici*, Roma, 1987.

VANNUCCI, M., *Storia di Firenze*, Roma, 1987.

VANNUCCI, M., *Caterina e Maria de' Medici, regine di Francia*, Roma, 1989.

VENTURI, A., *Storia dell'Arte Italiana*, vol. 10, parte. 2, *La scultura del Cinquecento*, Milán, 1936.

VENTURI, A., «Benvenuto Cellini in Francia», en *Archivio storico dell'arte*, 2, 1890, pp. 376-377.

Vita di Benvenuto Cellini, al cuidado de O. Bacci, Florencia, 1901.

La «Vita» di Benvenuto Cellini, prefacio y notas de Rusconi, A.I. y Valeri, A., Roma, 1912. [*Vida*, Círculo de Lectores, Barcelona, 1998.]

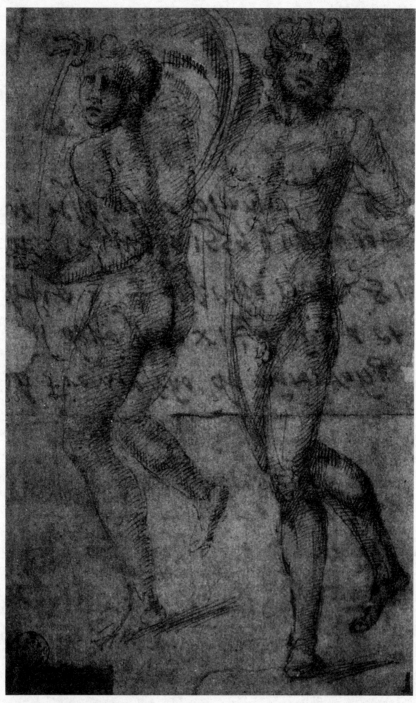

Benvenuto Cellini: Estudio para Dos desnudos masculinos, *hacia 1560 (Berlín, Staatliche Museen Preussischer Kulturbesitz, Kupferstichkabinett).*

ÍNDICE ONOMÁSTICO

Otros títulos de esta colección

LOS MASONES

Jasper Ridley

Los masones suelen ser vistos como una hermandad misteriosa. En este libro, Jasper Ridley se propone separar el mito de la verdad.

Describe el desarrollo de la francmasonería, desde las primitivas logias de los trabajadores de la Edad Media a los «caballeros masones» del siglo XVIII. Relata la formación de la Gran Logia de Londres en 1717 y la difusión de la bula papal de 1738, que condenaba la francmasonería y que marcó el comienzo de una guerra de doscientos cincuenta años entre los masones y la Iglesia católica. Analiza su papel en la revolución norteamericana de 1776 y la creación de Estados Unidos y su responsabilidad en la Revolución Francesa, pasando por el significado de la ópera *La flauta mágica* de Mozart. También examina el caso de William Morgan, un hombre que, casi con seguridad, fue asesinado por los francmasones en 1826 en el estado de Nueva York para impedir que revelara secretos masónicos, lo que provocó un estallido de furia antimasónica en los Estados Unidos a lo largo de la década de 1830.

Ridley analiza la persecución a los francmasones por parte de Hitler, quien los acusó de ser agentes de los judíos y de ayudarlos en su intento de dominar el mundo; las dificultades que los masones encontraron en Japón y en otros países; el efecto que su actitud de ocultamiento y sus ceremonias produjeron en su imagen pública y su relación con las mujeres, razón por la que fueron criticados durante casi trescientos años. Compara la francmasonería británica, que consiste en una organización compuesta en su mayoría por comerciantes de clase media bajo protección de la realeza, con los francmasones revolucionarios e izquierdistas de Francia, Italia y América Latina.

Por último, estudia la posición de los francmasones en nuestros días, evaluando hasta dónde se justifican los temores y las sospechas que aún generan, y si serán capaces de adaptarse al mundo del siglo veintiuno.

LOS TEMPLARIOS

Piers Paul Read

La dramática historia de los Caballeros Templarios,
la orden militar más poderosa de las Cruzadas.

Desde los misteriosos guardianes del Santo Grial en la ópera
Parsifal, de Wagner, hasta el demoníaco antihéroe Brian de Bois
Guilbert, en *Ivanhoe*, de Walter Scott, los Caballeros del Templo de
Salomón han sido fuente de constante fascinación en la imagina-
ción contemporánea. ¿Quiénes eran los Templarios? ¿Cuáles eran
las razones de su éxito y su poder? ¿Qué provocó su declive?

En esta crónica ágil y atractiva, basada en las últimas investiga-
ciones históricas, Piers Paul Read separa el mito de la ficción. Luego
de un breve resumen de la historia del templo y de las tres religiones
—judaísmo, cristianismo e islamismo— que pelearon tanto tiempo
por poseerlo, describe en detalle esta fuerza de monjes guerreros que
no sólo fue única en la historia de las instituciones cristianas, sino
que fue además el primer ejército estable uniformado del mundo
occidental. El mantenimiento de los Templarios supuso la creación
de una suerte de poderosa «empresa multinacional» que prosperó
gracias al manejo eficiente de vastos bienes y a una forma precurso-
ra del sistema bancario internacional. Expropiada por el rey francés
Felipe IV en 1307, la Orden fue finalmente suprimida en 1312 por
el Papa Clemente V.

¿Era culpable de los cargos de blasfemia, sodomía y herejía que
sus miembros aceptaron bajo tortura? ¿Qué importancia tiene su
historia para nuestros días? En esta obra, que incorpora la historia
de las cruzadas y describe muchos de los atractivos personajes que
tomaron parte en ellas, Piers Paul Read examina la reputación pós-
tuma de la Orden y señala paralelos entre el presente y el pasado.

Marqués de Sade

Francine du Plessix Gray

«El Marqués de Sade está ahora tan suspendido en el limbo entre la leyenda y el mito, que el mundo casi ha olvidado que alguna vez fue un hombre, un noble, un soldado, un marido, un padre y, por supuesto, también un pornógrafo genial en un tiempo y en un lugar reales, la Francia prerrevolucionaria.

Francine du Plessix Gray ha tenido una idea brillante al recrear no tanto al "monstruo" que se convertiría —sombrío destino— en un adjetivo, sino al hombre real, que pasó gran parte de su vida en prisión gracias a sus transgresiones sexuales y a un monstruo de carne y hueso, su suegra, que podría haber sido la figura central de *Relaciones peligrosas* si el autor de la novela se hubiera atrevido a incluirla.

Éste es un estudio elegante y esclarecedor acerca de una poderosa imaginación sexual atrapada en un mero cuerpo, un prisionero de La Bastilla de la que sólo una revolución pudo liberarlo... a él y a nosotros, sus futuros lectores.»

Gore Vidal